权威·前沿·原创

皮书系列为
"十二五""十三五"国家重点图书出版规划项目

南宁蓝皮书

BLUE BOOK OF
NANNING

南宁经济发展报告
（2019）

REPORT ON ECONOMIC DEVELOPMENT OF NANNING
(2019)

主　编／胡建华
副主编／覃洁贞　王　瑶

社会科学文献出版社
SOCIAL SCIENCES ACADEMIC PRESS（CHINA）

图书在版编目（CIP）数据

南宁经济发展报告. 2019 / 胡建华主编. －－北京：
社会科学文献出版社，2019.7
（南宁蓝皮书）
ISBN 978 － 7 － 5201 － 5235 － 8

Ⅰ. ①南… Ⅱ. ①胡… Ⅲ. ①区域经济发展 － 研究报
告 － 南宁 － 2019 Ⅳ. ①F127. 671

中国版本图书馆 CIP 数据核字（2019）第 163865 号

南宁蓝皮书

南宁经济发展报告（2019）

主 编／胡建华
副主编／覃洁贞 王 瑶

出 版 人／谢寿光
组稿编辑／恽 薇 王玉山
责任编辑／王玉山

出 版／社会科学文献出版社·经济与管理分社（010）59367226
地址：北京市北三环中路甲 29 号院华龙大厦 邮编：100029
网址：www.ssap.com.cn
发 行／市场营销中心（010）59367081 59367083
印 装／天津千鹤文化传播有限公司

规 格／开本：787mm × 1092mm 1/16
印张：20.75 字数：308 千字
版 次／2019 年 7 月第 1 版 2019 年 7 月第 1 次印刷
书 号／ISBN 978 － 7 － 5201 － 5235 － 8
定 价／106.00 元

南宁蓝皮书编委会

《南宁经济发展报告（2019）》
编 辑 部

主 编　胡建华

副主编　覃洁贞　王　瑶

编 辑　李君安　黄旭文　梁瑜静　丁浩芮　庞嘉宜
　　　　谢强强

主要编撰者简介

胡建华 男，汉族，籍贯河南汤阴，硕士研究生学历，南宁市社会科学院党组副书记、院长，主任记者，《创新》主编。南宁市专业技术拔尖人才。

覃洁贞 女，瑶族，籍贯广西金秀，南宁市社会科学院副院长，研究员，主要研究方向为产业经济、民族文化发展。南宁市专业技术拔尖人才，南宁市新世纪学术和技术带头人。

王 瑶 女，壮族，籍贯广西百色，硕士研究生学历，南宁市社会科学院经济发展研究所副所长，助理研究员，研究方向为产业经济和经济法学。南宁市优秀青年专业技术人才，南宁市新世纪学术和技术带头人。

摘　要

《南宁经济发展报告（2019）》（以下简称《报告》）由南宁市社会科学院和政府相关职能部门共同协作完成。《报告》在全面分析南宁市 2018 年经济运行情况及重点领域发展情况的基础上，对 2019 年的发展形势进行预测，同时提出有针对性和可操作性的对策建议，便于社会各界及时准确地了解南宁市情，为市委、市政府和相关部门决策提供参考服务。

《报告》由总报告、分报告、高质量发展报告、专题研究报告四部分组成。总报告主要是对 2018 年南宁市经济发展整体情况进行分析，并对 2019 年经济发展形势进行预测，同时提出相关的对策建议。分报告主要包括 2018 年南宁市工业、农业、商贸流通、旅游、房地产、金融、对外经贸和投资促进等领域的发展情况分析及 2019 年预测和展望；高质量发展报告主要是对南宁市发展新经济培育新动能、南宁市铝产业品牌战略、南宁市培育贸易新业态新模式、南宁市创新创业示范基地建设、南宁五象新区高质量发展等方面的调查和研究；专题研究报告是专家学者针对南宁市经济发展的相关研究成果。

《报告》力求客观公正、实事求是，体现科学性、前瞻性、应用性及可读性，对研究地方经济发展具有一定的借鉴意义。本书涉及的大量统计调查数据，由于来源、口径不同，可能存在与统计部门公布的数据不一致的情况，务请读者审慎参考。

关键词：南宁　经济发展　产业　高质量发展

Abstract

The 2019 Report on Nanning Economic Development (hereinafter referred to The Report) is co-completed by Nanning Academy of Social Sciences and Nanning government departments. Based on the comprehensive analysis of Nanning economic performance in 2018 and its development in key sectors, the Report has forecast the development in 2019 and proposed targeted and feasible countermeasures so that all sectors of society can accurately learn about Nanning condition in a timely manner and Nanning Municipality, Nanning Government and other authorities can use the Report for reference when making decisions.

The Report is divided into general report, sub-field report, high-quality development report and themed research report. The general report makes an analysis of the overall economic development of Nanning in 2018 and forecasts the economic development in 2019, meanwhile putting forward some countermeasures and suggestions. The sub-field report analyzes the development in 2018 in the fields of industry, agriculture, commercial circulation, tourism, real estate, finance, foreign trade and investment, and forecasts the development in these fields in 2019. The high-quality development report mainly investigates and researches the following aspects: development of new economy and foster of new growth drivers, the brand strategy in aluminum industry, new forms and models of trade in Nanning, building of demonstration centers for entrepreneurship and innovation in Nanning, and high-quality development of Nanning Wuxiang New District. The themed research report is the research achievements on Nanning economic development by experts and scholars.

By taking an objective, impartial and pragmatic approach, the Report is scientific, forward-looking, applicable and reader-friendly. It is of great reference significance for research on the local economic development. The relevant statistics of the this Report may be inconsistent with those published by the Statistics

Department due to different sources. Therefore, readers should be prudent in using these statistics for reference.

Keywords: Nanning; Economic Development Industry High-quality Development

目　录

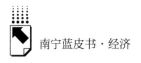
IV 专题研究报告

皮书数据库阅读**使用指南**

CONTENTS

I General Report

II Sub-field Reports

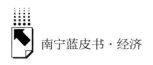
Ⅲ High-quality Development Reports

Ⅳ The Themed Research Reports

总 报 告

General Report

B.1

2018年南宁市经济发展形势
分析及2019年预测

南宁市社会科学院课题组*

摘　要：　2018年南宁市经济运行总体平稳，经济发展质量不断提升，但仍然面临工业增长放缓、服务业转型压力增大、农业可持续发展能力有待提高、投资支撑力度不足，区域发展不均衡等问题。在复杂的国际形势以及国内经济下行的巨大压力下，预计南宁市2019年地区生产总值增长6%左右。南宁市应当坚持稳中求进的经济发展总基调，落实推动经济高质量发展要求，采取着力提升农业可持续发展能力、促进工业高质量

---

* 课题组组长：王瑶，南宁市社会科学院经济所副所长，助理研究员。课题组成员：王水莲，广西财经学院，博士，副研究员；庞嘉宜，南宁市社会科学院城市所科研人员；邓学龙，南宁师范大学，博士，副研究员；刘娴，南宁市社会科学院城市所副所长，助理研究员；马菁伶，广西民族大学。

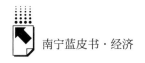

发展、培育现代服务业、扩大有效投资、扩大消费市场等举措，促进经济平稳健康发展。

关键词： 经济运行　消费投资　高质量发展

2018 年是我国改革开放 40 周年和广西壮族自治区成立 60 周年，也是西部陆海新通道建设深入推进之年、广西建设面向东盟的金融开放门户国家战略的开启之年。面对依然复杂的国内外形势，南宁市认真贯彻习近平总书记对广西"三大定位"新使命和"五个扎实"新要求精神，深入落实党的十九大和十九届二中、三中全会以及中央、自治区经济工作会议精神，继续坚持稳中求进工作总基调，以中国—东盟自贸区、"南宁渠道"为平台，以五象新区、三大国家级开发区建设为主要抓手，大力发展新一代信息技术、数字经济，不断培育经济发展新动能，着力构建现代化经济体系，推动全市经济实现高质量发展。

一　2018年南宁经济运行总体情况

在复杂的国际形势以及国内经济下行的巨大压力下，2018 年南宁市经济运行总体平稳，经济发展质量不断提升，但经济发展基础有待进一步增强。

（一）经济发展质量明显提高

企业效益持续改善。规模以上工业企业主营业务收入增速在 2018 年 5 月实现扭负为正，全年增速达 5.4%。规模以上其他营利性服务业企业营业收入首次突破 700 亿元大关，全年实现营业收入 773.31 亿元，同比增长 16.5%；实现营业利润 66.07 亿元，同比增长 64.6%。

居民收入跑赢GDP。全年城镇居民人均可支配收入35276元，同比增长

6.2%，高于 GDP 增速 0.8 个百分点；农村居民人均可支配收入 13654 元，同比增长 9.1%，高于 GDP 增速 3.7 个百分点。农村居民收入增速连续 8 年高于城镇居民收入增速，城乡差距进一步缩小。

就业情况稳定。城镇登记失业率为 2.7%，低于自治区目标任务 1.8 个百分点。绿色发展稳步推进。节能降耗成效明显，万元 GDP 能耗下降 2.8%，超额完成自治区下达的节能减排降碳任务。能源使用效率提高，全年能源加工转换效率 41.8%，比 2017 年提高 1.9 个百分点。

（二）经济发展活力逐步增强

新产业加速成长。全市高技术产业产值占全市规模以上工业产值的比重达 26.9%，比 2017 年提高 10.2 个百分点，全年产值同比增长 15.4%，比规模以上工业产值增速快 10.2 个百分点。电子信息、先进装备制造、生物制药三大产业产值占规模以上工业产值比重达 42.1%，对全市产值贡献率达 51.6%，电子信息产业产值首次超过食品工业产值，成为全市总量最大的工业产业，高技术产业逐渐成长为全市工业经济增长的新动能。

新业态、新模式蓬勃发展。网络消费较快增长，全年限额以上批发和零售企业通过互联网实现的商品零售额同比增长 22.3%，增幅高于限上消费品市场平均水平 18.8 个百分点，对限上消费品零售额增长的贡献率达到 13.0%，高于 2017 年 8.4 个百分点。新兴服务业发展加快，软件和信息技术服务业增长 20.0%，比 2017 年提高 12.3 个百分点。

新主体活力不断释放。限额以上商贸企业的培育取得较大成效，2018 年新增入库商贸企业 389 家，同比增长 80.1%；规模以上工业企业新增 103 家，同比增长 51.5%；交通运输、仓储和邮政业增加值同比增长 10%，增速位列全区第一。

（三）经济基础较为薄弱

经济总量依然偏小。2018 年南宁 GDP 总量在全国 27 个省会城市中的排名为第 18 位，排位与 2017 年持平，GDP 增速 5.4%，低于全国、全区平均水平，也低于周边省会城市。

经济首位度较低。GDP 占全区 GDP 的比重为 22.0%，在 27 个省会城市中排名第 18 位，低于长沙、昆明、南昌、贵阳（见表 1）。

表 1 部分省会城市 GDP 占全省比重

城市	在全省 GDP 占比（%）	在全国省会城市的排名
南宁	22.0	18
长沙	31.6	6
昆明	29.9	9
南昌	24.0	15
贵阳	25.7	12

资料来源：《2018 年各省会城市 GDP 排名，哪些省会城市对全省 GDP 的贡献较大？》，https://www.seoxiehui.cn/article - 112481 - 1.html。数据非官方公布数据，仅做参考。

经济增速较低。全年 GDP 增速 5.4%，低于全国、全区平均水平，也低于周边省会城市，在全区排名较为落后（见图 1、图 2）。

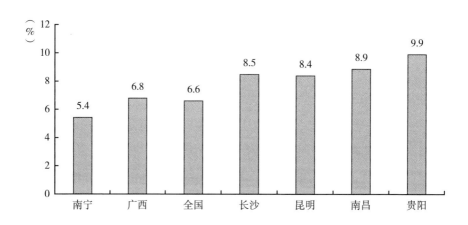

图 1 部分省会城市、广西及全国 GDP 增速

资料来源：根据国家统计局和各地统计局数据整理得出。

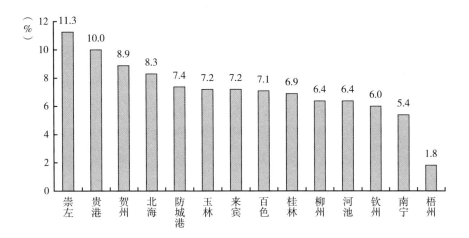

图2　广西区内各市 GDP 增速

资料来源：《2018 年广西各市 GDP 增速及进出口总额排行榜：崇左、贵港两市达到两位数高增长》，http：//sh.qihoo.com/pc/996a313d1c8792c1f？cota = 4&tj_ url = so_ rec&refer_ scene = so_ 1&sign = 360_ e39369d1。数据非官方公布数据，仅做参考。

二　2018年南宁市经济运行特点

（一）工业生产稳中有进

2018 年末，全市规模以上工业企业 1005 家，比 2017 年净增 59 家，工业总产值累计增长 5.2%，增加值增长 1.6%。

1. 产值增速总体保持稳定

全市 36 个行业大类中，有 19 个行业同比增长。占比最大的 5 个行业计算机通信和其他电子设备制造业、农副食品加工业、非金属矿物制品业、烟草制品业、电力热力生产和供应业，产值增速分别为 25.8%、- 4.8%、21.8%、7.3%、9.9%。超六成重点工业品产量保持增长，20 个重点产品中，有 13 个产品产量实现了增长，占 65%。亿元企业产值贡献显著，全年全市亿元产值企业完成产值占全市工业产值总量的 92%，拉动工业产值增长 9.8 个百分点。

2. 新旧动能转换稳步推进

围绕电子信息、先进装备制造、生物医药三大重点产业，成功引进瑞声科技、歌尔股份、路远、申龙新能源客车二期、大疆实业等一批重点企业、重点项目。全市实施 150 项重点工业项目，瑞声科技（一期）、科天水性、蓝水星、桂芯、浮法玻璃等 34 项大型项目竣工投产，新增当年投产入规企业 46 家，三大重点产业产值增长 6.4%，占全市规模以上工业总产值的比重达 42%。电子信息产业产值增长 25.8%，成为对工业增长贡献最大的产业。

3. 创新动能不断增强

南宁中关村创新示范基地新增入驻重点企业 24 家、总数达 57 家，新增入孵创新团队 41 个、总数达 93 个。南宁·中关村科技园挂牌运营，成为继滨海新区、雄安新区之后北京中关村与外地合作重点打造的第三个科技园。与东北大学、华中数控分别签约共建国家级广西先进铝加工创新中心、南宁华数轻量化电动汽车设计院。南宁东盟启迪创新中心正式启动。新增高新技术企业超 200 家，同比增长 44%，全市高新技术企业保有量超 650 家，占全区 40%。新增广西"瞪羚"企业 15 家。全市累计 208 家企业通过国家科技型中小企业评价、占全区总量的 32.7%。高技术产业产值增长 15%。

4. 工业品牌发展水平不断提高

广西南南铝加工有限公司和广西路桥工程集团有限公司 2 家企业荣获第四届主席质量奖，3 家企业获市长质量奖、新增广西工业企业质量管理标杆 2 项。广西商标品牌战略实施示范企业 2 家。

（二）服务业发展优势更加凸显

在全市整体经济增长形势严峻的环境下，现代服务业实现了较快的发展，服务业占 GDP 的比重不断提高，带动经济发展能力不断增强。2018 年第三产业增加值同比增长 7.8%，占全市 GDP 的 59.1%，比 2017 年提高 7.7 个百分点，对经济增长的贡献率达 76.1%，拉动全市经济增长 4.1 个百分点，对全市经济平稳运行发挥了关键作用。

1. 金融业发展优势更加突出

金融业增加值稳步增长（见图3）。2018年南宁市金融业增加值达500.29亿元，同比增长11.03%，占全区的比重达35.65%。2014~2017年，金融业增加值年均增速12.5%，远高于GDP年均增速，对服务业和GDP的贡献率逐年提升。

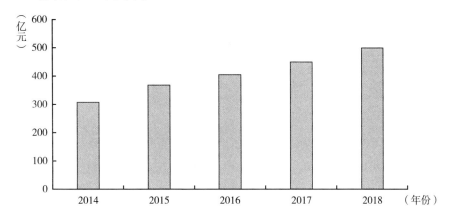

图3 2014~2018年南宁市金融业增加值

资料来源：南宁市金融办。

金融组织体系不断健全。全市银行、保险、证券机构明显增加，形成了功能完备、多元多层的现代金融组织体系。2018年，南宁市金融机构数量已达113家，其中银行业金融机构42家、保险公司42家、证券分公司25家（含筹建），法人金融租赁公司1家，法人财务公司1家，法人地方资产管理公司2家。

金融业服务实体经济能力增强。人民币存款余额10185.13亿元，同比增长7.30%；人民币贷款余额12559.86亿元，同比增长15.43%。新增上市和新三板挂牌企业7家，国富人寿保险公司、平安银行南宁分行开业，中银香港东南亚业务营运中心、中信保广西分公司落户，渤海银行南宁分行批准筹建，村镇银行实现县域全覆盖，"三农金融服务室"覆盖面达95%。

沿边金融综合改革完美收官。跨境人民币业务稳步开展，2017年跨境

人民币结算量170.28亿元。沿边金融综合改革试验区建设通过国家验收，中国—东盟（南宁）金融服务平台上线运行，跨境人民币结算量达204.45亿元、增长20.1%。国内首创地方政府公共资产负债管理智能云平台，从源头上构建了"不能腐"的长效机制。

2. 现代物流业不断发展壮大

物流业快速成长。2018年全市新增3A级以上物流企业8家，总量达25家；货运总量3.84亿吨，同比增长9.22%；快递业务收入累计完成31.28亿元，同比增长35.85%；物流业增加值为360亿元，同比增长10.77%。南宁市获批国家物流枢纽承载城市、全国流通领域现代供应链体系建设重点城市，农产品交易中心开业运营。

主动参与西部陆海新通道建设。出台《南宁市参与中新互联互通南向通道建设（2018~2020年）工作方案》和《中新南宁国际物流园开发建设优惠政策》，中新南宁国际物流园一期开工建设，开通陆海新通道（南宁—兰州）冷链集装箱班列，"南宁—达卡"全货机国际航空货运航线复航。

核心物流园区集聚辐射能力增强。以南宁综合保税区为核心的中国—东盟国际物流基地初具规模，中新南宁国际物流园、南宁现代化建材加工及物流配送中心等入驻其中；以机场为核心的南宁吴圩空港物流基地集聚优势显现，入驻安港现代电商物流仓储、民生电商（南宁）现代金融仓储项目，南宁邮政陆运及跨境电商中心、南宁顺丰创新产业基地等项目已签订入区协议。

3. 电子商务快速发展

电商产业规模高速增长。电子商务交易额保持快速增长势头，全年重点企业电子商务交易额达2900亿元，同比增长16%，增速超过同期南宁市GDP增长速度。

跨境电子商务快速崛起。获批中国（南宁）跨境电子商务综合试验区，成功引进河南保税集团与高新区、中国邮政广西分公司联合成立广西南大门跨境电商运营有限公司。建成8000平方米的南大门跨境电子商务保税直购体验中心，引进苏宁易购、唯品会、顺丰快递、日本速贸天下等十几家企业参与中国（南宁）跨境电子商务综合试验区跨境电商保税进口业务。初步形成中国—东盟电子商务产业园、南宁跨境贸易中心、南宁空港跨境电子商务产业园的"一区多园、立体布局"发展格局。中国—东盟（南宁）跨境电子商务产业园全年实现综合进出境业务1213.73万票、货值7507万美元。

4. 旅游业增长势头强劲

2018年全市全年接待旅游总人数13159.03万人次，同比增长18.98%，旅游总消费1387.54亿元，同比增长23.08%。其中，接待国内旅游者13094.6万人次，同比增长19.03%；国内旅游消费1368.42亿元，同比增长23.30%；接待入境旅游者64.43万人次，同比增长8.97%；国际旅游消费28891.94万美元，同比增长11.14%。纳入国家统计的19家规模以上旅行社营业收入达19.21亿元，同比增长23.87%，新增入统旅行社6家，超额完成4家。旅游总消费、接待游客总人数在广西地级市中排第一位，分别占全区的18.2%，19.26%；入境游客人数在全区地级市中排名第二，仅次于桂林，占全区的11.46%。南宁国际旅游中心建成运营，新增国家3A级以上旅游景区16家，新增三星级以上旅游饭店6家，新增广西星级乡村旅游区、星级农家乐45家。成功打造"环绿城马上大"等6条康养旅游线路和环首府中医药健康旅游圈。兴宁区、青秀区获评自治区全域旅游示范区，马山县获评广西特色旅游名县，邕宁区重点景区万达茂、南宁园博园接待游客超过千万人次，旅游消费突破亿元。方特东盟神画、园博园、融晟极地海洋世界开业，邕江水上游启航，大明山重新开放。

5. 软件和信息服务业突飞猛进

召开数字南宁建设大会，出台数字南宁建设"1+3"系列文件，数字南宁建设深入实施。中国—东盟信息港南宁核心基地建设稳步推进，中国—东盟新型智慧城市协同创新中心揭牌运营，智慧城市建设形成了国内特有的"南宁模式"，在新加坡东亚峰会上获得李克强总理"点赞"，成为南宁市未来经济转型升级新的动力源泉。信息网络基础设施建设不断推进，在启迪东盟科技城、大数据产业园等项目的带动下，大数据产业链条不断完善。受益于此，2018年南宁市规模以上软件和信息技术服务业营业收入同比增长20.0%，比2017年提高12.3个百分点。

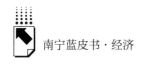

（三）农业发展持续推进

1. 农产品供给能力再上新台阶

全年粮食总产量 211.42 万吨；糖料蔗总产量 1114.25 万吨，同比增长 2.37%；蔬菜总产量 562.23 万吨，同比增长 3.09%；水果产量 282.73 万吨，同比增长 13.86%；西甜瓜产量 124.1 万吨，同比增长 0.34%；鲜茧产量 9.77 万吨，同比增长 1.68%；肉类总产量 66.77 万吨，同比增长 1.47%；水产品产量 30.23 万吨，同比增长 10.13%。

2. 优势特色产业发展再出新成绩

建成全国最具特色的优质晚熟柑橘产区。"南宁香蕉"成为南宁市首个"邕字头"地理标志商标，宾阳县"古辣香米"被评为国家地理标志保护产品，"武鸣砂糖橘"获国家地理标志登记保护农产品认证。种植业有效期内"三品一标"产品 131 个，养殖业有效期内无公害农产品 21 个。累计获得富硒农产品认证 37 个，获评为广西名优富硒产品 6 个，25 个品牌入选首批广西农业品牌目录。横县获评"2018 中国茶业品牌影响力全国十强县（市）"和"2018 中国茶业百强县"。

3. 现代特色农业示范区建设成效显著

截至 2018 年底，全市累计启动创建各级示范区总数 866 个，其中，已获认定的自治区级核心示范区 30 个，居全区首位，建成市（县）级示范区 48 个、乡级示范园 142 个。广西—东盟经开区、青秀区、江南区的 3 个农业科技园区获认定为自治区农业科技园区。青秀长塘金花茶产业示范区、隆安那之乡火龙果产业示范区等 7 个示范区获认定为广西现代特色农业核心示范区。青秀区"田园青秀"田园综合体、宾阳县"稻花香里"田园综合体被列入 2018 年自治区级田园综合体试点项目。

4. 农旅融合发展进展顺利

宾阳县稻花香里休闲农业示范区等 8 个项目，获认定为"2018 年广西休闲农业与乡村旅游示范点"。目前，全市拥有 1 个全国休闲农业和乡村旅游示范县、5 个全国农业旅游示范点、2 个全国休闲农业与乡村旅游示范点；

27个广西休闲农业与乡村旅游示范点，15个南宁休闲农业示范区及一批乡村旅游区、星级农家乐等。

5. 新型农业经营主体培育加快推进

全市共有农业产业化重点龙头企业212家，其中国家级14家、自治区级36家，均居全区第一。新增市级以上农民专业合作社645个，家庭农场176家，农业产业化龙头企业29家，规模以上农产品加工企业超过120家，"新型经营主体+社会化服务+适度规模经营"成为农业发展的重要途径。

（四）固定资产投资保持两位数增长

2018年，南宁市围绕抓投资、推项目的具体关键点，强化投资工作管理，不断扩大有效投资，充分发挥投资对经济稳定增长的重要支撑和"压舱石"作用，为全市经济高质量发展打下坚实基础。全年固定资产投资仍然保持两位数增长速度，同比增长11.8%，增速高于全国5.9个百分点，高于全区1个百分点。1～11月的投资增速在全国27个省会城市中与南昌、郑州并列第七位，名次中上。5000万元以上项目投资表现强劲，同比增长19.7%。国有及国有控股投资同比增长13.3%，高于全区4.1个百分点，民间投资同比增长8.0%。

1. 第二产业领跑投资走向

2018年，第二产业投资上半年波动较大，4月份开始扭负为正，年中出现较大增长，年底领跑产业投资走向，同比增长13.9%（见图4）。南宁市工业投资曾出现持续下滑态势，但近两年，随着大力推进改革再深入，推进创新再提速，推进工业产业转型升级，工业投资开始回暖，同比增长8.7%，较2017年同期提高1.2个百分点（见图5）。瑞声科技南宁产业园一期项目、南南电子汽车新材料精深加工技术改造一期项目、广西建工集团第一安装有限公司智能制造等一批项目竣工投产，加速第二产业转型升级。先进制造业投资增长表现突出，计算机、通信和其他电子设备制造业投资增长130.5%，汽车制造业投资增长481.9%。此外，第三产业同样表现强劲，同比增长11.8%，产业结构持续优化。

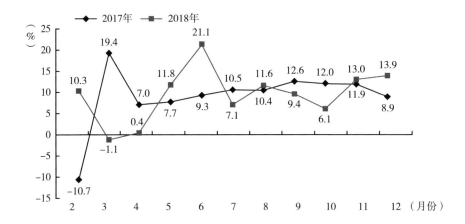

图4 2017年与2018年第二产业固定资产投资增速对比

资料来源：《2018南宁投资动态月报》。

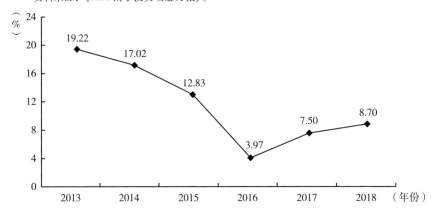

图5 2013～2018年工业投资增速情况

资料来源：根据2013～2017年《南宁市国民经济发展统计公报》以及《2018年南宁经济动态月报》整理得出。

2. 重大项目建设全速推进

坚持"四定"原则，抓谋划、强推进、保要素、优环境，落实重大项目分级协调机制，加强重大项目储备和滚动管理，全面加快重大项目建设步伐。2018年，18个迎接自治区成立60周年重大公益性项目完成投资212.2亿元，完成年度计划的117.2%；546项区市统筹推进重大项目完成投资1004.79亿元，完成年度计划的111.8%；476项城建计划建设项目完成投资482.25亿元,完成年度计划的99.8%。广西新媒体中心一期、广西文化艺术中心、南宁市图书馆(新馆)、"三街两巷"改造一期等一批公益性重大项目建成投入使用,南宁园博园正式开园,对提升绿城品质和城市品位,改善市民生活质量起到极大的推动作用。

3. 基础设施建设步伐加快

2018年,积极推进轨道交通3号线、4号线、5号线及2号线东延线加快建设,完成投资110.3亿元;邕江综合整治和开发利用工程完成年度投资59.63亿元,占年度投资计划的104.6%,中心城区段已向全市开放;开工建设26个综合管廊项目,完成投资约46.14亿元。全力推进五象新区开发建设,全年新区项目完成投资420.06亿元,同比增长18.32%。新区产业集聚效应进一步凸显,已入驻全球最具价值百强品牌7个、世界500强企业28家、境外上市公司19家、金融机构总部或省级(一级)分支机构16家,五象商圈初步成型。

4. 房地产开发投资有所回暖

2018年,全市完成房地产开发投资1106.36亿元,比2017年增长15.5%,增速高于全区3.4个百分点。完成投资占全市投资超过40%,拉动全市投资增长6.5个百分点,对全市投资贡献率达55%。其中,住宅投资772.04亿元,同比增长13.7%;办公楼投资62.95亿元,同比下降4.5%;商业营业用房投资增速明显,增长27.0%,达到98.41亿元(见表2)。

表2 2018年南宁市房地产开发投资情况

指标	总计(亿元)	同比增长(%)
房地产开发投资	1106.36	15.5
住宅	772.04	13.7
办公楼	62.95	-4.5
商业营业用房	98.41	27
其他	172.96	27.6

续表

指标	总计(亿元)	同比增长(%)
本年实际到位资金	1669.81	17.3
国内贷款	256.56	13.6
自筹资金	403.80	4.8
定金及预付款	586.30	44.9
个人按揭贷款	322.74	-1.6
其他到位资金	100.41	26.6

资料来源:《2018 南宁投资月报》。

（五）进出口总值再创新高

2018 年，外贸进出口总值再创历史新高，首次突破 700 亿元大关，达到 738.79 亿元（见图 6），同比增长 21.7%，增速分别高于全区、全国 16.7 和 12 个百分点。其中，进口总值 383.7 亿元，同比增长 15.9%；出口总值首次突破 350 亿大关，达到 355.09 亿元，同比增长 28.8%。贸易逆差较 2017 年缩小了 27.1 亿元。进出口值均位列全区第二。

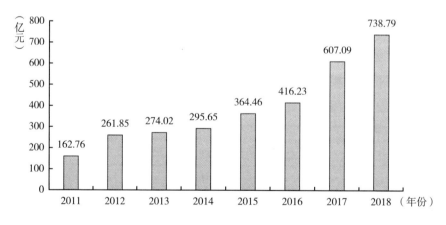

图 6　2011～2018 年南宁市进出口总值情况

资料来源：根据 2011～2017 年《南宁市国民经济发展统计公报》以及《2018 南宁经济动态月报》整理得出。

1. 出口结构不断优化

加工贸易持续发力，全市全年加工贸易进出口额539.39亿元，总量规模继续稳居全区首位，同比增长33.7%，增速高于全区19.9个百分点，拉动全市进出口总值增长22.4个百分点。出口产品结构不断优化，机电产品累计出口263.97亿元，占全市出口总额的74.34%，拉动南宁市外贸出口增长13.9个百分点。

2. 外资引进成效突出

全年新增对外贸易经营备案企业569家，进出口实绩企业达到784家，较2017年同期增加61家，新增进出口实绩企业214家，较2017年同期增加15家。进出口值超过1亿元人民币的企业共有53家，比2017年增加11家，累计进出口达694.19亿元，占全市进出口总值的93.96%。南宁市进出口前20名企业进出口合计613.59亿元，占全市进出口总值的83.05%。

3. "一带一路"建设助推经贸发展

南宁市主动融入、积极参与"一带一路"建设，与103个"一带一路"倡议参与国进出口值达到172.02亿元，占全市进出口值的23.28%，占比较2017年增加了8.1个百分点，逐渐成为南宁市外贸发展的主要推动力。2018年，持续加强对外投资企业的指导和服务，鼓励有实力、有需求的企业参与"一带一路"建设，深化交流与合作。民营企业仍是"走出去"的主力军。全市全年新增备案企业12家，总数达到21家，实现对外协议投资额2.71亿美元。其中，13家企业对"一带一路"沿线国家进行投资合计1亿美元。

（六）消费市场保持活跃

2018年，城乡居民收入增速双双跑赢GDP，其中，城镇居民人均可支配收入35276元，同比增长6.2%，高于GDP增速0.8个百分点；农村居民人均可支配收入13654元，同比增长9.1%，高于GDP增速3.7个百分点。居民收入增长带动消费规模不断扩大，全市全年社会消费品零售总额同比增

长 9.0%。

1. 城乡居民消费双增长

城镇消费品零售额同比增长 8.9%，仍然是消费主力军，占全市消费品零售额的 91.8%；乡村消费品零售额同比增长 10.4%，快于城镇消费品零售额增长 1.5 个百分点，占全市消费品零售额的比重比 2017 年提高了 0.3 个百分点。

2. 线上消费提速发展

网络消费蓬勃发展，全年限额以上批发和零售企业通过互联网实现商品零售额同比增长 22.3%，增幅高于限上消费品市场平均水平 18.8 个百分点，对限上消费品零售额增长的贡献率达到 13.0%。随着南宁市脱贫攻坚向纵深发展，全力做好产业扶贫、电商扶贫、消费扶贫，农村电商蓬勃发展，电商促销活动如火如荼。大力推进横县、宾阳、上林、马山四个国家级电子商务进农村示范县建设，已建成县级电商服务中心 6 个，农村电商产业园 6 个，完成村级服务点（体验店）约 1800 个。横县茉莉花茶、宾阳县古辣香米、马山黑山羊、上林大米等一批农副产品通过线上交易销往全国各地。2018 年农村电商表现强劲，全年农村电子商务交易额达到 2.8 亿元，同比增长 75%。

（七）消费价格涨势温和

2018 年，居民消费价格总指数（CPI）同比上涨 2.5%，涨幅比 2017 年同期扩大了 0.2 个百分点。相较于 2017 年，整体波动幅度不大，自 8 月起基本持平（见图 7）。1～11 月，南宁市 CPI 及增速在全国 27 个省会城市中列第 4 位，在西部 11 个省会城市中排在第 2 位，仅次于西宁市。其中，八大类消费价格略有上升。医疗保健类价格上涨是拉动消费价格总水平上涨的主要因素，涨幅 5.1%，但相较于 2017 年同期涨幅略有下调，缩小了 5.5 个百分点（见表 3）。

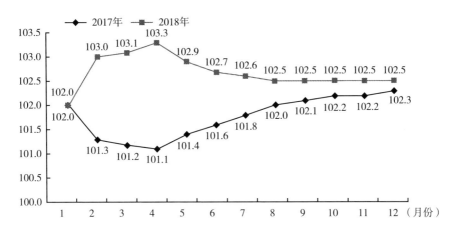

图7 2017年与2018年居民消费价格总指数变化情况

资料来源：《2018南宁经济动态月报》。

表3 2018年居民消费价格指数变化情况

单位：%

种类	涨幅	种类	涨幅
食品烟酒类	1.4	衣着类	2.6
居住类	4.4	教育文化和娱乐类	3.3
交通和通信类	0.1	医疗保健类	5.1
生活用品及服务类	0.9	其他用品和服务类	2.3

资料来源：《2018南宁经济动态月报》。

商品房价格涨幅平稳。2018年南宁市严格审批预售价格，企业申报项目预售价格回归理性定价，商品住房价格涨幅趋于稳定。全市新建商品房成交均价为7433.95元/平方米，同比增长4.7%，其中商品住房成交均价为7110.85元/平方米，同比增长3%。

（八）财政收支稳健增长

2018年全市财政收入突破700亿元，达到753.2亿元，同比增长9.48%，按可比口径计算，为近四年来的最高增速，占全区的比重逐年提升，占比达到 26.99%。其中，一般公共预算收入 358.96 亿元，同比增长 8.1%，一般公共预算支出 697.93 亿元，同比增长 8.0%。补短板，惠民生，财政资金继续向民生领域加大投入，八项重点支出合计 530.63 亿元，比 2017 年增长 11.6%。同比增长最多的前三项支出分别是公共安全支出、医疗卫生及计划生育、城乡社区。而教育仍是重点支出项目，达到 129.55 亿元，占比将近四分之一（见表 4）。

表 4　2018 年民生领域支出情况

支出项	合计	增长（%）	支出项	合计	增长（%）
一般公共服务	64.84 亿元	7.5	城乡社区	113.70 亿元	14.0
公共安全支出	53.06 亿元	19.7	社会保障和就业	74.72 亿元	8.1
教育	129.55 亿元	10.4	医疗卫生及计划生育	70.36 亿元	15.1
科学技术	6.97 亿元	8.2	节能环保	17.43 亿元	1.7

资料来源：《2018 南宁经济动态月报》。

（九）供给侧结构性改革扎实推进

2018 年，南宁市继续加大对"僵尸企业"的处置力度，全市 99 家国有"僵尸企业"基本退出主业生产，清理吊销长期停业未经营的空壳企业 6513 户。房地产去库存成效显著，商业用房、非住宅用房去库存周期分别为 32.31、27.31 个月，分别比 2017 年同期下降了 25.7、0.3 个百分点。降成本成效显著，2018 年，全面贯彻落实国家、自治区和市本级各项降成本政策措施，重点在税费、用工、用能等环节减轻企业负担，全年为企业减负约 350 亿元，与 2017 年同期减负额度相比，增长了 733%，减负效果显著。

三　2018 年南宁市经济发展面临的突出问题

2018 年，国际国内环境错综复杂，受中美贸易摩擦的影响，国内经济运行稳中有变、变中有忧，全国与全区 GDP 增速均有所放缓。受宏观经济下行影响，南宁市多个行业增速均出现不同程度的下降，部分经济指标低于预期，全市稳增长的压力较大，仍然处在爬坡过坎、提质升级、新旧动能转换的关键时期。

（一）工业增长放缓

工业生产增速不断下滑（见图8）。工业增加值增速不断降低，2018 年工业增加值同比增长 1.6%，比 2017 年回落 7.9 个百分点，低于全区 4.6 个百分点。三大国家级开发区规模以上工业产值增速出现不同程度下降，高新区、经开区、东盟区规模以上工业产值同比分别下降 3.8、8、17 个百分点，三大开发区共同拉低全市产值增速 3.1 个百分点。

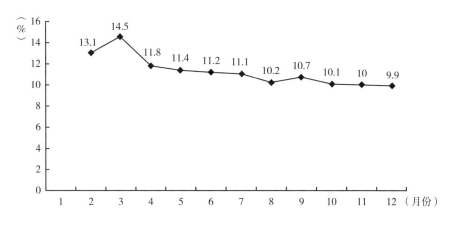

图8 2018 年南宁市工业增加值增速

资料来源：《2018 南宁经济动态月报》。

停产半停产企业规模扩大。截至 2018 年 12 月，全市停产半停产企业达 110 家，比 2017 年同期增加 57 家，占规模以上工业企业的 11%，合计拉低全市产值增速 6.9 个百分点。

重点企业拉动力减弱。2018 年全年南宁市重点监控的 24 家规模以上工业企业，合计拉动全市规模以上工业产值增速 5.2 个百分点，比第 3 季度下

滑 4.4 个百分点，其中，仅南宁富桂精密工业有限公司一家企业年末拉动力就比第 3 季度下滑 1.7 个百分点，全市工业经济下行压力不断加大。

新增企业未能形成有效增长点。2018 年，全市新增的 103 家企业中，有 44.7% 的企业集中在食品、木材加工和建材等传统行业，这些企业以资源型初级加工产业居多，大多处于价值链中低端，普遍存在产业层次较低，产业链短、缺、弱的通病，新建企业高度集中在传统行业，加大了全市工业产业结构调整压力。

（二）服务业转型压力增大

传统服务业受新业态冲击较大。以"互联网＋"为代表的新业态对服务业企业加速渗透，传统的、固化的商业模式受到冲击，最为明显的是新闻和出版业，增速仅为 2.1%，营业收入同比下降 5.3%，出现负增长，转型升级压力较大。

规模以上服务业快速增长动能不足。全市规模以上服务业增速在 2018 年末出现逐渐回落态势。受重点城区发展乏力、朝阳产业发展不佳、传统行业增长缓慢等因素影响，规模以上服务业下行压力仍然存在。全市 32 个行业大类有 23 个增速低于规模以上服务业平均增速，超四成的行业大类增长乏力。

其他营利性服务业企业增速下滑严重。2018 年，全市其他营利性服务业营业收入开局增速高达 27.7%，但增速逐月回落，全年累计增速回落到 13.3%，比全年工作目标（28%）低 14.7 个百分点。重点城区青秀区（总量全市排第一位）、高新区（总量全市排第三位）增速分别仅为 4.2%、6.2%，低于全市平均水平，增速较低。全市 260 家规模以上其他营利性服务业企业中，有 81 家出现了负增长，占全部企业的 31.2%，拉低全市增速 9.2 个百分点，对全市增速影响较大。

（三）农业可持续发展能力有待提高

农业基础设施投入相对不足，农田水利和农村机耕道路的建设，特别是高标准农田建设跟不上现代农业发展的需要。受农业生产要素价格上涨、生产成本持续上升影响，农业生产效益低且不稳定，农民积极性下降，稳粮增产难度加大，耕地撂荒、粮改经等问题非常普遍和突出，粮食播种面积和产量呈现持续下滑的趋势。特色产业种植结构调整及品牌提升力度有待进一步加强，农业生产存在结构性产能过剩风险。现代特色农业示范区建设用地指标少，基础配套设施不够完善，农产品深加工、冷链物流、仓储、电子商务和一二三产融合发展不足等问题需要进一步解决。农产品销售市场不稳定，生产组织化程度较低，产销信息不畅，农民对消费市场、销售渠道和市场风险认识不足，生产与消费需求不匹配，产品难销情形时有发生。

（四）投资支撑力度有待提升

项目投资增速放缓（见图9）。2018年，南宁市工业投资增速虽然较2017年同期提高1.2个百分点，但增幅低于全市固定资产投资增速3.1个百分点；制造业投资占工业投资的比重达到3/4，但是同比增长仅为0.6%，对工业投资增长的贡献率仅为5.1%。影响制造业投资的主要原因是缺乏滚动接续的项目源。一方面，新开工项目较2017年明显减少。2018年，全市新开工项目1515个，同比下降56.7%。其中，新开工5000万元及以上项目289个，同比下降21.9%，新开工亿元及以上项目161个，同比下降32.9%。另一方面，在库大型项目较少。计划总投资100亿元及以上的项目仅有富士康南宁科技园；无50亿~100亿元项目；30亿~50亿元项目仅有3个。再者，大型项目进度缓慢，在库的176个亿元及以上未竣工制造业项目中，有8个项目本年度完成投资为零，35个项目本年度完成投资不到1000万元。项目投资增速放缓，新增项目数量跟不上等因素制约了全市投资整体发展。

民间投资发展趋缓（见图10）。受国内外经济环境、企业融资难成本高等因素影响，企业对增加投资持保守观望态度，全年同比增长8%，增速低于2017年5.9个百分点，分别比全区、全国低4.2和0.7个百分点，占全

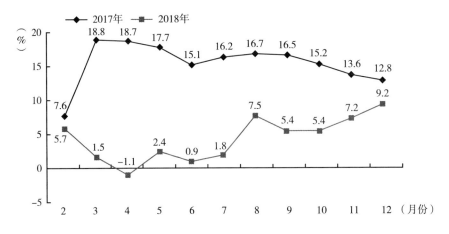

图9　2017年和2018年南宁市项目投资增速对比

资料来源：《2018年南宁投资动态月报》。

市投资总额的比重为49%，低于2017年16个百分点。相较于邻近省会城市如贵阳、南昌（分别是12.7%、13.2%）的增速，南宁市民间投资信心还有待进一步增强，投资活力还有待进一步激发。

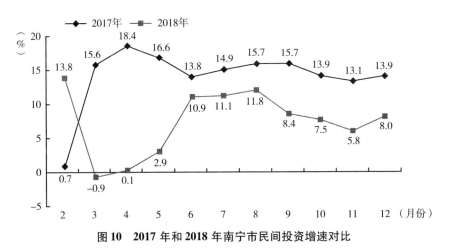

图10　2017年和2018年南宁市民间投资增速对比

资料来源：《2018年南宁投资动态月报》。

（五）消费市场潜力有待挖掘

一是受整体经济下行对市场预期带来的消极影响，全市全年社会消费品零售总额虽然同比增长，但增速放缓，呈现高开低走态势（见图11）。零售业部分大类商品增速不同程度回落。零售业增速下滑的主要原因是汽车类商品销售低迷。受车辆购置税减半取消和新国六标准试行等政策"窗口期"影响，占限额以上零售业销售额比重达50.2%的汽车类商品全年销售额同比增长仅为4.6%，增幅较2017年下降8.7个百分点；拉动限额以上零售业增长仅为2.4个百分点，较2017年下降3.5个百分点。

二是餐饮业下滑较为明显。2018年全市餐饮业营业额同比增速较2017年回落6.4个百分点。302家限额以上法人和个体户餐饮企业中，有128家企业同比出现负增长，比重超过四成，营业额同比下降27.3%，拉低限额以上餐饮业营业额增长6.8个百分点。

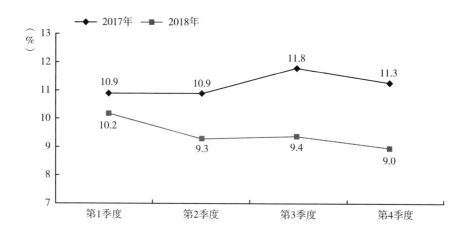

图11 2017年和2018年南宁市社会消费品零售总额增速对比

资料来源：根据2011～2017年《南宁市国民经济发展统计公告》以及《2018年南宁经济动态月报》整理得出。

（六）财政收支压力仍然存在

2018 年 1～11 月，南宁市一般公共预算收入为 334.10 亿元，在 27 个省会城市中排名靠后，仅为第 21 位，增速也仅排在第 18 位；在 11 个西部城市排名中，总量与增速均位列第 6。与长沙（779.76 亿元）、昆明（555.37 亿元）、南昌（439.16 亿元）、贵阳（366.75 亿元）等邻近省会城市相比还有一定的差距。南宁市一般公共预算支出超过一般公共预算收入 338.97 亿元（见图 12），财政收支缺口逐年扩大，远远超出昆明（161.17 亿元）、贵阳（216.20 亿元）、南昌（290.38 亿元）等邻近省会城市的财政收支缺口规模。2018 年，南宁市财政自给率为 51.43%，远低于昆明（78.70%）、贵阳（65.55%）、南昌（61.39%）、长沙（116.20%）等省会城市的财政自给率，财政"托底"风险严峻。

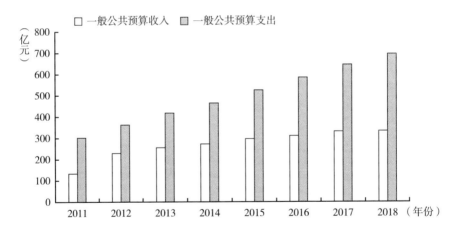

图 12　2011～2018 年南宁市财政收支情况

资料来源：根据 2011～2017 年《南宁市国民经济发展统计公告》以及《2018 年南宁经济动态月报》整理得出。

表5 2018年部分省会城市财政收支情况

城市	一般公共预算收入（亿元）	一般公共预算支出（亿元）
南宁	334.10	697.93
长沙	1544.95	1329.52
昆明	595.63	756.80
南昌	461.75	752.13
贵阳	411.34	627.54

资料来源：南宁市数据根据《2018年南宁经济动态月报》整理，其他省会城市数据根据各市2018年统计公报整理。

（七）县域加快发展还需下功夫

近年来，南宁市各县（区）的经济发展取得了长足的进步，青秀区、兴宁区被评为"全国投资潜力百强区"；邕宁区作为全市首个脱贫摘帽的县（区），一二三产增加值增速均较为突出；横县茉莉花和茉莉花茶综合品牌价值达197亿元，获评2018中国茶业品牌影响力全国十强县（市）、"2018中国茶叶百强县"等等。但是不可否认，与全市、全区发展态势相比，县域经济发展水平仍然相对滞后。2018年，GDP增速排名末位的上林县，第二产业增加值、工业增加值和规模以上工业总产值分别同比下降6.3%、12.7%、9.9%，固定资产投资增速等多项指标垫底。补足产业短板，培育经济发展新的增长点，实现县域加快发展还需下功夫。

县（区）之间发展不平衡，县域财力依然薄弱。2018年，5县财政总收入仅为53.59亿元，仅占全市财政收入的7.1%，占比较2017年缩小0.2个百分点。马山县、上林县财政收入仍然低于5亿元。其中，隆安县、马山县、上林县的一般公共预算收入均未超过3亿元，分别是2.66亿元、1.96亿元和2.59亿元，与排名第一的青秀区（34.81亿元）相比仍有很大的差距，县域财力依然薄弱。从城乡居民收入来看，5县的城镇居民人均可支配收入均低于全市平均水平，隆安县、马山县、上林县的农村居民人均可支配收入均与全市平均水平有较大差距。脱贫攻坚任重道远。

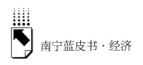
表6　2018年南宁市各县（区）主要经济指标

县区	GDP增速（%）	规模以上工业总产值增速（%）	第二产业增加值增速（%）	第三产业增加值增速（%）	固定资产投资增速（%）	城镇居民人均可支配收入（元）	农村居民人均可支配收入（元）
兴宁区	5.6	-6.9	8.0	5.2	16.5	38465	14685
青秀区	3.9	17.4	-1.0	4.6	11.0	45467	15423
江南区	4.9	9.7	5.3	6.5	15.1	34664	14925
西乡塘区	3.5	-1.8	-0.8	9.4	11.0	33683	13820
良庆区	9.0	8.9	8.6	11.3	17.1	30780	14678
邕宁区	10.0	28.8	12.1	12.8	17.0	32507	13953
武鸣区	3.9	-10.5	-5.5	16.7	10.3	33839	15937
隆安县	4.5	7.6	-3.1	8.6	3.6	27415	11674
马山县	5.0	30.5	8.9	2.7	13.3	27183	10719
上林县	3.2	-9.9	-6.3	5.9	3.1	26612	11097
宾阳县	8.8	13.6	7.3	12.3	10.5	33095	14038
横县	7.1	6.9	4.8	11.9	14.2	33414	13719
全市	5.4	5.2	2.2	7.8	11.8	35276	13654

资料来源：《2018年南宁经济动态月报》。

四　2019年国内外经济环境分析

（一）国际经济发展环境

展望2019年，国际贸易和投资活动继续萎缩，发达经济体增速将逐步放缓，主要新兴经济体走势趋向分化，加之中美贸易紧张局势升级，英国脱欧前景不明朗，全球经济增长仍将持续存在诸多下行风险。

1. 世界经济增速小幅下降

2019年，全球经济增长将会趋缓。发达经济体方面，随着美国2018年财政刺激势头减弱，以及特朗普上台后实施的经济刺激政策边际效应逐步递减，美国经济增速趋于回落。欧元区2018年经济高位回落，全年增幅比2017年下降0.6个百分点，加之英国无协议脱欧风险增加，预计2019年欧洲经济维持弱增长态势。日本2018年经济增速比2017年下降1.2个百分点，2019年的经济形势也不容乐观。新兴和发展中亚洲经济体走势分化，稳定增长压力较大。金砖五国中，中国、俄罗斯增速延续放缓，印度、南非和巴西增速将有所回升。东盟国家经济增长总体保持稳定。三大国际机构对2019年世界经济增长率的预测值均低于2018年：国际货币基金组织（IMF）、世界银行（WorldBank）和经合组织（OECD）预测值分别为：3.3%、3.0%和3.3%①。

2. 国际金融环境由紧转松

2018年，全球金融环境趋紧。2019年，鉴于全球经济放缓对美国经济造成压力，加之美联储已在2018年加息4次，美联储决定不采取加息举措，维持联邦储备基金利率不变。欧元区方面，由于经济前景不佳，欧洲中央银行决定继续维持欧元区主导利率为零，并预期在2019年年底前不会加息。日本方面，由于2018年出口和生产出现一定程度的疲软，日本央行在2019年将维持超宽松货币政策不变。发达经济体货币政策的转变，使得新兴市场和发展中经济体在货币市场承受的压力有所改善，加之面临经济增长放慢以及通胀压力减缓的情况，预计2019年部分新兴经济体有望迎来宽松的货币政策。

3. 全球贸易紧张局势加剧

2018年，受贸易摩擦升级和经济不确定性加剧等因素影响，全球贸易仅增长3.0%，远低于预期。WTO的全球贸易景气指数（World Trade Outlook Indicator，简称WTOI）显示，2018年1~4季度，该指数逐季放缓，其中第四季度为98.3，位于100的趋势水平下方，为2016年10月以来最低。2019年1季度进一步跌落至96.3，显示世界贸易仍然维持弱势运行。

---

① 预计增长率均按PPP计算，数据分别来源于IMF：《世界经济展望》（2019年4月），WorldBank：Global Economic Prospect（2019年1月），OECD：OECDInterim Economic outlook（2019年3月）。

此外，中美贸易争端磋商悬而未决，全球市场不确定性因素加剧，这将导致2019年进出口增速的放缓程度比预期严重，全球贸易增长将面临巨大压力。

4. 国际投资呈现低迷态势

2017年以来，全球对外投资持续下降，2017年和2018年降幅分别达到23%和19%，使得2018年国际投资处于全球十年来的最低水平。2019年，虽然金融市场得到较大改善，但受制于陷入困境的多边贸易体制以及日益碎片化的国际投资体制，加之未来的经济前景充满不确定性，实体经济的改善尚未发生，多数发达经济体和新兴经济体的工业生产和投资指标仍然疲弱，国际投资近期跟中期的复苏前景尚不明朗。此外，如果贸易争端持续发酵导致全球价值链进一步被破坏，将给国际直接投资带来更加显著的负面影响。

5. 消费者和企业家信心不足

OECD数据显示，2018年3月以来，经合组织全体会员国消费者信心指数和企业信心指数均呈现下降趋势。其中，经合组织全体会员国消费者信心指数和企业信心指数由101.1和101.2分别逐月下降至2019年2月的100.3和100，均为近一年以来的最低水平。经合组织亚洲五大会员国中，消费者信心指数自2018年8月以来虽出现回升态势，但截至2018年底，该指数仍未超过近三年最大值。企业信心指数近3年持续位于荣枯线下方，2018年底该指数（99.15）更是跌到接近历史最低位（98.9）。这表明，2019年全球主要经济体对于未来经济的预期由2018年的乐观转为悲观。

（二）国内经济发展环境

2019年，世界经济增速趋缓，外部环境复杂多变，中美贸易摩擦加剧，负面影响逐步显现，经济运行中的不稳定性、不确定性因素仍然较多，下行压力仍然较大。

1. 经济总体保持平稳

2018年，受去杠杆、防风险和中美贸易摩擦等内外部因素的影响，中国经济增速逐季放缓。2019年1季度经济开局平稳，GDP实际增速与2018

年4季度持平，未呈现继续下滑态势。投资、消费保持较快增长、出口增速超出预期，表明经济运行中的积极因素在不断增多，市场信心得到一定程度改善。但近年来社会消费品零售总额增速持续放缓，固定资产投资增速持续在低谷徘徊，而且中美贸易摩擦重新升温，加大了来自外部环境的风险和不确定性，外需疲弱、出口减速甚至由正转负概率加大。预计2019年中国经济的复苏仍处于早期阶段，未来经济增长依然面临很大压力。国内外机构对我国2019年经济增速的预测主要集中在6.2%至6.4%之间。如国际货币基金组织、世界银行和经合组织对我国2019经济增速的预测分别为6.3%、6.2%和6.2%[①]；中国社会科学院"中国经济形势分析与预测"课题组预测为6.4%[②]；中国科学院预测科学研究中心预测为6.3%左右[③]。

2. 货币政策保持稳健

《2019年政府工作报告》指出："稳健的货币政策要松紧适度，广义货币M2和社融规模增速与国内生产总值名义增速相匹配，以更好满足经济运行保持在合理区间的需要。"货币政策既要通过把控货币总量满足实体经济的资金需求，防止总需求出现短期过快下滑，也要避免"大水漫灌"助长债务与杠杆风险。因此，2019年整体货币政策取向将是松紧适度的，既把好货币供给总闸门，不搞"大水漫灌"，又通过运用结构性、定向的货币政策工具，保持流动性合理充裕，并与经济增长的结构性改革相匹配，提升金融供给质量，提高金融服务效率，更好地服务于实体经济。

3. 企业融资环境改善

2019年，国家通过优化供给和增强竞争改善金融服务等手段，多措并举，推进金融供给侧结构性改革，增强金融服务实体经济能力，定向引导金融活水"精准滴灌"民营和小微企业。2019年1季度，企业融资难、融资

---

① 数据分别来源于IMF：《世界经济展望》（2019年4月），WorldBank：Global Economic Prospect（2019年1月），OECD：OECDInterim Economic outlook（2019年3月）。

② 中国社会科学院：《经济蓝皮书：2019年中国经济形势分析与预测》，社会科学文献出版社，2018。

③ 中国科学院预测科学研究中心：《2019年中国经济核心指标预测》，2019年1月。

贵现象得到有效缓解，市场预期进一步稳定，市场信心进一步增强。自2018年11月社会融资总额存量增速首次跌入个位数后，2019年1季度存量增速再次回归两位数增长，出现企稳回升迹象，显示实体经济的融资环境得到改善。随着金融供给侧结构性改革的深化，金融服务的覆盖范围、可获得性和便利程度将会进一步增强。

4. 减税降费政策落地见效

2018年中国全年减税降费规模约为1.3万亿元，超出原定目标，2019年的减税降费规模进一步扩大，将推出近2万亿元减税降费组合拳，力度超出市场预期。企业税费方面，增值税改革持续推进，进一步下调了增值税税率，同时下调城镇职工基本养老保险单位缴费比例，降低失业保险和工伤保险费率，调整社保缴费基数，对小微企业实施普惠性减税，确保所有行业税负只减不增，企业负担明显减轻。个人方面，提高综合征税起征点、扩大低档税率范围，实行个税专项附加扣除，个人税收负担明显降低。

5. 物价总水平小幅上行

2019年1季度，受全国多地低温阴雨天气影响，加上非洲猪瘟导致生猪存栏数下滑，鲜果、鲜菜和猪肉价格涨幅较大。由于猪瘟疫情打击养殖信心，目前能繁殖母猪存栏量逐月递减，未来猪价或延续涨势，这或使得猪周期提早到来。同时，随着稳增长政策效果逐步显现，市场需求将逐步向好，加之货币政策调整趋松，市场流动性总体充裕，消费物价或将开启上行趋势。此外，随着企业需求的逐步复苏和原油价格的持续上涨，PPI或仍将小幅上行。

（三）广西经济发展环境

2019年，广西经济基本面保持稳定向好态势，经济有望保持平稳增长。同时，受产业结构和布局不合理、新旧动能转换偏慢、脱贫攻坚任务艰巨等不利因素制约，广西经济下行的压力仍然较大。

1. 经济运行筑底蓄势

自2010年以来，广西经济增速持续放缓，2018年经济增速下滑至近30

年来最低值。2019 年，广西发展面临的国内外环境仍很复杂，经济企稳基础仍不牢固，具体表现为：一是受全国汽车销量持续下滑等因素影响，十大支柱产业中的汽车产业、冶金产业发展形势十分严峻；二是新兴产业经济总量不大，规模效益不突出，短期内无法承担起稳增长挑大梁的支柱作用；三是深度贫困地区特别是极度贫困地区脱贫任务仍然艰巨，加之还存在基础设施、公共服务等领域短板比较明显、营商环境亟待进一步优化等问题。2019年广西经济下行的压力依然较大，仍处于筑底蓄势不稳定状态，稳增长任务依然艰巨。

2. 开放型经济发展水平提高

近年来，广西顺应"一带一路"建设新要求，实施"四维支撑、四沿联动"开放战略，努力构建全方位、宽领域、多层次开放发展新格局。2019 年，广西将拓展更高层次、更宽领域的开放合作，进一步完善和提升开放平台功能，加快实施广西"一带一路"重点突破工程，建设"一廊两港"，积极参与中国—东盟自贸区升级版建设，最大限度激发市场和社会活力。随着习近平总书记赋予广西发展"三大定位"新使命战略的加快实施，广西开放经济发展水平将得到进一步提升。

3. 区域发展不平衡问题突出

广西各地级市经济发展差距较大，发展不均衡。2019 年第 1 季度，GDP 最大的南宁市是最小的贺州市的 6.39 倍。具体来看，南部北部湾经济区的南宁、北海、钦州、防城港四市以及桂林、柳州、玉林、百色等市借助港口区位优势、区域产业优势（如旅游、机械制造、金属冶炼等），发展相对领先，上述 8 地市 GDP 占广西全区的比重接近 3/4。地理条件相对较差的贺州、河池等市则经济发展相对落后，GDP 总额及人均 GDP 均处于区内较落后的水平。尤其是在河池下辖的 9 个县中，有 7 个为深度贫困县，发展不平衡问题更为突出。

4. 脱贫攻坚任务艰巨

2018 年广西脱贫攻坚取得显著成绩，实现 116 万贫困人口脱贫、1452个贫困村出列，预计实现 14 个贫困县摘帽。但截至 2019 年 3 月，广西全区

还有 151 万建档立卡贫困人口未脱贫、1928 个贫困村未出列，预计还有 29 个贫困县未脱贫摘帽。其中，还包括 20 个深度贫困县、30 个深度贫困乡镇和未摘帽的 1262 个深度贫困村，特别是有 4 个极度贫困县、100 个极度贫困村，脱贫摘帽难度大。当前，脱贫攻坚已经到了决战决胜、攻城拔寨的关键节点，要确保 2020 年与全国同步全面建成小康社会，时间紧、任务重、难度大。广西 2019 年脱贫攻坚任务仍然非常艰巨，任重而道远。

五 2019年南宁市经济发展主要指标预测

（一）地区生产总值①

地区生产总值预计增长 6% 左右。产业构成角度：近年来，南宁市第一产业、第三产业增加值增速大体保持稳定，经济增速变动主要由第二产业尤其是工业增速决定。由于近年南宁市工业增速总体持续下滑，经济增长总体也呈现持续放缓态势。2019 年，在全球经济增长温和减速的背景下，我国工业增长预计小幅放缓，南宁市工业发展的国内外环境仍然较为严峻。以传统制造业为主的南宁市工业实现较快增长难度较大，进而导致经济增长难以出现较大突破。需求角度：南宁市固定资产投资增速和社会消费品零售总额增速总体也呈现逐年放缓态势，2019 年两者增速尤其是社会消费品零售总额增速大幅回升概率不大，也对经济增长产生不利影响。

此外，南宁市 2017 年以来潜在经济增长率也在持续下降，且 2018 年实际增长率低于潜在增长率，表明南宁经济应对负的外部冲击的能力还较弱，2019 年经济下行风险还很大。

---

① 本节定量预测部分，为与统计年鉴保持一致，地区生产总值和规模以上工业增加值增速为实际增速；财政收入、固定资产投资和社会消费品零售总额均为名义增速。增速预测综合采用线性与非线性回归、ARIMA 模型和指数平滑等方法，潜在经济增长率由 HP 滤波方法得出。

（二）财政收入

财政收入预计增长7%左右。当前南宁市经济增长放缓，仍处于推进新旧动能转换、推动高质量发展的关键期，实体经济发展仍面临诸多困难，财政收入增长的根基仍不牢固。2018年已经实施和2019年即将实施的各种减税措施，将对南宁市2019年财政收入带来较大影响。国家加强房地产调控及去杠杆等政策措施，将使房地产、金融等重点行业税收增长趋势放缓。为适应积极财政政策的实施而出台的停征、免征和调整部分行政事业性收费及涉企经营服务性收费，也使非税收入的增长空间受到一定局限。综合考虑，预计2019年南宁市财政收入增速将稳中趋缓。

（三）固定资产投资

固定资产投资预计增长10%左右。2019年，南宁市大力开展重大项目建设攻坚突破年、产业大招商攻坚突破年、优化营商环境攻坚突破年活动，紧盯项目特别是重大产业项目，推进项目签约落地扩大投资；紧抓电子信息、先进装备制造、生物医药三大重点产业开展产业链招商引进资金，预计将取得一定成效。此外，2019年年初，广西壮族自治区经济工作会议明确提出实施强首府战略，要着力提高南宁首位度，打造引领全区发展核心增长极。可以预见，自治区将会在资金和政策方面给予南宁市更大支持。综上所述，预计2019年南宁市固定资产投资增速或将企稳。

（四）规模以上工业增加值

规模以上工业增加值增速预计比2018年有所下降。在工业产业发展领域，2019年南宁市将以投资、项目、服务三项工作为抓手，以强龙头补链条聚集群为核心，集中力量做好产业发展、园区建设、企业培育三篇文章，全力培植"工业树"，育护"产业林"，加快产业转型升级，推进工业高质量发展。但受近年新增投产项目支撑不足、工业投资增速逐步放缓，

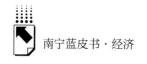

工业企业融资难、融资贵问题依然存在等因素制约，工业经济发展仍然面临严峻挑战。

（五）社会消费品零售总额

社会消费品零售总额增长 9% 左右，增速延续放缓趋势。2019 年，南宁市贯彻落实个人所得税专项附加扣除政策，将助推居民增收，增强城乡居民消费能力。同时，南宁市积极培育健康、养老、家政、休闲、文化、体育、信息等新的消费热点，深挖住宿、餐饮等传统消费潜力，鼓励发展夜间经济，加快消费升级，有利于进一步推进城乡居民消费。然而，2018 年与汽车和零售业类等相关的一些商品消费增长乏力，南宁市消费增速出现一定下降。2019 年，受国内外错综复杂的发展环境影响，南宁市将面临严峻形势，消费市场承压较大，消费增速仍有可能进一步放缓。经测算，社会消费品零售总额对地区生产总值的弹性系数均值为 1.04，考虑到价格因素，预测 2019 年社会消费品零售总额增长 9% 左右。

六 促进南宁市经济平稳健康发展的对策建议

2019 年是新中国成立 70 周年，是全面建成小康社会、实现第一个百年奋斗目标的关键之年，是开启建设壮美广西新征程的重要之年，也是全面落实强首府战略的第一年。面对错综复杂的国际政治经济环境和较大的稳增长压力，南宁市应以习近平新时代中国特色社会主义思想为指导，深入贯彻党的十九大和十九届二中、三中全会精神，坚持稳中求进的经济发展总基调，坚持新发展理念，落实推动经济高质量发展要求，统筹推进稳增长、促改革、调结构、惠民生、防风险等各项工作，把中央及自治区出台的一系列稳增长政策措施落到实处，强化政策效果，促进经济平稳健康发展。

（一）挖掘特色优势，着力提升农业可持续发展能力

1. 发展现代优势特色农业，做大做强本土品牌

适应居民消费结构升级的要求，综合考虑市场条件等因素，大力发展多种形式经营，进一步调整农业生产结构，促进有机循环农业、生态休闲农业等新型农业生产模式的推广。着力提升农产品品牌意识，树立本土品牌并进行深加工，提高产品附加值，打响一批邕产优质特色农产品品牌，突出打好农业"生态牌""绿色牌""富硒牌"，做大做强茉莉花、香蕉、火龙果、晚熟柑橘等优势产业。强化农业科技推广，建设知识型、技能型、创新型农业经营者队伍。抓好农产品标准化生产，加快建设农产品质量检测和追溯体系。

2. 延伸农业产业链，打造优质示范区

积极延长农产品产业链，提高产业附加值。启动农产品加工集聚区建设，加强农产品产后分级、包装、营销，加快建设农产品冷链物流体系。深入实施现代特色农业产业"10＋3"提升行动，争创特色农产品优势区和示范区，继续实施现代特色农业示范区建设增点扩面提质升级三年行动，提升创建"三区三园一体"，加快建成横县国家农业现代产业园。结合南宁市本土气候特点与现代化农业技术，建设沃柑产业基地、火龙果标准化种植基地等高品质农产品生产基地。加强杂交柑橘、优质水稻等特色农产品的研发与特色农业示范区的建立。

3. 促进农业与其他产业深度融合

健全农村一二三产业融合发展利益联结机制，积极发展优质田园文化旅游综合体，推进农业与旅游、教育、文化、养老等产业深度融合，发展多种形式的生态农业。以"广西南宁国际农业公园""中国—东盟农业博览园"等主题园区为典范，进一步打造集"玩、食、赏、学"等功能于一体的田园综合体，创造农业与农家乐、蔬果展等观光旅游业的商业合作机会，利用生态旅游、展会促销等途径增加国际曝光率，拓宽农产品销路，大力促进东盟农贸交流。

（二）写好三篇文章，促进工业高质量发展

1. 持续培育和发展工业企业

重点扶持骨干企业，持续深入实施创新驱动发展战略，鼓励骨干企业加大力度研发新技术和新产品，进一步延伸产业链，提高产品附加值。培育一批龙头企业，强化龙头企业的带动作用，突出扶优扶强，推行"一企一策"服务，加快产业迈向中高端。加快富士康南宁科技园千亿产业建设，支持南南铝推进高端铝产业研发，加快建设南宁高端铝产业基地，吸引铝产业链中下游企业落户南宁市。扶持一批"瞪羚"企业和"独角兽"企业，推动中小企业向专精特新尖方向发展，加强企业孵化力度，鼓励和支持兼并联合。

2. 加快推进工业重点产业发展

推进南宁市电子信息产业、先进装备制造业、生物医药产业三大重点产业加快发展，着力建链、补链、强链。推进电子信息产业迅速向中高端升级，提高产能，重点发展网络通信、智能终端、新型显示三条产业链。合理利用富士康、瑞声科技等知名龙头企业的优势，打造优质工业品牌，继续扩大吸引投资，促进南宁市的电子信息产业集聚。先进装备制造业突出发展新能源汽车、轨道交通装备两条产业链，加快建设南宁智能制造城，打造辐射东盟与国内的新能源汽车产业基地。生物医药产业重点支持壮瑶药、生物技术药物以及各类功能保健品、海洋生物制品开发，推动新型药物和仿制药研发。同时，大力发展新一代信息技术、新材料、节能环保等新兴产业；促进传统产业"二次创业"，用新装备、新技术、新业态、新模式改造提升食品加工、建材、化工等产业。

3. 积极推动工业园区发展

实施园区产业引导和负面清单，推动园区特色化、差异化发展。调整优化国家级开发区差异化考核指标体系，借鉴南宁市高新区与武鸣区合作建成的"飞地园区"跨地域合作模式，鼓励国家级开发区通过托管、代管、合作共建等方式与县区发展"飞地园区"，增进区域间工业协调发展。完成县域工业园区规划调整工作，积极探索市属产业平台公司与县区工业园区合作共建新模式。完善工业园区基础设施建设，引入先进生产设备，满足新进企业的生产经营需求。在工业园区推行现代化的管理模式，加大对园区内的创新人才进行培育和鼓励。

（三）培育发展新业态，推动现代服务业发展

1. 建设现代服务业集聚区

鼓励发展各类服务业新兴业态以满足市场需求、扩大消费。促进南宁市服务业与工业、农业协同发展，为工业和农业提供服务支撑，建设服务产业集聚区，同时辐射覆盖周边地区，带动南宁市经济发展。聚力"建、用、融、管"等关键环节，加快推进南宁市数字经济发展。加快推动数字产业化。依托中国—东盟信息港南宁核心基地建设，大力发展大数据、云计算、物联网、人工智能等数字产业，加快数字产业集聚发展。

2. 促进金融业集聚发展

加快金融聚集区建设，并遵循相对集中、合理分布的原则，积极打造区域性金融中心。做大做强金融总量，发挥财政金融的协同作用，积极扩大信贷投放和直接融资的规模，着力培育和发展保险市场，争取为实体经济提供高品质的金融服务。依据打造面向东盟的金融开放门户集聚区这一目标，努力吸引各类金融机构到南宁设立总部基地、分支机构或后台服务中心等。

3. 提升现代物流业的发展水平

加快南宁市现代化物流工业园建设，充分发挥"南宁渠道"作用，加快提升南宁市现代化物流水平。扎实做好全国流通领域现代供应链体系建设试点工作，重点培育农产品供应链和跨境电商供应链。充分发挥南宁市作为国家物流枢纽承载城市的作用，推进南宁国际铁路物流中心、空港物流园等重点园区建设，打造多式联运体系。大力发展电子商务，重点培养"中国—东盟电子商务产业园""京东南宁电商产业园"等中心产业园区，形成辐射效应推动电商集聚群的建成。

4. 促进旅游业加快发展

充分发挥南宁自然资源、现代休闲文化等方面的优势，进一步开发更优

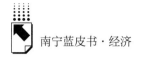

质的旅游资源，促进旅游业与农业融合发展。大力增强青秀山风景区、大明山生态旅游区、南宁园博园、方特东盟神画主题乐园等南宁市著名景点的品牌塑造，提高旅游文创产品的质量，完善景区的基础设施，提升景区的服务水平。推动旅游市场的多样化、高品质发展，针对不同群体打造不同定位的旅游路线与旅游模式，如为退休老年群体打造实惠的自然生态路线、为家庭群体打造周末农家乐体验，同时加入自驾游体育游等新型旅游模式。

5. 加快发展健康养老产业

按照"低端有保障、中端有支撑、高端有市场"的基本思路，完善市域养老养生规划，加快康养产业等新兴业态的培育，促进社区养老、居家养老、集中养老的快速发展。促进医疗、养老、运动等相关保健产业的合作发展，形成完善的养老产业链。通过"南宁养老服务业综合改革核心区"、"桂北休闲旅游养生养老产业示范区"等养老示范区的模范效应，加速南宁市养老区域的布局与扩展。发展大健康产业，围绕生物医药、医疗、体育、养老等产业，加快布局医养社区等一批大健康产业项目，推进公建民营、民办公助等模式的养老产业发展。

（四）扩大有效投资，激发投资活力

1. 依托项目建设扩大有效投资

依托大项目建设，继续扩大有效投资，保持固定资产投资的稳定增长势头。加快推进"十三五"规划中的重大工程、重大项目的进度，逐步形成前后接续、梯次稳步推进的重大工程和重大项目，增强项目的投资后劲。加大南宁市财政对重点项目的支持和投资力度，针对2018年新引进的龙头企业保持持续跟进态势，依托重点项目的投资与发展经验有效带动相关产业的转型升级。

2. 加快推进投资内部结构调整

在重大项目的投资中，应当充分发挥市一级财政补贴的鼓励和引导作用，增强对新能源、新材料方面的重点项目培养，加快南宁市工业转型升级进程。针对产业行业短板，加快补短板项目的建设进程，除了进一步加大项目投资力度外，还需要重点引进高技术制造业项目以及新兴行业项目，形成新型产业集群，探寻南宁市未来工业新增长点。

3. 激发民间投资活力

激发民间投资活力，有效激励社会资本参与到更多领域的投资中来。深入贯彻落实广西区党委政府印发的《关于着力发展壮大民营经济的意见》，减轻税费负担、提升金融服务质量、营造公平竞争环境、优化政务环境、开展招商引资活动、构建亲清政商关系等，进一步持续优化营商环境，切实减轻民营企业负担，营造宽松的产业发展环境，稳定企业发展信心，激发企业发展活力。从而优化投资环境、降低投资成本、提升投资效益、增强民间投资对产业发展的拉动作用，确保南宁市民间投资持续、稳定增长。

（五）刺激消费需求，积极扩大消费市场

1. 扩大消费需求

有效扩大消费需求，增强南宁市经济发展的内生动力。一是加快建立持续促进消费增长的长效机制。争取在扩大民众消费的同时，培育多层次的消费增长点，例如医疗、养老、文化、汽车等，持续增强消费对经济增长的拉动作用。二是要加大力度发展互联网消费等新型消费业态。积极建设一批商品销售类、消费服务类或是跨境贸易类的电子商务平台，有效促进互联网消费。三是培育和发展现代文化旅游产业和服务业，加大力度培育如方特东盟神画等文旅产业项目，不断推进旅游与文化、工业、农业以及体育、商贸等产业融合发展。

2. 积极扩大消费市场

加快消费市场升级进程，积极培育健康、养老、家政、休闲、文化、体育、信息等新型消费热点，持续深挖民宿、农家乐餐饮等传统消费潜力。提升城市消费水平，完善朝阳商圈、埌东商圈和凤岭商圈功能，加快建设五象新区商圈，着力打造"老南宁·三街两巷"等高品质步行街，引导特色街区发展。有效激活农村消费，推进农村电商发展，结合精准脱贫工程，持续畅通工业品下乡及农产品进城渠道；强化农商对接力度，加大力度推动农

批、农超、农企等产销对接渠道，实现县域农业对接城市市场。积极改善消费环境，增强市民消费能力，举办各类促消费活动，严厉打击损害消费者权益的违法行为。

（六）强化支出把控，促进财政收支平衡

促进财政收支平衡，并不意味着一味地删减支出，而应采取积极的财政政策在支出上加力提效，运用市场化和法治化的手段，运用深化改革的途径，遵循"巩固、增强、提升、畅通"的原则，促进财政资金能够用到实处，群众共享发展益处。一是加大财政支出力度。持续逐年适度扩大财政资金的支出规模，着重增加对脱贫攻坚、"三农"、经济结构调整、科技创新、生态保护、民生发展等领域的投入。二是坚持节用裕民。在政府部门的支出方面，适度压减一般性支出，严格控制"三公"经费预算，取消低效或无效的支出。将财政省下的钱重点用在保障民生支出领域，不断提升市民的获得感、幸福感和安全感，使之能够共享发展成果。三是通过为企业减负激发市场主体活力。减税降费是2018年财政政策改革的头等大事，未来几年，将会实施更大规模以及更为明显的减税降费政策，减轻企业负担，更好地引导企业发展和投资预期，增强其市场信心，保障经济持续稳定增长。四是全面深化财税体制改革。持续推进部门预算管理改革，探索建立部门预算项目库，探索开展项目支出标准体系建设。从试点到全面推动实施预算绩效管理，将预算绩效管理贯穿于预算编制和执行的全过程，加快预算的执行进度和有效度，做好预算绩效监控及测评，及时收回低效或无效资金，更好地发挥财政资金的作用。

（七）优化产业布局，加快县域经济发展

1. 深化农村各项改革

着力推进南宁市农村产权制度改革，有序地推进农村集体资产清产核资工作，加快完成区、市一级的改革试点任务。持续完善承包地"三权分置"制度，建立完善农村土地信息系统数据库，及时推进数据库与农村产权交易

管理平台相结合，积极引导土地经营权的有序流转、规范流转交易。持续推进农村金融改革进程，加快"三农金融服务室"以及农村信用"四级联创"工作，加大力度构建农村金融组织、信用、支付、保险、抵押担保和面向农村的金融服务等六大体系。

2.推动县域经济提档升级

着力建设好县域产业园区，加强县域与南宁中心城区的产业对接和互动。推动县域特色产业进一步优化布局，加快县域特色产业发展，如横县的电力、造纸、茉莉花产业加工，宾阳县的电子信息、建材，隆安县的生物医药等县域特色产业，持续助推县域生态旅游业发展。加快推进"中国茉莉小镇"等一批县域产业特色小镇建设。持续推动和实施乡村振兴产业发展基础设施公共服务能力提升三年行动计划，做好"四好农村路"建设，大力改善农村能源、信息网络及其水利基础设施等，增强县域经济发展的支撑保障能力。

（八）创新驱动发展，激发实体经济活力

1.建设新型创新平台

依托试点建设，进一步加快创建国家级自主创新示范区。充分发挥南宁·中关村创新示范基地对双创的辐射带动作用及其溢出效应，加快建设南宁·中关村科技园。持续深化南宁高新区国家双创示范基地建设。支持国家级广西先进铝加工创新中心等一批创新平台的建设和发展。鼓励和扶持企业、高校或科研院所等建立院士专家工作站、单独或联合创办科技创新基地或新型研发机构等。

2.加快创新主体培育

依据"高层次人才创新创业团队—科技型中小企业—高新技术企业—'瞪羚'企业—上市企业"的科技型企业梯队培育和发展模式，鼓励和培育一批具有高科技含量、一定的市场潜力、良好发展前景的创新型企业。加大力度实施高新技术企业数量倍增计划，落实好高新技术企业奖励补贴、研发费用加计扣除以及后补助等优惠政策。通过举办高层次人才创新创业大赛等

创新创业活动吸引高层次人才、海外人才，提高高层次人才创新创业的积极性和活力。

（九）持续深化改革，营造良好发展环境

1. 着力加大招商引资力度

南宁市应当持续建立健全招商引资制度，制定完善的招商引资考核办法，完善招商引资重大项目的快速落地机制。加快建设南宁市投资信息服务中心等服务平台，着力提升招商引资的信息化水平。有效落实一个产业一名领导挂名的专题招商模式，确保招商引资项目的强力有效推进，根据南宁市经济发展新常态开展专题招商行动，例如数字经济、农业现代化、文旅融合、新材料、商贸物流、互联网金融等。

2. 持续优化营商环境

持续深入推进"放管服"改革，对行政审批事项、中介服务事项、公共资源等目录实行动态管理模式。进一步加快推进行政审批标准化的试点项目，推行一事通办和全链条审批的新模式，为企业和市民提供一体化、精准化的政务服务。进一步压缩企业开办审批时间，提高工程建设类项目的审批效率，建成并完善工程建设项目审批管理系统，提升互联网办事审批能力，提升行政服务效能。持续加快数字政府建设，进一步探索推进"智慧社会+智慧城市"建设。推动南宁市社会信用体系建设，健全信用联合奖惩机制，促进城市信用分在公共交通出行、看病就医等领域的广泛应用。

3. 持续深化重点领域改革

深化国资国企改革，不断完善南宁市公共资产负债管理智能云平台的功能，推进资产负债管理项目的持续优化升级。推进融资平台公司的市场化转型并开展市场化融资。进一步完善国有企业的投资管理制度，加强投资跟踪管理以及投资后评价。在金融改革方面，持续推动跨境人民币结算业务的开展，加快中国—东盟（南宁）金融服务平台建设进程，充分发挥南宁市跨境金融信息服务基地的功能。积极探索金融创新新产品、新服务、新业态和新模式，着力在发展科技金融、绿色金融和普惠金融上下功夫。

（十）推动南宁渠道升级，构建全方位开放新格局

1. 推进开放平台升级

打造东盟博览会升级版，进一步畅通"南宁渠道"。结合广西全面融入粤港澳大湾区建设契机，南宁市应当积极承接东部地区的产业转移，加快培育自治区级 CEPA 先行先试示范基地。深化南宁市与珠江—西江经济带城市群在产业发展和招商引资等方面的合作。积极推进粤桂黔高铁经济带建设，不断探索粤桂产业合作的新模式。着力加快建设以南宁市为核心的首府经济圈，从而发挥辐射带动作用，促进北部湾城市群协同发展。加快南宁综合保税区的建设进程，积极打造加工贸易产业集聚高地。

2. 提升开放型经济水平

南宁市应当深入实施第二轮"加工贸易倍增计划"，鼓励加工贸易龙头企业持续扩能增产。加快服务外包型示范城市建设，重点培育中盟科技园和联讯 U 谷等园区，积极促进离岸在岸业务的协同发展。打造南宁市"走出去"产业品牌，引导对外投资的企业采取多种方式实现互利共赢，例如产业链抱团投资、同质企业有序合作等。继续依托国际友城、国际友好人士、国际合作组织等一系列对外合作资源，持续增强经济、贸易等领域合作实效。

参考文献

［1］南宁市统计局：《南宁市国民经济发展统计公报》（2013～2018 年）。

［2］南宁市统计局：《2018 年南宁经济动态月报》。

［3］南宁市统计局：《2018 年南宁市政府工作报告》。

［4］南宁五象新区规划建设管理委员会：《推进中国—东盟信息港南宁核心基地建设 打造中国—东盟数字经济基地》，《广西经济》2018 年第 9 期。

［5］胡佳丽、覃星星：《从"短板"到"跳板"——周红波市长布局南宁"工业强市"》，《当代广西》2018 年第 21 期。

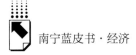
［6］《升级"南宁渠道"走活开放发展这盘"棋"》,《南宁日报》2019 年 4 月 29 日。

［7］任亮:《区域战略格局下南宁的城市定位与路径》,《开发研究》2018 年第 1 期。

［8］杨豫萍:《多措并举为民营经济高质量发展保驾护航》,《广西经济》2019 年第 3 期。

［9］闫室丞:《2018 年广西消费品市场总体平稳规模持续扩大》,《广西经济》2019 年第 1 期。

［10］佘国东、韦干杰:《新时代推动广西形成全面开放新格局的战略思考》,《广西经济》2018 年第 4 期。

［11］崔瑜:《2018 年广西金融业发展回顾及 2019 年展望》,《区域金融研究》2019 年第 3 期。

［12］王一鸣:《在应对复杂变局中保持经济持续健康发展——2018 年经济形势和 2019 年展望》,《中国经济报告》2019 年第 2 期。

分 报 告

Sub-field Reports

B.2

2018～2019年南宁市工业运行情况分析及预测

吴保民 胡雯*

摘 要: 2018年,南宁市突出抓好重点产业、重点园区、重点企业和重点项目,推动工业高质量发展,工业经济保持平稳增长,实现稳中向好、稳中提质。面对工业下行压力和项目建设困难等问题,南宁市工业坚持稳中求进工作总基调,坚持新发展理念,以供给侧结构性改革为主线,加快新旧动能转换和产业转型升级,确保全市工业经济持续健康发展,奋力谱写新时代南宁工业高质量发展新篇章。

关键词: 工业 转型升级 高质量发展

* 吴保民,南宁市工业和信息化局综合科科长;胡雯,南宁市工业和信息化局综合科副科长。

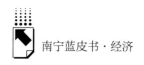

一 2018年南宁市工业经济运行情况

2018年，南宁市在市委、市政府的正确领导下，认真贯彻党的十九大精神和习近平总书记关于广西工作的重要指示精神，深入推进工业供给侧结构性改革，着力加快新旧动能转换和产业转型升级，为全市经济社会持续健康发展做出了突出贡献。

（一）工业运行总体平稳，增长质量进一步提升

2018年，工业增速自第二季度起持续回升并保持稳定增长，全年规模以上工业总产值同比增长5.2%，规模以上工业增加值同比增长1.5%。江南区、邕宁区、宾阳县等6个县区增速达两位数，对工业稳增长起到了重要支撑作用。高技术产业渐成新动能，高技术产业产值同比增长15.4%，增加值同比增长6.5%，制造业向中高端迈进。

（二）狠抓重大项目建设，发展后劲进一步增强

2018年，工业投资同比增长8.7%，150项重点工业项目投产35项，市本级出让工业用地3052亩。扎实推进重大项目建设，富士康、南南铝、申龙汽车、科天水性等龙头企业产能持续释放，瑞声科技、蓝水星、浮法玻璃等新建重大项目投产。

（三）电子信息引领工业增长，产业结构进一步优化

做大做强电子信息、先进装备制造、生物医药三大重点产业，全年三大重点产业产值同比增长6.4%，占全市规模以上工业产值的42.1%。其中电子信息产业产值同比增长25.8%，成为全市增长最快的产业，总量首次超过食品工业，成为全市总量最大的工业产业，实现了新旧动能转换的标志性突破，以电子信息产业为代表的新兴产业引领工业发展的新格局初步形成。

（四）强化服务企业，政策红利进一步释放

推进降本减负，出台 13 条政策措施从税费、用工、用能等方面减轻企业负担，组织企业参加电力直接交易，全年为企业减负约 350 亿元。深化市领导服务企业工作机制，共开展服务活动 200 余次，协调解决企业运营、设备投资、企业用工、煤炭通关等问题 130 个。加强融资服务，"两台一会"累计投放贷款 193 亿元，贷款余额 40.2 亿元，服务中小企业 800 余家。全年产值超亿元企业 456 家，拉动全市产值增长 9.8 个百分点。3 家企业获2018 年广西工业企业十佳奖，富士康成为南宁市首家产值超 400 亿元企业，新增 1 家产值超百亿元企业。

二 2018年南宁市工业发展主要举措

（一）召开工业高质量发展大会，营造良好氛围

2018 年，南宁市召开全市工业高质量发展暨深化改革优化营商环境大会，坚定了持续推进"工业强市"战略的决心，树立了"强首府必先强产业，强产业必先强工业"的发展理念，理清了南宁工业高质量发展的思路。一是提出了南宁市工业高质量发展的目标体系，明确了今后一段时期工业发展的七大任务和八项措施，提出要按照培植"工业树"、育护"产业林"的思路，着力强龙头、聚集群、补链条，抓创新、创品牌、拓市场，加快构建现代工业体系。二是推动出台了《关于推动全市工业高质量发展的决定》和《南宁市工业高质量发展行动计划（2018～2020年)》等重要文件，以及在创新、招商、人才、技改、节能、用地、园区、产业发展和规划等方面一系列配套文件，基本形成了重点突出、导向明确的工业高质量发展"1＋1＋N"政策体系，推进南宁市工业迈向高质量发展新征程。

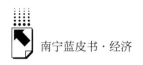

（二）持续推进重大项目引进建设，带动投资增长

实施产业链精准招商。按照"建链、补链、强链、延链"的招商新思路，围绕三大重点产业编制完成了手机、电子面板、新能源汽车、高端铝产业等产业链全景图，按照产业链全景图开展招商推介和对接，有目的、有重点、有针对性地开展精准招商，成功引进了瑞声科技、歌尔股份等手机产业链上的核心企业落户，同时还吸引了路远、蓝水星、百事超、万利丰等产业链前端和智能终端整机制造产业落户南宁市。全年共引进重点工业项目98个，计划总投资245亿元，达产后预计形成产值587亿元。扎实推进重大项目建设。出台了促进工业企业技术改造的政策，大幅降低项目申报门槛，新增针对工业"瞪羚"企业技改项目等专项资金扶持。

（三）推进园区改革创新，提升承载能力

出台市管开发区工业高质量发展目标考核评价办法，从总量规模、开发建设、经济效益、培育创新、生态安全等方面对开发区进行综合评价，强化差异化、创新发展的导向，引导开发区发展提质增效。出台高新区创新发展政策，从科技创新、平台创新、金融创新、招商创新、空间资源配置创新、人才创新等方面鼓励高新区先行先试、创新发展。推动南宁高新区与武鸣区合作打造的"飞地园区"——南宁高新区武鸣产业园签约揭牌，促进国家级开发区扩展空间并带动县区工业园区发展，产业园区协同发展步伐进一步加快。

（四）实施技术创新和两化融合，增强竞争能力

南宁·中关村创新示范基地引领效应凸显，南宁·中关村科技园挂牌运营，成为北京中关村与外地合作打造的第三个科技园，新增入驻重点企业24家。一是产业协同创新平台加快建设，与东北大学、华中数控分别组建广西先进铝加工创新中心和南宁华数轻量化电动汽车设计院，其中先进铝加工创新中心高端铝合金热处理项目通过工信部论证评审，正式开启

了南宁市高端铝材装备国产化的序幕，成为国家重大短板装备专项工程的开篇之作、示范之作。二是技术创新及品牌培育取得突破，田园生化、交科院两家企业获认定为国家级企业技术中心、实现零的突破，新增 5 家区级企业技术中心、2 家广西技术创新示范企业、2 项广西工业企业质量管理标杆，6 个产品、8 件作品（产品）分别获得首届广西企业创新创业优秀新产品奖、工业设计奖，1 家工业企业获主席质量奖、64 个工业产品获广西名牌产品称号。三是工业化与信息化深度融合，富士康工业互联网平台通过首批工业互联网平台可信服务评估认证，新增 3 家企业入选国家两化融合管理体系贯标试点名单，组织 229 家企业开展两化融合评估诊断和对标引导。

（五）扎实推动节能降耗，推进绿色发展

一是淘汰落后产能，制定出台去产能方案，加快淘汰落后和化解过剩产能，推动产业转型升级，关停了武鸣灵水水源地附近的广西苍鹰公司武鸣氮肥厂，拆除了横县恒丰建材公司 11 台落后设备。二是推进工业园区污水处理设施建设，全市所有自治区级以上工业园区都已完成集中污水处理设施或依托市政污水处理配套管网建设。三是推进绿色制造体系建设，创建绿色园区、绿色工厂、绿色产品和绿色供应链，南南铝业公司"铝合金产品精深加工全流程绿色关键工艺系统集成项目"列入国家工信部绿色制造系统集成项目，新增 2 家自治区绿色工厂、1 家自治区清洁生产企业，工业绿色发展进一步推进。

三　南宁市工业发展存在的主要问题

（一）工业下行压力仍在

宏观经济虽有好转迹象，但国内经济仍依然充满复杂性和不确定性，工业经济回升缺乏牢固基础，仍面临继续下行的压力。三大国家级开发区产值

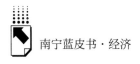
占全市工业的比重下降，支撑作用下降。结构性、深层次的问题仍然突出，长期以来工业结构不优、质量不高等问题仍然存在。

（二）项目建设存在困难

一是项目支撑不足。据初步统计，2019年新开工、续建、招商落地的支撑项目343项，尤其缺乏投资大带动力强的产业链龙头项目。二是企业投资意愿不强。受金融去杠杆、环保整改、化解过剩产能、淘汰高耗能高污染等多重因素影响，企业观望情绪较强，投资信心不足。三是部分落地重大项目进展缓慢。如富士康南宁科技园项目因中美贸易战订单受阻暂缓施工，深圳粤创液晶显示面板镀膜玻璃生产线项目停止了项目实施，同捷新能源汽车受国家产业政策影响暂停推进。

四　2019年南宁市工业发展思路

坚持以习近平新时代中国特色社会主义思想为指导，深入贯彻党的十九大和十九届二中、三中全会精神以及中央、全区经济工作会议精神，全面落实市委十二届七次全会和全区工业和信息化工作会议部署安排，坚持稳中求进工作总基调，坚持新发展理念，以供给侧结构性改革为主线，加快新旧动能转换和产业转型升级，持续抓好产业发展、园区建设、企业培育，集中力量抓投资、抓项目、抓服务，着力强龙头、补链条、聚集群，以狠抓企业培育和项目建设"八个一批"为重要抓手，确保全市工业经济持续健康发展，为全市经济社会发展做出新的更大贡献，奋力谱写新时代南宁工业高质量发展新篇章，以优异成绩庆祝新中国成立70周年。

（一）狠抓企业培育和项目建设

一是推动一批龙头企业再上新台阶。突出扶优扶强导向，实施"一企一策"帮扶政策，发挥龙头企业带动作用，围绕龙头企业进行配套项目招商，支持龙头企业加快发展。二是扶持一批本地企业发展壮大。扶持一批

"瞪羚"企业和"独角兽"企业快速做大，培育一批有品牌、有市场优势的本地企业加快发展。三是培育百家企业上规入统。加快培育规模以上工业企业，建立市、县（区、开发区）两级临规企业库，出台扶持力度更大的政策措施，强化上规入统目标考核。四是推动百家企业技术改造。以技术改造作为存量工业企业提质增效的重要手段，建立市县两级技改项目储备库，将技改项目优先纳入市领导联系服务项目、优先安排资金扶持，促进企业加大技术改造投资，对企业技改项目实行低门槛申报。五是打造一批科创上市企业新标杆。以先进装备制造、新材料、新一代信息技术等重点产业为主攻方向，筛选一批高新技术创新示范企业，力争用1～2年时间成功推荐企业在科创板上市。六是精准实施一批产业链项目招商。以电子信息、新能源汽车、高端铝产业链为招商攻坚突破口，进一步完善手机、面板、新能源汽车、高端铝产业等产业链全景图。七是推进一批在建项目加快建设。把重大工业项目作为工业高质量发展的重要支撑，落实服务责任制，加强协调服务，推动项目建设；出台高标准厂房扶持政策，满足招商项目尽快投产的需要。八是建设和引进一批新型创新研发平台。加快建设广西先进铝加工创新中心，推进南宁华数轻量化电动汽车设计院与申龙汽车、玉柴专汽、南南铝等企业合作，开展轻量化研究开发，鼓励龙头企业主动与区外高水平研究院所及高校合作，加强与科技部门联动，推进一批新型产业创新平台落地。

（二）加快推进产业链建设

一是加大产业链招商工作力度。把工业招商作为工业补短板的关键抓手，完善市、县（区、开发区）工业招商工作体制机制，建立产业链招商例会制度，开展工业招商引资督查考核。加大金融支持，研究制定南宁市产业发展基金，配套自治区政府投资引导基金直接股权投资实施办法，吸引各类社会资本以市场运作模式投向南宁市产业链招商企业。积极发挥中小企业内外贸公共服务平台作用，探索与东盟国家企业的交流与合作，吸引更多东盟国家企业来南宁市投资。开展工业招商引资督查考核，把工业招商引资工作纳入各县、区、开发区绩效考核指标体系。二是狠抓重点产业链发展。重点抓好网络通信、智能终端、新型显示、新能源汽车、轨道交通装备、高端铝等产业链；改造提升糖业，农产品加工，乳制品加工，酒、饮料和精制茶加工，粮油加工，水泥，浮法玻璃，装配式建筑，生物农药，新型防水材料等传统优势产业；积极培育生物医药、水性高分子材料、节能环保、石墨烯、新一代信息技术等战略性新兴产业。

（三）优化提升工业园区

一是创新园区发展体制机制。修改完善三大国家级开发区考核指标体系，侧重在提质上进行考核。不断创新园区发展体制机制，鼓励国家级开发区和国有平台公司与县（区）开展合作共建，提升县（区）工业园区工业发展水平。二是完善园区基础设施。支持园区建设和工业项目用地储备，积极推进产城融合发展，完善园区综合服务功能，提升园区承载能力。三是推进园区规划调整。对照土规和总规，对园区超出建设用地规模和范围的土地进行调整。以宾阳黎塘工业园区为试点，开展园区区域性评估。四是加强园区产业引导。推进《南宁市实施市区工业园区产业引导办法》实施，引导园区有针对性、有选择性地进行招商引资，推动产业集聚发展，实现园区差异化、特色化发展。

（四）强化创新引领

一是推进企业技术创新。深入推进工业技术创新体系建设，推动质量提升和品牌创建工作，全年力争新增市级以上企业技术中心40家、技术创新示范企业2家。二是努力打造"科技＋产业＋人才＋资本"的"产学研"公共服务平台。重点推进"中国—东盟空间信息技术创新示范基地"建设，实现广西北斗产品（系统）检测评估中心、武汉理工大学东盟研究院落地。三是培育北斗新一代信息技术产业链。支持本地企业率先在东盟国家开建物流、公交行业应用项目，建设东盟国家北斗位置综合应用大数据中心。培育构建基于北斗技术的硬件、软件、服务平台领域的全产业链体系，打造新一代战略新兴产业的发展支点。

（五）深化工业投融资体制机制创新

一是实施中小企业普惠金融。充分发挥金融机构和信息中介平台的作用，提升以助保贷为核心的投融资服务能力，2019年为南宁市中小企业直接解决贷款需求36亿元。二是设立中小企业信用保证基金。成立"市中小企业信用保证基金运行中心"，通过中小企业信用保证基金逐步吸引金融机构和社会资本加入，为中小企业融资提供信用担保。三是建立供应链金融服务。为三大重点产业提供融资扶持，解决产业链龙头企业和配套企业融资难问题。四是建立南宁重点工业企业专项转贷资金。设立3000万元"两台一会"续贷周转资金，采取灵活方式为重点工业企业解决总规模达5亿元的续贷问题。五是探索建立直接股权投资机制。制定产业发展基金直接股权投资管理办法，对重点企业股权进行投资，支持重大项目建设。六是大力发展直接融资。充分发挥财政资金的引导和放大效应，鼓励和引导社会资金、民间资本投入现代工业。充分发挥南宁产业发展基金的引导效应，设立瑞声科技股权投资基金，做大民生电子信息产业投资基金等子基金，着力完成中小微企业孵化基金、北斗基金、南宁高新工业企业发展投资基金等多支基金设立和投放工作，加大对南宁市重点产业领域和重点项目的投入。

（六）完善公共服务体系建设

一是全力打造运营好南宁市中小企业公共服务平台。重点打造"两台一会"中小企业贷款平台、先进技术育成中心、产学研公共服务平台等六大平台，为中小企业高质量发展提供"一揽子"支撑服务。二是大力推进工业云大数据公共服务平台建设。建设中小企业公共服务平台大数据中心，打通服务中小企业政策、工业运行监测、信用、工商、金融等信息接口，实现政企银信息共享。三是大力推进工业品市场开拓。鼓励企业积极参与政府公共采购，立足本地及周边市场实施本地产业适配，建立与东盟国家的畅通渠道，扩大销售。支持本地企业同等条件下优先考虑采购本地原材料、半成品、零部件等。积极组织规上企业入驻广西工业品博览平台。建设完善广西工业品开拓市场综合服务平台，推进广西—东盟区域（南宁）外贸一体化通关提速综合体工程建设，提供通关、物流、信保、结汇、退税、融资"一站式"外贸综合服务。

（七）推进工业绿色发展

一是加强节能管理和专项节能监察。落实节能目标责任，强化评价考核，确保完成自治区下达的年度工业节能目标任务。二是持续推进绿色制造体系建设。鼓励工业企业实施清洁生产技术改造，鼓励创建绿色园区、绿色工厂、绿色产品和绿色供应链，力争新增1家绿色园区，2家绿色工厂。三是抓好工业固废综合利用。继续推进华润环保工程（南宁）有限公司利用水泥窑协同处置城市垃圾项目实施，组织开展工业固体废物综合利用评价，推进明阳废旧钢铁回收利用项目资质论证，开展新能源汽车动力电池回收利用体系建设试点。

（八）推动两化深度融合

一是提升两化融合指数。推广两化融合管理体系标准，鼓励和支持有条件的企业自行开展贯标工作。组织开展两化融合发展水平评估工作，稳步提高南宁市两化融合指数水平。二是抓好企业上云。研究制定政策、财政扶持办法，支持各运营商云平台吸纳规模以上工业企业，逐步实现规模以上工业企业上云全覆盖。三是推动工业互联网平台发展。以富士康工业互联网平台为重点，组织开展经常性的工业企业智能化改造诊断服务，支持电信、联通物联网平台在工业领域的应用推广。四是抓好工业互联网安全。加强工业领域重要信息安全态势的监控，做好工业互联网信息安全防护研究，协调推进5G网络布局建设、IPv6改造、窄带物联网建设和应用等各项工作，加快构建新一代信息基础设施。五是推广智能化制造。加快建设智能工厂和数字化车间，全面提升企业智能化水平，支持皇氏集团华南乳品工厂、南南电子汽车新材料项目申报工信部智能制造试点示范项目，南宁富桂精密工业公司、广西建工集团智能制造项目申报 2019 年广西智能工厂示范企业。六是大力推动软件和信息技术服务业发展。支持青秀区和高新区建设专业软件园区，依托中国—东盟信息港南宁核心基地建设，整合引进新一代信息技术企业落户五象新区，形成新的产业集聚区。

B.3

2018～2019年南宁市农业
发展情况分析及预测

梁克非　吴晓瑜*

摘　要：　2018年，南宁市坚持以实施乡村振兴战略为统领，以推进农业供给侧结构性改革为工作主线，围绕实现产业兴旺、农民增收工作目标，加快完善全市农业产业体系。但是，南宁市农业发展存在稳粮增产难度大、特色产业种植结构调整及品牌提升不够、现代特色农业示范区创建水平较低等问题。针对存在的问题，南宁市坚持把增加绿色优质农产品供给放在突出位置，集中力量发展现代特色农业，加快推动一二三产业融合发展，继续把抓好粮食安全生产、打造特色产业和产业链、强化农产品质量监管等作为重点工作，持续开展农村生态环境治理，强化农村改革创新，稳步推进农村精准脱贫攻坚，全市农业农村经济稳健发展。

关键词：　农业　供给侧　结构性改革　现代特色农业

一　2018年南宁市农业发展情况

2018年，南宁市深入学习贯彻党的十九大和十九届二中、三中全会精

---

* 梁克非，南宁市农业农村局办公室副主任；吴晓瑜，南宁市农业农村局综合科科员。

神，认真学习领会习近平总书记"三农"思想，按照市委十二届六次全会的工作部署，确定了"一产显特色"的南宁农业发展思路，预计2018年全年全市农林牧渔业总产值725.27亿元，同比增长4.52%；农林牧渔业增加值440.22亿元，同比增长4.47%；全市农村居民人均可支配收入13654元，同比增长9.1%。

（一）主要农产品供应水平再上新台阶

2018年，全年粮食总产量211.42万吨；糖料蔗总产量1114.25万吨，同比增长2.37%；蔬菜总产量562.23万吨，同比增长3.09%；水果产量282.73万吨，同比增长13.86%；西甜瓜产量124.1万吨，同比增长0.34%；鲜茧产量9.77万吨，同比增长1.68%；肉类总产量66.77万吨，同比增长1.47%；水产品产量30.23万吨，同比增长10.13%。

（二）优势特色产业发展再出新成绩

以武鸣沃柑为代表的南宁沃柑、茂谷柑畅销全国各地，建成全国最具特色的优质晚熟柑橘产区。"南宁香蕉"成为南宁市首个"邕字头"地理标志商标，宾阳县"古辣香米"被评为国家地理标志保护产品，"武鸣砂糖橘"获国家地理标志登记保护农产品认证。上林县白圩镇、良庆区大塘镇获批开展2018年全国农业产业强镇示范建设。

（三）完成了一批农业示范区新升级

青秀长塘金花茶产业示范区、隆安那之乡火龙果产业示范区等7个示范区获认定为广西现代特色农业核心示范区。以示范区为基础创建的青秀区"田园青秀"田园综合体、宾阳县"稻花香里"田园综合体被列入2018年自治区级田园综合体试点项目。

（四）塑造了一批休闲农业"金招牌"

宾阳县稻花香里休闲农业示范区等8个项目，获认定为"2018年广西

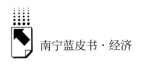

休闲农业与乡村旅游示范点"。目前，全市拥有 1 个全国休闲农业和乡村旅游示范县、5 个全国农业旅游示范点、2 个全国休闲农业与乡村旅游示范点；27 个广西休闲农业与乡村旅游示范点，15 个南宁休闲农业示范区及一批乡村旅游区、星级农家乐等。

（五）农业安全生产树立新屏障

隆安县、横县获 2018 年全区"平安农机"示范县（区、市）称号。组织参加第一届全国农业行业职业技能大赛（动物检疫检验员）广西赛区总决赛获团体一等奖。

（六）"为民办实事"发挥新作用

耕地地力保护补贴发放工作全部完成，2018 年全年共发放补贴资金 46402.11 万元，发放率 100%。超额完成农机购置补贴资金使用任务，使用资金 6209.91 万元，使用总量全区排名第一，拉动社会资金购买机具 2 亿元。

二　2018年南宁市农业发展主要工作举措

（一）优势特色产业发展动能充足

一是充分挖掘特色产业发展潜能，促进产业可持续增长。2018 年，南宁市全年粮食种植面积 638.7 万亩，粮食生产供给侧改革获得有效推进。多措并举抓好粮食生产提质增效，2018 年南宁市种植优质稻（含优质杂交水稻）的面积为 363.3 万亩，比重达 86.94%，同比上升 3.45 个百分点，绿色水稻、有机水稻、富硒水稻等种植面积也比往年多。全市糖料蔗种植面积 207.27 万亩，同比增长 0.98%；蔬菜播种面积预计 371.11 万亩，同比增长 2.55%。香蕉增收明显，柑橘、火龙果异军突起，全市水果种植面积达 211.91 万亩，同比增长 5.69%；预计产值 95.94 亿元，同比增长

69.96%。桑园面积 63.48 万亩，同比增长 2.5%。家禽产业效益可观，肉鸡肉鸭处于利好行情，养殖户补栏积极性增高。二是以农产品标准化示范基地建设促产业提升，2018 年市本级财政投入专项资金 10600 万元，1～10 月，新建标准化种养基地 75 个，其中粮食安全保障基地 16 个，特色经济作物产业提升示范基地 14 个，蔬菜基地 9 个，禽畜基地 21 个，渔业基地 15 个。落实"双高"糖料蔗建设面积 24.558 万亩；累计建设富硒农产品生产基地 49 个，面积 3.22 万亩。三是持续打造地域特色农产品品牌。截至 2018 年底，种植业有效期内"三品一标"产品 131 个，养殖业有效期内无公害农产品 21 个。累计获得富硒农产品认证 37 个（其中 2018 年获认定 10 个），获评为广西名优富硒产品 6 个，25 个品牌入选首批广西农业品牌目录。横县获评"2018 中国茶业品牌影响力全国十强县（市）"和"2018 中国茶业百强县"。成功举办中国沃柑看武鸣·2018 年沃柑上市新闻发布会、第三届中国火龙果产业发展大会暨南宁火龙果品牌推介会，主办首届中国农民丰收节南宁启动仪式，宣传和推介南宁沃柑、火龙果、茉莉花茶、香米等名特优农产品。

（二）现代特色农业示范区创建成就突出

2018 年相继印发《南宁市现代特色农业示范区建设增点扩面提质升级（2018～2020）三年行动实施方案》《关于加快推进 2018 年现代特色农业示范区增点扩面提质升级建设工作的通知》，进一步明确未来三年示范区建设的目标任务：到 2020 年累计建成自治区级核心示范区 34 个、市（县）级示范区 60 个、乡级示范园 329 个，每个涉农行政村至少创建 1 个以上村级示范点，建成村级示范点 1455 个。截至 2018 年底，全市累计启动创建各级示范区总数 866 个，其中，已获认定的自治区级核心示范区 30 个（居全区首位），建成市（县）级示范区 48 个、乡级示范园 142 个。乡级以上示范区核心区建设面积 43.46 万亩，累计投入资金 125.1 亿元。深化"三区三园一体"建设，广西—东盟经开区、青秀区、江南区的 3 个农业科技园区获认定为自治区农业科技园区。积极推进"两区"划定工作，出台《南宁市

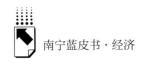
粮食生产功能区和糖料蔗生产保护区划定工作方案》，南宁市粮食生产功能区划定任务 255 万亩，糖料蔗生产保护区划定任务 139 万亩，按方案计划安排完成年度任务。

（三）一二三产融合日渐密切

一是农产品加工短板有效缓解。示范区重点提升农产品产地预冷和冷链物流建设，扩大水果初级加工覆盖面，佳年公司（武鸣"伊岭溪谷"）、桂洁公司（西乡塘区"群南柑橘"）、振企公司（邕宁区"香流溪"）、桂柑果业（邕宁区"坛里沃柑"）建设果实自动分拣生产线，柑橘、火龙果实现商品化包装和分级上市，产品档次获得提高。"互联网＋农业"促进示范区特色农产品产销衔接，全市各级示范区建立和引进电商 245 家。二是促进农业产业化规模经营，南宁市农业产业化重点龙头企业共 212 家，其中国家级 14 家，自治区级 36 家。加快农产品初加工发展和精深加工水平的提升，据不完全统计，南宁市规模以上农产品加工企业 120 多家，其中年产值达 100 亿元以上 1 家，20 亿元以上企业 2 家，年销售额达 10 亿元企业 9 家。三是大力推进休闲农业发展。2018 年完成 15 个休闲农业示范区建设、全市休闲农业宣传片拍摄制作及 2018 年休闲农业示范区项目申报工作。积极申报创建广西休闲农业与乡村旅游示范点，2018 年有 8 个点通过评选，目前全市共有广西休闲农业与乡村旅游示范点 27 个。四是同步建设乡村振兴（农村生态综合）示范村。2018 年新打造 5 个示范村，目前市级已划拨建设专项资金 3500 万元，县区已累计投入资金 12100.055 万元，新型经营主体入驻达 26 个。

（四）农业清洁生产持续深化

一是开展田间农业废弃物全面清理。2018 年全年共清捡田园面积 386.22 万亩，清洁技术推广面积 475.58 万亩，建立清洁田园示范点 254 个，回收农药瓶 179.8 万个，清捡废弃物（秧盘、薄膜等）475.66 吨。二是抓好耕地质量保护与提升。2018 年完成绿肥种植 21.8 万亩，完成秸秆还田 629.92 万亩,实施中低产田改良 31.7 万亩。农作物秸秆综合利用水平逐步提高,露天焚烧秸秆现象大量减少,秸秆饲料化广泛普及。三是全力推进化肥农药零增长行动。2018 年全市农药使用量约 1437.8 吨,比上年减少 7%,农药使用量提前实现零增长,化肥使用量接近零增长。加快推进农药经营许可,5 月 31 日,广西第一张农药经营许可证从南宁市发出,全年核发农药经营许可证 1965 张。四是有序推进生态养殖和粪污资源化利用工作。2018 年已完成畜禽生态养殖认证 169 家,全市累计 467 家规模场通过生态养殖认证,占全市规模场总数的 74%。经农业农村部核算,全市 2018 年畜禽养殖废弃物资源化利用率达到 74.5%。开展畜禽养殖禁养区查摆整治工作,中央环保督察"回头看"以来完成禁养区畜禽养殖场清理整治 517 家。五是牵头组织对郁江及其主要支流与南宁市饮用水水源保护区的非法网箱进行清理。全年全市共清拆养殖网箱 9 万个,完成率 75.9%。

(五)科教兴农工作扎实推进

一是稳步推进农业科研工作。2018 年共引进水稻新品种 80 个,蔬菜新品种 45 个。确定 2018 年基层农技推广补助项目在横县、马山县、武鸣区等 3 个种植业和隆安县、马山县、武鸣区等 3 个水产畜牧业县区实施。二是认真开展信息进村入户工程项目建设。截至 2018 年底,全市已完成 5 个县级运营中心及 1839 个益农信息社的建设工作,全市益农信息社在行政村的覆盖率超过 50%。三是开展农业实用技术培训和新型职业农民培育工作。全市开展农业实用技术培训 626 期,培训农民 11.21 万人次。2018 年计划培育新型职业农民 3258 人,初步认定 2016、2017 年培育合格的初、中、高级新型职业农民 200 人。全年新训、轮训农机实用人才 3000 人次。四是提升科学防控水平。全年实施统防统治面积 234.4 万亩,实施绿色防控面积 834.9 万亩。大力推广农业适用技术,全市共实施测土配方施肥 624.04 万亩,推广各项节水技术 472.54 万亩。五是全力提升农业生产全程机械化综合水平。2018 年水稻耕种收综合机械化率预计完成 84.94%,甘蔗耕种收综

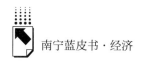

合机械化率预计完成58.27%，农作物耕种收综合机械化率达61.35%。2018～2019榨季，全市"双高"基地耕种收机械化综合水平达到72.24%。武鸣区创建全国甘蔗生产全程机械化示范县（区）项目进入实施阶段，完成机械化作业1.81万亩。

（六）生产全过程监管力度不减

一是全面完成各项重大动物疫病免疫任务。应免动物免疫密度达到100%，抗体合格率达到98.1%。全面开展非洲猪瘟防控工作，前后5次组织召开全市非洲猪瘟防控专题会议，全年全市累计排查养猪场5.07万家次，排查生猪1696.47万头次，未发现不明原因死亡或可疑病例。二是组织开展农产品质量安全监测。全市蔬菜水果样品快检合格率99.97%，定量检测合格率96.87%；完成畜牧产品抽检合格率99.7%；水产品抽检合格率99.4%；兽药抽检合格率100%，饲料抽检合格率99.3%。产地检疫生猪372.31万头，牛9.58万头，家禽15490.83万羽；屠宰检疫生猪291.98万头，牛6.38万头，家禽480.1万只。三是扎实推进"农业质量年"工作，制定下发《2018年南宁市推进农业质量年工作实施方案》等文件，开展"2018年八桂农业质量行"活动。开展农产品质量安全追溯体系和信用体系建设，完成4个农产品质量追溯体系建设项目验收工作。四是继续开展农资打假专项治理行动。全市种子、农药、化肥共立案129件，抽检种子样品102个，并计划从2019年开始连续三年开展"种子质量年专项行动"。五是扎实开展生猪屠宰监管"扫雷行动"。2018年共开展执法行动733次，打击私宰窝点69个次，没收私宰生猪产品18231公斤，与养殖场（户）签订"瘦肉精"安全承诺书2000份。六是抓好农机和渔船安全生产源头管理。完成拖拉机年检12470台，检查各类农业机械21627台次，完成渔船年检1584艘，年检率100%，并投入财政资金45.9万元采购1600余块标准船牌固定安装到渔船上，强化渔船统一牌照管理工作；全市辖区内无立案农机、渔船事故发生。在隆安县成功举办南宁市2018年农机事故应急救援演练现场会。

（七）农产品销售版图不断扩大

一是借助央企平台拓展产销新渠道。2018 年继续与国安社区（北京）科技有限公司深化合作、拓宽领域，目前南宁振企、广西金穗等多家公司与中信国安公司开展合作，南宁香蕉、沃柑、火龙果、百香果以及金银花、茉莉花等产品均已上架销售。二是积极参加特定品种博览会，扩大农产品品牌知名度。组织南山白毛茶、顺来茶业等 8 家知名茶叶品牌企业的一百多种茶叶品种参加第二届中国国际茶叶博览会，展会期间签订购销合同金额共1.92 亿元。积极参加第四届粤桂黔名优农产品食品博览会、第十六届中国国际农产品交易会及第 14、15 届广西名特优农产品（广州、桂林）交易会，借助平台推介南宁火龙果、沃柑、茉莉花茶、粮油产品等优质农产品，通过现场产品展销、美食体验，打造南宁农产品的良好形象。三是举办专场招商引资对接会。举办粤桂农业产业协作投资合作项目推介洽谈会，12 月在桂林举办南宁—茂名产业扶贫招商引资暨农产品产销对接会，推动贸易与合作。

（八）农村各项改革逐步推开

一是基本完成农村土地承包经营权确权登记颁证工作。全市 13 个县区（含经开区）累计汇交确权成果数据 2.13 亿条，并全部通过质检汇交到农业农村部和农业农村厅的确权成果数据库。全市累计完成确权登记面积 636.71 万亩，已重新完善（签订）土地承包合同 105.11 万户，占农户总数的 98.39%，实际颁证率达到 93.69%，真正实现了"确实权、颁铁证"。新增流转土地 8.92 万亩，总数达 170.78 万亩。二是推进农民合作社和家庭农场等新型经营主体发展壮大。目前南宁市共有农民专业合作社 5279 家，家庭农场 992 家，其中 2018 年登记注册农民专业合作社 645 家，家庭农场 176 家。有 6 家农民专业合作社和 7 家家庭农场获得自治区级示范社认定。三是全市清产核资工作和改革试点工作全面铺开。全市共有 878 个行政村（占总数的 57.46%）和 18556

个村民小组（占总数的 55.83%）已开展清产核资工作。同时，全市启动农村集体产权制度改革自治区级、市级试点各 1 个（江南区、江南区江南街道办事处），县（区）级试点 13 个。四是基本完成农垦改革"两个三年"工作任务。南宁市辖区内 37 家农垦国有农场（企业）与县区政府（管委会）全部签订办社会职能移交和人员接收协议。目前已完成农垦国有农场（企业）办社会职能移交项目 257 项，完成率为 110.78%；移交退休人员 10714 人。全市已完成农垦国有土地测量和权属调查 60381.11 亩，任务完成率为 111.69%。

（九）产业扶贫和"产业富民"任务按时按量完成

一是大力推进产业脱贫攻坚工作。印发了《南宁市产业扶贫开发 2018 年工作要点》。特色产业覆盖率有效提高，2018 年 104 个预脱贫村特色产业覆盖贫困户数达到 80% 以上，每个村培育致富带头人 3 人以上。新型经营主体队伍不断壮大，全市贫困地区目前引进和培育新型经营主体 3456 个，带动 37457 户贫困户发展特色产业。重点推进特色产业扶贫示范园建设，2018 年南宁市补助资金 1.58 亿元，实施建设 266 个示范园，其中完工 70 个。二是农业项目资金向贫困地区倾斜。2018 年市农业委安排农业专项资金 9800 万元扶持贫困地区项目，占全年农业专项项目资金总额的 52%。三是加强扶贫领域作风建设。2018 年是脱贫攻坚作风建设年，市农业部门制定了《南宁市产业扶贫领域作风问题专项治理实施方案》，并多次开展督促检查工作。四是有效开展"产业富民""五个一"和示范创建工作。截至 2018 年底完成制定 1383 个村级经济发展计划，发展了 836 个村级集体经济项目，全市村级集体经济收入累计达 6236.62 万元，打造了 1774 个现代农业生产示范基地，培育了 3561 个带动农户增收的新型农业经营主体，建设了 1900 个农村电子商务服务点。马山县被授予"产业富民"专项活动示范县称号。

三 南宁市农业发展存在的主要问题

（一）稳粮增产难度加大

农资价格居高不下，2017年以来，氮肥、磷肥、复合肥的平均价格分别上涨了15%、3.3%和3%；农药平均涨幅也达到2%~6%，在一定程度上增加了农业生产投入成本，农民务农的积极性有所下降。粮食生产规模化、机械化、标准化和产业化程度不够高，社会化服务体系还不够完善，不能很好地应对新形势的发展。耕地撂荒、粮改经等问题非常普遍和突出，特别是玉米等旱粮改种柑橘、火龙果等水果类作物面积较大，粮食播种面积和产量呈现持续下滑的趋势。由于部分县区粮食生产功能区划定经费和技术单位落实较慢，南宁市粮食生产功能区划定进度整体较慢。

（二）特色产业种植结构调整及品牌提升有待加强

南宁市水果种植结构不够合理，品种品质有待进一步提升，影响南宁市水果业整体效益提高。香蕉枯萎病和柑橘黄龙病综合防治难度大，水果保鲜贮藏能力和加工技术水平滞后，水果采后商品化处理和品牌经营不足。蔬菜规模化、产业化、标准化生产程度有待进一步加强，蔬菜产品深加工能力仍然较低，蔬菜卖难买贵现象依然存在。糖料蔗生产设施化程度低，机械化应用普及面积少，种植收益低。畜禽规模场生态养殖改造、认证任务重，工作推进难度大，种养结合不够紧密。受网箱清理工作影响，养殖面积快速减少，但是新的循环水高密度养殖模式发展较慢，一些高效益的新、优品种落地发展速度慢，2019年水产品保供应压力较大。

（三）现代特色农业示范区创建水平有待提高

目前存在产业建设发展不平衡、部分县（区）专项建设资金安排有限，企业建设资金投入不足，示范区建设用地指标少，基础配套设施不够完善，

农产品深加工、冷链物流、仓储、电子商务和一二三产融合发展不足等问题需要进一步解决。

（四）农产品销售市场不稳定

市场供需信息不灵，生产计划未能按市场供需安排，产品难销情形时有发生。生产组织化程度较低，产销信息不畅，农民对消费市场、销售渠道和市场风险认识不足，生产与消费需求不匹配，缺乏有效的抗风险机制。

（五）产业促脱贫工作仍需长期开展

由于贫困地区耕地资源少、生产条件恶劣，要解决产业发展规模小、组织化程度低、提高产业覆盖率等问题，难度仍然较大。部分新型农业经营主体带动脱贫成效不明显，产业规模偏小，难以形成产业化和创建品牌，产业综合带动力度不足。村级电商服务站运营能力还需提升，网点业务内容单一，仅从事网上代购、充值等便民服务，网上代卖和网销农副土特产品、旅游产品工作还需提升。

四 2019年南宁市农业发展思路

（一）2019年农业发展形势分析

1. 不利因素

一是国内非洲猪瘟疫情未来形势依旧严峻，极大影响生猪产业发展。虽然现阶段周边省份疫情对南宁市生猪产业影响仍在可控状态，但未来疫情是否能得到有效缓解仍不明朗，成为产业发展的一个极大的不确定性因素。二是2019年年底南宁市将全面完成网箱清理工作，预计未来几年水产品年减少产量约4万吨，对未来渔业产值持续增长有较大影响。三是近两年火龙果、晚熟柑橘种植面积逐年扩张，水果生长逐渐进入丰产期，供应量持续增加，市场渐趋于饱和，未来极有可能出现供过于求的现象。此外，水果产值受市场价格波动影响大,产业发展面临较大不确定因素。四是2019年全市粮食结构性调减仍将继续,粮食种植面积将进一步缩减。五是市、县(区)、乡镇行政单位机构改革在即,原农业部门将调整为农业农村部门,在职能调整初期有可能因为工作交接未及时到位、人员变动磨合等原因影响工作进程,部门职能增加后开展工作难以面面俱到。

2. 有利因素

一是乡村振兴战略将进一步实施。2018年7月4日南宁市印发《中共南宁市委员会关于实施乡村振兴战略的决定》,《〈中共南宁市委员会关于实施乡村振兴战略的决定〉任务分工方案》《2018年度自治区考评设区市(南宁市)绩效考评乡村振兴战略专项工作指标责任分解及评分细则》等配套文件也相继印发实施,《南宁市乡村振兴战略规划(2018~2022年)》处于最终修改阶段,预计将于2019年底颁布实施。中央、自治区、南宁市对乡村振兴工作高度重视,未来几年政策、资金、人力物力等投入将持续加大,"三农"事业面临前所未有的发展机遇。二是农业产业结构调整成果逐步显现。"稳粮食经作、扩水果蔬菜、优畜牧水产"的发展格局不断凝聚,优质稻、糖料蔗、桑蚕、蔬菜、水果、畜禽、水产等优势产业进一步向优势区域集中。绿色稻、优质稻种植比例进一步提高,粮食单产水平提升;香蕉、柑橘、火龙果"一中心两板块"产业布局初步形成,水果产业发展动能充足;生猪产业转型升级提速,生态化设施化程度大幅提升;秸秆饲料化利用得到大力推广,带动适度规模草食动物养殖产业迅猛发展,全市牛、羊出栏数处于稳步上升的趋势。

(二)预期目标

2019年,全市将全面贯彻落实党的十九大及十九届二中、三中全会精神,按照市委十二届六中全会的工作部署,大力实施乡村振兴战略,围绕持续深入推进农业供给侧结构性改革工作主线,坚持把增加绿色优质农产品供给放在突出位置,集中力量发展现代特色农业,继续实施"10+3"特色农业提升第二阶段行动,积极开展"三园三区一体"创建提升,强化一二三

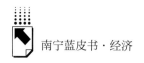

产融合，大力开展农业产业扶贫，不断增强南宁市农业的整体效益和竞争力，加快推动产业振兴，力争实现 2019 年全年全市农林牧渔业总产值同比增长 4.5%，第一产业增加值同比增长 4.5%。

（三）重点工作

一是继续抓好粮食安全生产。深入推进粮食绿色高品质生产，加大香米、油粘米、丝苗米等优质稻品种的推广力度，推广绿色生态种植模式，继续实施水稻绿色高质高效创建项目。继续推进种子提升工程，加大对"育繁推"一体化种业企业的扶持培育力度，打造东盟和西南农作物优良新品种选育繁育中心。继续培育和壮大粮食新型经营主体和社会化服务主体，实现农民小规模经营与现代农业生产模式有机衔接。进一步抓好粮食生产功能区划定工作，争取于 2019 年 6 月底前全面完成南宁市粮食生产功能区划定工作。注重防范冬季霜冻灾害。

二是在特色产业提升上下功夫。加强特色产业"品种改良、品质改善、品牌创建"，通过项目支持和带动龙头企业、专业合作、种植大户开展标准化生产，建设水肥一体化设施，引进推广农业新品种和先进适用技术，实现基地生产条件标准化升级改造，提升农产品质量水平。推进糖料蔗生产向良种化、机械化发展。发展蔬菜商品化处理、冷藏保鲜，提高流通运销能力。稳定桑园面积，改造低产桑园。加强香蕉枯萎病和柑橘黄龙病的防控工作，提升特色水果产业布局，建设全国最具特色的优质晚熟杂交柑橘产区和火龙果产区。举办火龙果、沃柑、香蕉推介会，提升南宁水果的品牌影响力和知名度。

三是在示范创建上增实力。加快完成第七批自治区级、新建市级、县乡村级示范区考评，提前谋划 2019 年示范区建设，开展实地调研选点工作。督促各县区加紧制定 2018 ~ 2020 年三年行动方案，加快示范区特色产业和基础设施建设进度。鼓励并指导一批特色产业突出、基础设施完善、促农增收效果显著、经营管理水平高的示范区，提升创建国家级、自治区级"三区三园一体"。补齐示范区在种业、深加工、仓储和冷链物流等方面的建设短板，重点建设完善鲜活农产品冷链物流基础设施和直供直销体系、农产品质量检测和追溯体系。加强示范区建设监测管理，坚持示范区建设进度月报工作制度。

四是在产业链打造上抓延伸。强化新型农业经营主体培育，将市本级财政扶持农业发展的重点向农产品加工业倾斜。力争新增市级以上农业产业化龙头企业10家，农民专业合作社400家，家庭农场150家。全面完成全市30个休闲农业示范区的建设工作，大力发展休闲农业和乡村旅游。继续抓好乡村振兴示范村（生态综合示范村）建设，完成园博园田园风光区5个示范村和2018年新增5个示范村验收建设工作，组织各县（区）开展2019年新增示范村选点、规划、创建工作。

五是在农产品安全上抓力度。贯彻落实《质量兴农倡议书》要求，全面提升菜篮子产品供给质量，把好农产品生产源头关。强化农产品质量监管，力争创建5个以上农产品质量安全管理示范乡镇。进一步加大农产品的抽检监测工作力度，确保农产品质量安全监测合格率稳定在97%以上。加强生猪屠宰行业监管，开展22个乡镇屠宰场肉品品质检验电子出证系统建设，确保肉品质量安全。配合做好国家食品安全示范城市创建，加快推进食用农产品合格证和农产品质量安全信用档案建设，强化农产品质量安全红黑名单列管。

六是在绿色发展上求实效。进一步完善清洁田园活动村规民约和农业清洁生产行为规范，使清洁田园活动持续开展，引导广大农民群众和农业生产经营者养成良好的生产习惯，建立清捡生产垃圾、推广清洁生产、发展现代农业的长效机制。加快推进畜禽现代生态养殖及粪污资源化利用工作，到2019年，80%的畜禽规模养殖场通过生态养殖认证，规模养殖场粪污处理设施装备配套率达到85.85%以上，全市畜禽粪污综合利用率达到71%以上，其中武鸣、宾阳等畜牧大县达到75%以上。

七是在销售流通上求突破。针对南宁市大宗农产品上市季节认真做好产销情况研判，积极开展产销对接工作。推进特色农产品优势区建设，形成以特色农产品生产、加工、流通、销售产业链为基础，一二三产业深度融合发展的特色农业产业集群。做好农业品牌建设，培育市场溢价能力强、占有率高的优秀品牌，加强传统品牌的整合，集中建设一批叫得响、有影响的区域公用品牌作为特优区的"地域名片"。组织开展农业招商引资专项活动，认真做好重大项目、重点企业跟踪服务工作。

八是在农村改革上强基础。切实做好土地确权证书的颁发工作，加快完成土地确权成果数据汇交，在完善确权成果数据的基础上，加快文件档案的整理与数字化工作，确保确权工作形成的文件档案应归尽归、应收尽收。深化农村机制改革，建立健全农村集体经济组织，推动增强集体经济发展活力，构建有效维护农村经济组织成员权利的治理体系。完善农村土地所有权承包权经营权"三权"分置办法，落实集体所有权、稳定农户承包权、放活土地经营权治理体系建设。全力加快农垦改革工作，确保在2019年底前农垦农场（企业）办社会职能移交和土地确权登记发证率均达到95%以上。

九是在产业扶贫上出实招。继续建设贫困村特色产业扶贫示范园，2019年计划在171个贫困村建设扶贫示范园，力争扶贫示范园覆盖全市所有贫困村。充分发挥科技特派员、各级农业技术干部的作用，加强技术培训和指导服务力度，组织开展春季、冬季农业技术大培训活动。积极推进产销对接工作，综合利用电商平台、农产品展销会、帮扶后盾单位、粤桂合作产业协作对口帮扶等，通过线上线下的方式帮助农民拓宽销售渠道，解决农产品销售问题。大力实施"互联网＋"扶贫工程，以电子商务推进贫困地区特色产业发展和农产品网销能力，加快推进农产品上行。

十是全面加强农业综合执法。继续组织农业执法领域专项执法，严厉打击各类农业领域违法违规行为，加强执法队伍建设，强化业务技能培训力度。构建南宁市农业智慧执法管理平台，推广运用互联网＋思维开展执法监管，努力建立包含动物卫生监督、渔政、种植业、养殖业、农机、检疫、人事、办公等在内的多领域监管平台，实现行业远程监管、数据共享和数据分析等，全面提升农业执法水平和工作效率，确保农产品质量安全监管再上一个新台阶。

B.4
2018～2019年南宁市商贸流通业发展情况分析及预测

吴少鹏　黄正勇　廖翠彬　潘贤新　黄锡健*

摘　要： 2018年南宁市提品质增活力，打造区域性国际消费中心城市；畅通道显优势，打造连接东盟的重要物流节点城市；创示范促转型，打造辐射东盟的电子商务中心城市；优环境惠民生，商贸营商环境得到持续改善。南宁市商贸流通业总体上表现为消费品市场稳定增长，物流总量不断壮大，电子商务发展提速。然而，在当前复杂的经济形势下，消费品市场运行增长乏力，物流业现代化水平不高，电商产业发展仍处于初级阶段。2019年将着力推动商务高质量发展，着力推进消费升级，着力完善流通市场网络体系，加快西部陆海新通道建设，加快跨境电商综试区建设。

关键词： 商贸　流通业　高质量发展

2018年以来，南宁市贯彻落实新发展理念，积极有效应对复杂严峻的经济形势，持续优化商贸营商环境，推进以现代物流和电子商务为重点的商贸服务业改革创新，全力打造面向东盟的区域性国际消费中心城市、重要物

---

* 吴少鹏，南宁市商务局市场运行和消费促进科科长；黄正勇，南宁市商务局物流科科长；廖翠彬，南宁市商务局电子商务和信息化科科长；潘贤新，南宁市商务局市场体系建设科科长；黄锡健，南宁市商务局综合业务科（政策法规科）负责人。

流节点城市和电子商务中心城市，商务经济整体运行稳中有进，为全市经济稳增长做出了积极贡献。

一　2018年南宁市商贸流通业发展情况

（一）指标完成情况

1.消费品市场稳定增长

全市社会消费品零售总额增长9%，批零住餐业分别增长14%、11%、12%、10%。完成新增限额以上企业285家，2018年末在库统计限额以上企业达到1567家。商贸服务业稳增长指标完成排名广西全区第一。

2.物流总量不断壮大

全市货运总量3.84亿吨、同比增长9.22%，公路货运量占全市货运总量的89.37%；新增3A级以上物流企业8家，总量达25家；快递业务收入累计完成31.28亿元，同比增长35.85%；物流业增加值为360亿元，同比增长10.77%。

3.电子商务发展提速

全市农村电子商务交易额达2.8亿元，同比增长75%，农村电商覆盖率达85%；全市重点企业电子商务交易额达2900亿元，同比增长16%。

（二）主要措施及成效

1.提品质增活力，打造区域性国际消费中心城市

积极顺应和把握消费升级大趋势，以供给侧结构性改革为主线，持续扩大消费规模、提高消费水平、改善消费结构，进一步增强消费对经济发展的基础性作用。

持续推进消费升级。一是大力培育限额以上商贸企业。以奖代补重点扶持限额以上商贸企业和规模以上其他营利性服务业企业发展，兑现新增入库奖、上台阶奖、增速奖和服务外包统计奖共3060万元。全市共完成新增限

额以上企业 285 家；二是强化商贸基础设施建设。加快推进宜家、奥特莱斯等大型商贸设施和中国—东盟商品交易中心、南宁农产品交易中心等项目建设。引导百货大楼、梦之岛、百盛等传统零售企业开展全渠道营销，增加餐饮、娱乐等板块，向商业服务综合体方向转型。三是积极培育消费热点。培育和壮大品质消费、服务消费、信息消费、绿色消费、时尚消费等热点，激发消费市场活力，将新型促销方式和传统促销结合，进一步释放消费潜力。四是持续开展促消费活动。全年安排财政资金 485 万元助力开展"消费购物节""欢乐消费季""百日促消费"等全市性促消费活动，各县（区）结合本地特色民俗节庆，开展了"中国国际茉莉花文化节"、宾阳炮龙节、上林生态旅游养生节等活动，促进南宁市消费品市场繁荣，拉动社会消费品零售总额持续增长。五是促进会展经济发展。全市备案展会 108 场，其中超过 1 万平方米展会 36 场，各县（区）、开发区举办大型节庆活动 11 场。

着力培育城市精品商圈。按照《南宁市城区商业网点规划（2014 ~ 2020)》，完善商业街区公共服务设施配套，营造浓厚商业氛围，构建"一轴三核、多组团、多中心"商业空间格局。一是打造特色商业街区。推进"三街两巷"项目，制定五象新区总部基地金融街 2018 年商业开业奖励措施，"老南宁·三街两巷"高品位步行街正式开街。二是推进商业中心建设。加快五象新区商业中心基础设施建设，总部基地金融街基本建成，南宁绿地中心、海尔·青啤（东盟）联合广场、富雅国际广场、万科大厦等即将开业。三是加快地铁商圈培育。以地铁一号、二号线为商业主轴，推动沿线城市商业中心、专业市场、农贸市场、加油站等商贸设施合理布局、集聚发展，形成业态丰富的商圈 50 多个。

健全农产品流通市场体系。一是加快大型农产品流通平台建设，重点推进南宁农产品交易中心、五象粮油食品加工仓储基地建设，改造提升金桥农产品批发市场、广西海吉星农产品物流中心、广西金穗农产品物流中心。策划马山、上林、隆安等贫困县农批农贸建设项目，完善农产品主产区流通体系配送、分拣加工、预冷、信息追溯等服务功能，加快构建市、县、乡现代农产品流通网络体系。二是南宁云鸥物流食糖仓储配送中心、苏宁广西地区管理总部及配送中心（一期）等跨区域农产品物流项目建成并投入使用。三是大力发展农产品冷链物流，指导各农业基地（示范区）、合作社等投资主体加快地头冷库建设；加大政策扶持力度，南城百货等4家企业冷链物流建设项目获自治区服务业专项资金支持，广西海吉星等75家农产品冷链物流企业享受低谷用电优惠政策。

2. 畅通道显优势，打造连接东盟的重要物流节点城市

发挥南宁市在西部陆海新通道中的独特区位优势，着力打造面向东盟的国际大通道和国家"一带一路"建设重要物流节点城市，积极推动现代物流产业发展。一是主动参与西部陆海新通道建设。出台《南宁市参与中新互联互通南向通道建设（2018～2020年）工作方案》和《中新南宁国际物流园开发建设优惠政策》，中新南宁国际物流园一期开工建设，展示中心一期建成使用，周边基础设施建设加快推进；开通陆海新通道（南宁—兰州）冷链集装箱班列，"南宁—达卡"全货机国际航空货运航线复航。二是启动流通领域现代供应链体系建设。获批国家流通领域现代供应链体系建设重点城市，出台供应链体系建设专项资金管理办法、项目管理办法、项目评审办法等系列文件，完成流通领域供应链项目（一期）遴选，确定了2018年支持的两条供应链（即广西现代医药流通供应链和农产品流通供应链）。三是核心物流园区集聚辐射能力增强。以南宁综合保税区为核心的中国—东盟国际物流基地初具规模，中新南宁国际物流园、南宁现代化建材加工及物流配送中心等入驻其中；以机场为核心的南宁吴圩空港物流基地集聚优势显现，入驻安港现代电商物流仓储、民生电商（南宁）现代金融仓储项目，南宁邮政陆运及跨境电商中心、南宁顺丰创新产业基地等项目已签入区协议。四是搭建物流企业服务交流平台。成功举办第五届南宁物流周活动，创新开展2018年度南宁物流行业季度交流会，实现"季季有交流会，年年有物流周"。

3. 创示范促转型，打造辐射东盟的电子商务中心城市

以创建国家电子商务示范城市为主要载体，健全完善电子商务政策体系，优势产业、实体市场与电商加快融合，电子商务应用普及率不断提高，

对推动南宁市商贸经济转型升级发挥了积极作用。

电商龙头引领带动。电商招商取得好成效,作为创建国家电子商务示范城市重要载体的高新区电子商务示范基地,是中国—东盟信息港南宁核心基地重要组成部分;五象新区电商小镇项目已招募近50家电商及电商平台企业;中国—东盟(南宁)跨境电子商务产业园招商顺利,电商龙头企业纷纷入驻南宁,京东集团拟建京东南宁电子商务产业园(完成项目一期土地竞拍),苏宁易购项目选址正在洽谈中。

跨境电商提速集聚。获批中国(南宁)跨境电子商务综合试验区,成功引进河南保税集团与高新区、中国邮政广西分公司联合成立广西南大门跨境电商运营有限公司。建成8000平方米的南大门跨境电子商务保税直购体验中心,引进苏宁易购、唯品会、顺丰快递、日本速贸天下等十几家企业参与综试区跨境电商保税进口业务。综试区于2018年12月15日正式开区运营,南宁市成为全国第三批22个综试区中首个开区运营城市。跨境电商产业加快集聚,初步形成中国—东盟电子商务产业园、南宁跨境贸易中心、南宁空港跨境电子商务产业园的"一区多园、立体布局"发展格局。中国—东盟(南宁)跨境电子商务产业园全年实现综合进出境业务1213.73万票、货值7507万美元。

农村电商蓬勃发展。大力推进横县、宾阳、上林、马山四个国家电子商务进农村示范县建设,建立健全农村电子商务服务体系,促进农产品流通现代化。完善农村电子商务服务体系,已建成县级电商服务中心6个,农村电商产业园6个,完成村级服务点(体验店)约1800个。培育农副产品电商品牌,横县茉莉花茶、宾阳县古辣香米、马山县黑山羊、上林县大米等一批农副产品通过线上交易销往全国各地。开展电商促销活动,举办2018年广西"壮族三月三"电商节南宁分会场暨线上线下促销月活动,据统计,活动期间万象城、江南万达、青秀万达、安吉万达等商业综合体销售额达9646万元,同比增长36.98%。

4.优环境惠民生,商贸营商环境得到持续改善

整顿和规范市场经济秩序。推进商务诚信体系建设,加快商务信用信息

服务平台建设，开展"诚信兴商"主题宣传活动，试行商务诚信"红黑名单"管理办法，选树诚信典型 24 个；反走私综合治理深入开展，全市开展打击走私联合执法行动 225 次，查处违法案件 256 起，案值 3040 万元，移送公安、海关处理人员 142 人，11 个县（区）完成"无走私村庄（社区）"示范点建设，反走私形势可控向好。

高效服务中小商贸流通企业。市中小商贸流通企业服务平台已录入企业会员 2029 家，全年培训企业 400 多家，为 200 家企业开展信用评级，提供商标注册代理服务 880 家次，"两台一会"给予 86 家企业助保贷累计发生额 12.08 亿元。

加强农贸市场规范化管理，推动市中心城区农贸市场网点建设规划纳入控规，印发《南宁市农贸市场建设项目申报建设流程图》，修订完善《南宁市农贸市场建设技术规范》，完成 115 个农贸市场硬件设施修缮改造。

完善重要产品追溯体系建设，建立南宁市重要产品追溯体系建设局际联席会议制度，推广主体二维码查询追溯信息和数据网络传输，提高系统使用便利度，开展牛羊肉流通追溯试点，完善农产品批发市场环节追溯系统，加快肉类蔬菜流通追溯体系升级。

提高口岸通关便利化水平。继续深化通关一体化改革，优化精简通关查验程序后，旅客进出境查验减少 3 个环节，邮件监管减少 11 个环节；出台《南宁市贯彻落实自治区优化通关环境畅通南向通道若干措施实施方案》，实行"一次申报、一次查验、一次放行"通关模式；配合自治区推进空港口岸国际贸易"单一窗口"建设，简化查验申报流程，实现企业通关环节"一站式"办结；清理规范口岸收费，降低进出口环节合规成本。

（三）主要运行特点

1. 消费品市场方面

社会消费品零售总额增速放缓，全年呈高开低走态势（见图 1）。

批发业稳步提升，全年呈低开高走态势（见图 2）。

零售业下滑明显。下半年，汽车、医药、百货等重点行业发展遭遇瓶颈，

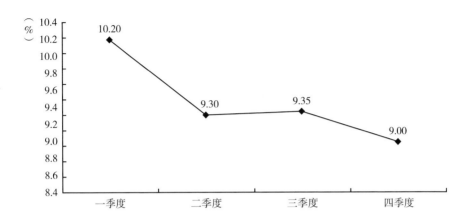

图1 南宁市社会消费品零售总额累计增速

资料来源：南宁市统计局。

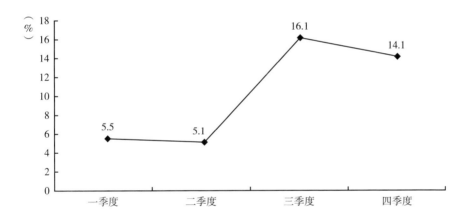

图2 南宁市批发业销售额累计增速

资料来源：南宁市统计局。

特别是受市场饱和、地铁线路开通以及汽车购置税优惠政策退出、外地购进车辆分流本地消费群体等综合因素影响，汽车销售增速持续下降。全年零售额较上年同期下滑2.1%，全年零售业销售额增速比上年下滑约3个百分点，限额以上零售业销售额仅增长7.0%，南宁市零售业销售额累计增速见图3。

南宁市住宿和餐饮业发展趋于平稳（见图4）。

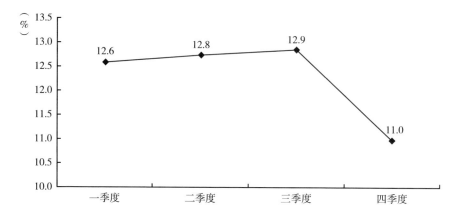

图3 南宁市零售业销售额累计增速

资料来源：南宁市统计局。

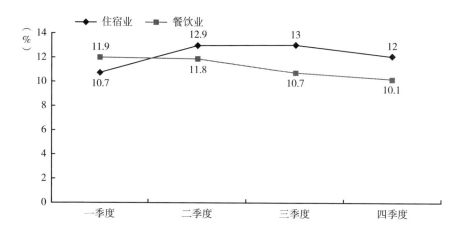

图4 南宁市住宿和餐饮业营业额累计增速

资料来源：南宁市统计局。

2. 现代物流方面

从结构来看，货物运输结构失衡，公路货运总量占比过高，水路运输滞后，铁路运力资源利用效率偏低。从增速来看，公路货运量实现中高速增长，水路货运量和航空货邮量维持低速增长，铁路运输和水路运输仍是全市物流运输的短板。从效率来看，综合运输组织化水平不高，信息资源共享不足，标准规范和运输服务规则不衔接，多式联运市场主体少、发展严重滞后。从业态来看，快递业保持高速发展态势。全年快递服务企业业务量累计完成25097.63万件，同比增长55.63%，增速比上年提升14.27个百分点；业务收入累计完成31.28亿元，同比增长35.85%。生鲜冷链、大件快递线上渗透率不断提升，同城即时配送正快速兴起。顺丰速运在南宁推出即时配送业务——同城急送，可实现最快30分钟送达全城。苏宁物流在南宁市共布局56家苏宁小店，基本完成即时物流网络搭建。

表1 2018年全市各种运输方式货运量统计

类别	货运总量	公路运量	水路运量	航空运量	铁路运量
货运量（万吨）	38376	34299	3853.8	6.54	223.23
同比增长（%）	9.22	9.89	4.23	3.8	−1.4
货运周转量（万吨公里）		6158683	2449359		
同比增长（%）		9.25	18.24		
占比（%）	—	89.37	10.04	0.01	0.58

资料来源：南宁市统计局。

3.电子商务方面

一是电商发展环境不断优化。编制完成《中国（南宁）跨境电子商务综合试验区实施方案》和研究制定《中国（南宁）跨境电子商务综合试验区开发建设优惠政策》，跨境电商发展的配套政策体系更加完善。二是电商产业规模高速增长。电子商务交易额保持快速增长势头，全年重点企业电子商务交易额达2900亿元，同比增长16%，增速超过同期南宁市GDP增长速度。自媒体运营、移动支付、网上商城、体验式消费传播等新业态快速成长。三是农村电商提质增量。农村电商发展环境进一步改善，多措并举推动电商扶贫，2018年南宁市农村电子商务交易额达2.8亿元，同比增长75%。四是跨境电子商务快速崛起。扎实推进以跨境电商为主要载体的国家电子商务示范城市建设，跨境电商经营主体持续增多、交易规模不断扩大、产业链持续完善、多元化经营逐步形成、地区集聚日趋显现，推

动南宁外贸进出口转型升级。五是产业集聚格局初步形成。以创建国家电子商务示范城市为契机，推动面向东盟的电子商务集聚区建设，建成广西（南宁）跨境电商综合服务平台、中国—东盟（南宁）跨境电子商务产业园和中国邮政东盟跨境电商监管中心，初步形成"一区多园、立体布局"发展格局。

（四）存在的问题和困难

在当前复杂的经济形势下，商务高质量发展面临不少困难。一是国内经济下行对市场预期带来消极影响，消费需求呈现疲软态势，消费品市场运行增长乏力。二是物流业现代化水平不高。物流基础设施结构性短缺，现代化设施比重低，难以满足现代物流发展要求；物流业发展专业化和信息化水平不高，第三方物流和供应链服务发展不足；城乡物流配送体系尚未建立，共同配送率低，配送车辆通行难、停靠难、装卸难等问题突出。三是电商产业发展仍处于初级阶段。电商产业链不完善，服务和监管体系不健全，与电商密切相关的支付体系、物流能力、信用制度、保险业务发展滞后；龙头企业带动力弱，市场竞争力不强；农村电商公共服务能力有待提高，农产品网销标准化进程亟待加快，大部分农产品没有进行质量认证和注册品牌商标，不符合网上营销条件，制约了农产品发展。

二 2019年南宁市商贸流通业发展形势

（一）有利因素

我国发展仍处于并将长期处于重要战略机遇期。国内大环境利好因素凸显，经济长期向好的基本面没有改变，支撑商务发展的有利条件依然较多。一是商贸营商环境进一步优化。西部陆海新通道总体规划即将出台，中央在重大政策、重大项目和资金安排等方面持续向西部地区、民族地区、边疆地区倾斜；国家密集出台了《关于完善促进消费体制机制进一步激发居民消费潜力的若干意见》等系列稳增长政策，多项政策红利持续释放，将进一步激发居民消费潜力和市场活力。二是商务领域改革创新持续深入，商务发展新动能进一步集聚。中国（南宁）跨境电子商务综合试验区和流通领域现代供应链体系建设稳步推进，中新国际物流园加快建设，以现代物流和电子商务为主的商贸服务业发展将迈上快车道。南宁农产品交易中心、新城吾悦广场、老南宁·三街两巷、五象新区金融商业街陆续开业，宜家、首创奥特莱斯、红星美凯龙等一批重点商贸项目落地建设，新商圈、新业态、新项目将带来新增长点，促进南宁市商贸业繁荣发展。

（二）不利因素

2019年我国经济运行将面临稳中有变、变中有忧、外部环境复杂的严峻形势，市场预期不稳定、有效需求不足、实体经济发展难等问题并存，经济总体下行压力加大。从南宁市情况看，社会消费品市场虽保持平稳增长，但与新时代消费升级还不相适应，增长后劲有待增强。具体表现在：消费升级面临供给瓶颈制约，住房、汽车两大热点消费增长趋缓，其他消费新增长点暂时难以形成足够支撑；批零住餐等行业发展处在转型升级时期，新型零售业态和现代流通方式蓬勃发展，线上线下联动发展成为趋势，传统的零售经营模式受到冲击；随着居民生活水平不断提高，消费结构不断得到优化，消费热点从商品销售向旅游、健康、养老、教育、文化等服务性消费加速转变，服务型消费兴起分流了商品销售增长，消费品市场增长压力加大，预计2019年南宁市消费品市场增长以稳为主。

总的来说，南宁市商务经济发展处在新旧动能转换的关键时期，机遇与挑战并存。虽然面临不少困难和问题，但平稳向好的总趋势没有改变：从主要指标看，"稳"的态势在持续；从发展动能看，"新"的业态在成长；从发展质量看，"好"的因素在累积。我们要准确把握商务发展形势，直面问题、迎难而上，危中寻机、转危为机，着力强优势、补短板，牢牢把握发展的有利条件，不断推进商务高质量发展。

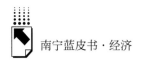

三　2019年南宁市商贸流通业发展对策建议

总体工作思路：深入贯彻落实党的十九大精神和市委十二届七次全会精神，全面贯彻高质量发展理念，坚持稳中求进工作总基调，按照"巩固、增强、提升、畅通"八字方针，牢牢把握"筑稳、求进、提质、创新"的工作要求，落实强首府战略，着力扩消费、稳外贸、促开放、惠民生、破难题，促进商贸业优化升级，拓展"南宁渠道"功能，推动更高水平对外开放，加快建设"三中心一高地"，在建设壮美广西中谱写南宁商务高质量发展新篇章。

（一）着力推动商务高质量发展

持续推动商务高质量发展是2019年全市商务部门的重要任务。推动商务高质量发展就是要增强消费对经济发展的基础性作用，提升外贸竞争新优势，加快"走出去"步伐，把高质量发展要求贯穿商务工作始终。围绕促进消费升级、满足人民群众对美好生活的需要，优化外贸结构、提升对外贸易竞争力，统筹推动商务事业实现更有效率、更加公平、更可持续地发展。一要初步构建南宁市商务高质量发展指标体系，科学反映全市商务经济的总量、结构、效益和贡献。二要打造商务运行监测分析平台，实现对内贸、外贸等方面的综合监测和实时分析，为商务高质量发展提供决策参考。三要构建物流标准化体系，以西部陆海新通道建设为依托，加强物流基础设施、运输工具和物流服务等标准化建设，大力推广物流托盘标准化，提升陆海新通道多式联运服务能力。

（二）着力推进消费升级

一要激活农村消费，积极推进电商进农村，支持隆安县申报国家电子商务进农村综合示范县，积极推动农批、农超、农企等产销对接，畅通工业品下乡和农产品进城渠道。二要提升城市消费，提升完善朝阳、琅东、凤岭商圈，加快建设五象新商圈，打造"老南宁·三街两巷"高品质步行街，引导特色街区与商、旅、文融合发展。三要积极培育大健康、休闲旅游、家政养老等消费新模式新业态，深入开展主题促消费活动，激发消费需求，带动销售提升。四要抓好"上限入统"，推进新增限额以上企业、外贸进出口企业和规模较大个体经营户入库统计，形成对消费品市场增长的有力支撑。

（三）着力完善流通市场网络体系

以开展"产业大招商攻坚突破年""重大项目攻坚突破年"行动为契机，不断加强市场流通体系建设。一要着力推进商圈培育，推动"老南宁·三街两巷"二期、盛天地高品位步行街建设，促进城市轨道交通与商贸经济互动发展。二要重点推进宜家、奥特莱斯、红星美凯龙等大型商贸基础设施项目建设。推进南宁农产品交易中心、广西海吉星农产品物流中心、国家"南菜北运"建设基地和县域涉农流通平台建设，增强区域辐射影响力。三要完善重点展馆配套设施，扶持自主品牌展览，培育消费类展会，引进专业化和市场化程度较高的国家级优秀品牌展览，打造面向东盟的会展集聚区。四要开展现代物流、加工贸易和电子商务产业大招商，提升商贸服务业发展水平。

（四）加快西部陆海新通道建设

2019年是西部陆海新通道上升为国家战略的第一年，是扩量提效的重要一年，要以打造多式联运体系为突破口，全面加快西部陆海新通道建设。一要进一步夯实物流发展基础，优化物流产业布局，加快建设中新南宁国际物流园，力争一期（新中智慧园）如期开园。二要扎实做好流通领域现代供应链体系建设工作，重点培育农产品流通供应链及跨境电子商务供应链。三要充分发挥南宁市作为国际物流枢纽承载城市作用，推进南宁国际铁路港、空港物流园等重点园区建设，加快打造多式联运体系。

（五）加快跨境电商综试区建设

2019年是南宁跨境电商综试区开区运营第一年，要加强统筹协调，做好招商宣传，加快推动综试区上规模上档次，力争跨境电子商务业务量达到

3000万单以上，入区知名电商企业达到30家以上。一要加快先行先试。推动跨境电子商务交易、支付、物流、通关、退税、结汇等环节先行先试，加快技术标准、业务流程、监管模式和信息化建设等方面与国际先进水平的对接。二要完善平台功能。推进"六体系两平台"建设，形成海关、税务、外汇、商务、邮政多位一体的跨境电子商务"单一窗口"综合服务平台，力争实现进出口货物线上申报"秒通关"。三要打造产业链。构建跨境电子商务产业链和生态链，逐步形成一套适应和引领中国—东盟跨境电子商务发展的管理制度和规则，为推动全国跨境电子商务健康发展提供可复制、可推广的经验。四要建设跨境电商供应链。建设一批跨境电商仓储中心、海外仓和货运专线，加快打造中国（南宁）跨境电子商务综合试验区跨境电商供应链体系，要做好与钦州保税港区、凭祥综合保税区联动，构建跨境电商空、海、陆物流体系。

B.5

2018～2019年南宁市旅游业
发展情况分析及预测

周碧红[*]

摘　要： 2018年，南宁市旅游业以创建全域旅游示范区、国家中医药健康旅游示范区为目标，全市旅游业保持了较快发展势头，国内游客人数快速增长，旅游客源结构更趋合理。但是也存在着旅游投资主体单一，旅游基础设施和公共服务体系不够完善，旅游企业竞争力不强等问题。针对存在的问题，南宁市利用全市旅游业发展的有利因素，积极探索新的发展道路，重点推进"旅游＋林业、体育、农业"等产业融合发展，加强旅游基础设施配套，加大宣传力度，实施精准营销，狠抓行业管理，优化服务环境，进一步促进南宁旅游向纵深发展，以此来凸显旅游对经济的带动作用。

关键词： 旅游业　全域旅游　产业融合

一　2018年南宁市旅游业发展情况

2018年，南宁市旅游业继续保持较快的增长态势，接待旅游总人数13159.03万人次，同比增长18.98%，旅游总消费1387.54亿元，同比增长

---

* 周碧红，南宁市文化广电和旅游局政策法规科科长。

23.08%。其中，接待国内旅游者13094.6万人次，同比增长19.03%；国内旅游消费1368.42亿元，同比增长23.30%；接待入境旅游者64.43万人次，同比增长8.97%；国际旅游消费28891.94万美元，同比增长11.14%。纳入国家统计的19家规模以上旅行社营业收入达19.21亿元，同比增长23.87%，新增入统旅行社6家，超额完成4家。南宁市旅游总消费、接待游客总人数在全区地级市中排名第一，分别占全区的18.2%，19.26%；入境游客人数在全区地级市中排名第二，仅次于桂林，占全区的11.46%。

（一）国内旅游市场情况

1. 国内游客人数快速增长，一日游占比较高

2018年全市接待国内旅游者13094.6万人次，同比增长19.03%，其中过夜游客4322.8万人次，同比增长11.93%，一日游游客（不过夜）8771.8万人次，同比增长22.87%。国内游客中一日游游客所占比重为66.99%，其中，外地一日游游客占23.07%，本地一日游游客占43.92%。从游客停留时间来看，国内过夜游客平均停留时间为1.43天。国内旅游消费1368.42亿元，同比增长23.30%，其中过夜游客消费645.20亿元，同比增长16.64%，一日游游客（不过夜）消费723.22亿元，同比增长29.93%。

2. 旅游客源结构更趋合理

旅游客源方面，国内旅游客源半径逐步扩大，本地游持续活跃，区外入邕游增长强劲，2018年区内游客仍是南宁市主要的客源市场，占56.18%。南宁周边地区、沿海及东部经济相对发达的省份仍是南宁市最大的国内客源市场，其中广东、湖南和四川居南宁市国内市场的前三位，接待量分别占所有游客的34.69%、14.22%和10.84%。2018年南宁市区外游客主要客源地前10位分别为广东省、湖南省、四川省、贵州省、重庆市、云南省、湖北省、北京市、上海市、天津市。

3. 游客出游目的和出行方式呈现多样化

从游客旅游目的来看，来邕国内游客主要以观光游览、休闲度假、商务

为主，所占比例分别为 47.96%、29.06%、22.98%。从旅游方式来看，主要以自驾车为主，其中自驾游占 45.96%，旅行社组团占 15.7%，其他方式占 38.34%。

4. 非城镇居民游客比重进一步提高

伴随国家对新农村建设的政策扶持，农民收入的不断增加，越来越多的非城镇居民开始由物质提高转变为精神层面的提高，2018 年到南宁市旅游的游客中非城镇居民游客所占比重提升了 6.44 个百分点，达 35.08%。

（二）入境旅游市场情况

2018 年南宁市接待入境旅游者 64.43 万人次，同比增长 8.97%；国际旅游消费 28891.94 万美元，同比增长 11.14%。

1. 入境旅游者按四种人划分，占比例最大是外国旅游者

外国旅游者人数达 406654 人次，占入境旅游者总数 63.11%，比重较上年下降 5.84 个百分点；台湾旅游者 87323 人次，占总数的 13.55%，比重较上年上升 1.54 个百分点；香港旅游者 89643 人次，占总数的 13.91%，比重较上年上升 2.08 个百分点；澳门旅游者 60707 人次，占总数的 9.42%，比重较上年上升 1.75 个百分点。数据详见表 1、图 1。

表 1　2018 年全市入境旅游者按四种人划分统计*

类别	人数（人次）	同比增长（%）	人天数（人天）	同比增长（%）	人均停留天数（天）
合　计	644327	8.97	1498091	17.1	2.33
台湾同胞	87323	22.99	180162	21.73	2.06
澳门同胞	60707	33.93	127135	34.04	2.09
香港同胞	89643	33.26	186961	34.19	2.09
外国人	406654	-0.25	1003833	11.89	2.47

资料来源，根据南宁市文化广电和旅游局提供的数据整理，下同。

2. 入境旅游者按客源国划分，东盟国家游客占比较高

2018 年接待东盟国家游客 24.65 万人次，占全市入境旅游者比重的

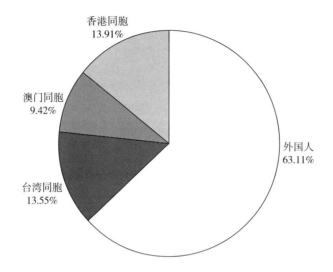

图1　2018年全市入境旅游者按四种人划分统计

38.25%。按来邕外国旅游者人数排位，前10名客源国分别是：越南、泰国、马来西亚、新加坡、印度尼西亚、菲律宾、印度、蒙古国、韩国、美国。数据详见表2。

表2　2018年全市入境旅游者按客源国划分统计

客源国	人数（人次）	同比增长（%）	客源国	人数（人次）	同比增长（%）
亚洲小计	316067	-0.97	欧洲小计	51578	-0.69
日本	8752	-34.11	英国	7669	18.92
韩国	11112	-61.11	法国	6361	-5.9
蒙古国	12225	-9.18	德国	5508	-6.28
印度尼西亚	30552	-0.41	意大利	5707	4.05
马来西亚	34375	1.41	瑞士	4633	-12.3
菲律宾	29355	-2.74	瑞典	3885	-11.24
新加坡	31726	-7.09	俄罗斯	6767	14.17
泰国	34969	1.1	西班牙	4177	-21.1
印度	17954	-13.48	欧洲其他	6871	5.97
越南	58523	79.39	美洲小计	20597	13.38
缅甸	8827	-14.02	美国	8925	31.23

续表

客源国	人数（人次）	同比增长（%）	客源国	人数（人次）	同比增长（%）
朝鲜	4799	-25.12	加拿大	6596	9.79
巴基斯坦	4999	-15	美洲其他	5076	-5.26
文莱	5612	-10.52	大洋洲小计	12401	1.99
柬埔寨	6635	41.05	澳大利亚	5411	13.7
老挝	5891	27.26	新西兰	3919	-2
亚洲其他	9761	10.49	大洋洲其他	3071	-9.7
非洲	3246	-3.02	其他	2765	-4.82

二 2018年南宁市旅游业主要工作举措

（一）加快推进"三创"工作

2018年完成了《南宁市全域旅游总体规划》《南宁创建国家中医药健康旅游示范区规划》等规划编制工作，成功打造"环绿城马上大"等6条康养旅游线路和环首府中医药健康旅游圈。兴宁区、青秀区获评自治区全域旅游示范区，马山县获评广西特色旅游名县，邕宁区重点景区万达茂、南宁园博园接待游客超过千万人次，旅游消费突破亿元。方特东盟神画、园博园、融晟极地海洋世界开业，邕江水上游启航，大明山重新开放，新增国家3A级以上旅游景区16家。

（二）旅游基础设施进一步完善

南宁国际旅游中心建成运营，新增三星级以上旅游饭店6家。完成新建、改建118座旅游厕所，完成第一批102块新版南宁旅游交通标识牌布设。融入"爱南宁"智慧城市建设，南宁国际旅游中心全面应用大数据中心、VR智能体验等，实现高度智能化的旅游服务。

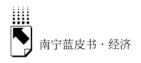
（三）农旅融合助推扶贫攻坚

新增广西星级乡村旅游区、星级农家乐 45 家。组织开展旅游扶贫就业招聘活动，94 家旅游企业提供 5297 个就业岗位，达成就业意向 501 人。支持帮扶村屯发展乡村旅游，欧阳村成功申创广西四星级乡村旅游区，同江村同江公社成功申创广西三星级乡村旅游区。

（四）精准营销推陈出新

建立报纸、广播、电视等传统渠道及互联网、微博、微信、抖音、facebook 等新媒体渠道，开展线上线下联合宣传促销。南宁旅游微博、南宁旅游微信公众号发文 5000 多条，阅读量达到 3500 多万人次。南宁旅游微博获得全国市级旅游官博影响力 TOP10。全年推出 20 个旅游节庆，全面活跃旅游市场。

（五）航线格局完善优化

吴圩国际机场吞吐量首次突破 1500 万人次，达到 1509.8 万人次，同比增长 8.5%，累计开通航线 172 条，其中国内航线 138 条，国际（地区）航线 34 条，通航城市达 108 个，其中国内城市 77 个，国际（地区）城市 31 个，机场通达性及便捷性进一步提升。

（六）旅游市场秩序规范有序

全年开展旅游市场秩序执法检查 26 次，出动检查人员 158 人次，检查旅游企业 96 家次，保障旅游者和旅游企业合法权益。完善"红黑名单"制度和"双公示"专栏，从严查办违法违规经营行为，南宁市查办重大案件被国家文旅部通报表扬。全年受理旅游投诉 203 件，挽回经济损失 32 万元。

（七）精神文明和安全生产工作扎实开展

围绕创城开展志愿服务活动，培养优秀人才，在全国红色故事讲解员大赛中，导游员张珊获第七名，被授予"全国金牌志愿者讲解员"称号，韦江丽获优秀讲解员称号，是全国第一批被授予的红色旅游讲解员荣誉称号。联合部门在重点时段对星级酒店、A级景区、旅行社进行安全生产督查，全年无重大旅游安全责任事故发生。

三　南宁市旅游业发展存在的主要问题

2018年，南宁市旅游工作取得了长足的进步，但是，还存在许多不足和困难。一是旅游投资主体单一，缺乏有效的融资平台，金融资本参与度低，打造的旅游产品缺乏影响力和竞争力。二是旅游基础设施和公共服务体系还不够完善，旅游交通建设仍显不足，一些通往县区景点的道路仍不能通行旅游客车。三是旅游企业竞争力不强。旅游企业多以中小企业为主，缺乏团队合作的精神和理念，难以形成规模效应。对存在的问题，仍需要攻坚克难、齐心协力加以解决。

四　2019年南宁市旅游业发展形势预测

（一）有利因素

1. 文旅融合将有力促进旅游业跨越式发展

随着文化和旅游融合发展的深入推进，全域旅游聚焦美好生活，品质提升与绩效改善愈发明显。国民旅游消费需求持续旺盛，国内旅游人数继续高速增长，入境旅游平稳发展，区域旅游均衡化趋势进一步显现，旅游在外交和港澳台事务中的作用更加凸显。

2. "一带一路"倡议助力入境市场

在"一带一路"倡议、系列旅游年活动开展、系列外交活动和会议召开的持续推动，以及签证便利化、国际航线增加等正面因素积极作用下，入境外国人旅游市场将实现持续稳定增长。

3. 高品质的旅游产品将走俏旅游市场

"80后""90后"年轻消费者将主导旅游市场新格局，其消费偏好将推动旅游市场深刻变革，推动避暑旅游、房车旅行、山地旅游、博物旅行、体育旅游等高品质、新时尚的旅游消费需求发展。游客群体呈现年轻化的特点，旅游市场散客化、自由行趋势更加明显。此外，自由行的发展将带来"私人订制"模式的火爆。私人订制具有"自由、深度、品质"的特点，将让游客感受到旅行当中更多的体验和乐趣。

（二）不利因素

2019年南宁旅游业面临的外部环境依然复杂多变。旅游者需求的变化、市场竞争加剧、不利的政治因素影响等一些不确定因素和突发事件的干扰都可能给南宁旅游业的发展带来不利影响。

五 2019年南宁市促进旅游业发展的对策建议

（一）主要经济目标

2019年，力争完成接待旅游总人数14430.56万人次，同比增长15%，旅游总消费1607.44亿元，同比增长20%。

（二）抓好"三创"工作

加快创建国家全域旅游示范区和国家中医药健康旅游示范区。推动上林县、兴宁区、青秀区创建国家全域旅游示范区，推动宾阳县、横县、江南区、西乡塘区、良庆区、武鸣区创建全区全域旅游示范区，邕宁区创建广西特色旅游名县。

（三）抓好重点项目工作

加快推进自治区层面统筹推进重大项目、自治区领导联系重大项目和市领导联系重大项目建设。推动环大明山旅游区、马山环弄拉生态旅游圈建设工作，发挥十里花卉长廊的龙头带动作用，推进沿昆仑大道项目集聚，建设精品旅游线路。

（四）抓好产业融合，助推扶贫攻坚

重点推进"旅游＋林业、体育、农业"等产业融合发展。加大星级乡村旅游区、农家乐创建力度，打造乡村休闲旅游产品，实现旅游扶贫。

（五）抓好旅游基础设施配套

在南宁国际旅游中心建成运营的基础上，完善旅游服务体系。继续实施"厕所革命"，加大旅游交通标识牌在各县（区）的安装密度。开发智慧旅游公共服务平台，启动精品酒店、文化主题酒店、特色旅游民宿的评定工作。

（六）加大宣传力度，实施精准营销

建立传统媒体和新媒体的传播渠道，构建跨区域、跨平台、跨网络、跨终端的旅游目的地网络营销体系。办好月月旅游节，结合节庆活动，整合包装四季皆游、昼夜精彩的旅游产品。进一步打造完善优化的国际（地区）航线格局。

（七）狠抓行业管理，优化服务环境

完善联合执法机制，及时处理旅游投诉，推动建立旅游市场全域监管机制。完善信息互推、双随机一公开、双公示、红黑名单制度，推动旅游行业纳入社会信用联合惩戒体系。开展安全生产检查工作，推进行业精神文明工作，营造文明和谐的旅游环境。

B.6
2018～2019年南宁市房地产业发展情况分析及预测

南宁市住房保障和房产管理局*

摘　要：　2018年，南宁市坚持"房子是用来住的、不是用来炒的"定位，切实做好宏观调控工作，房地产市场总体运行较为平稳，但同时也存在住宅去库存周期偏紧、商品住房价格上涨压力较大、非住宅商品房去库存周期较长等问题，文章在综合分析各方面因素的基础上，明确了2019年南宁市房地产业的发展趋势。

关键词：　南宁市　房地产业　库存去化周期

2018年，南宁市认真贯彻落实中央、自治区的工作部署，根据住房城乡建设部《关于进一步做好房地产市场调控工作有关问题的通知》（建房〔2018〕49号）精神，牢固树立"四个意识"，坚持"房子是用来住的、不是用来炒的"的定位，做好房地产市场调控工作，市场总体运行平稳。

一　2018年南宁市房地产业发展基本情况

（一）住宅土地供应量增价降

全市全年出让招拍挂经营性用地4572亩，同比上涨5.42%，楼面地价

---

* 林坚华，南宁市住房保障和房产管理局房产信息管理科科长；姚丽丽，南宁市住房保障和房产管理局房产信息管理科科长；梁捷，南宁市住房保障和房产管理局房产资金监管科副科长；韦峣峰，南宁市房产信息管理服务中心工作人员；张永玲，南宁市房产信息管理服务中心工作人员。

3470.44 元/m², 同比增长 6.1%。其中, 住宅用地出让 3848 亩, 同比上涨 15.59%, 楼面地价 3552 元/m², 同比下降 0.4%。①

（二）个人购房商贷和公积金贷款一增一降

全年累计发放个人住房商业贷款 677.28 亿元, 同比增长 8.37%; 累计发放个人住房公积金贷款 12.77 亿元, 同比下降 64.73%。②

（三）房地产开发投资、开工面积双增长

全市完成房地产开发投资 1106.36 亿元, 同比增长 15.48%, 其中住宅完成开发投资 772.04 亿元, 同比增长 13.68%; 房屋新开工面积 1709.74 万 m², 同比增长 15.04%, 其中住宅新开工面积 1200.76 万 m², 同比增长 17.52%。③

（四）商品房上市供应量增加

全市新建商品房批准预售面积 1865.41 万 m², 同比增长 15.41%, 其中商品住房预售面积 1393.88 万 m², 同比增长 14%。市区新建商品房批准预售面积 1489.19 万 m², 同比增长 10.66%, 其中商品住房预售面积 1065.95 万 m², 同比增长 8.24%。

（五）商品房交易量上涨

全市新建商品房销售面积 1705.8 万 m², 同比增长 14.51%, 其中商品住房销售面积 1368.9 万 m², 同比增长 12.48%（市区新建商品房销售面积 1386.33 万 m², 同比增长 13.68%, 其中商品住房销售面积 1068.59 万 m², 同比增长 11.77%）。

---

① 数据来源：南宁市国土资源出让服务中心。
② 数据来源：中国人民银行南宁中心支行、南宁市住房公积金管理中心。
③ 数据来源：南宁市统计局。

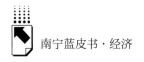

（六）商品房价格稳中有升

全市新建商品房成交均价 7433.95 元/m²，同比增长 4.7%，其中商品住房成交均价 7110.85 元/m²，同比增长 3%。市区新建商品房成交均价 8067.27 元/m²，同比增长 3.44%，其中商品住房成交均价 7816.2 元/m²，同比增长 0.96%。

（七）商品住房存量偏紧

截至 12 月 31 日，全市商品房累计可售面积 1617.33 万 m²，同比增长 13.05%，消化周期 11.38 个月。其中，商品住房累计可售面积 850.68 万 m²，同比增长 5.23%，消化周期 7.46 个月；办公用房累计可售 134.36 万 m²，同比增长 55.35%，去库存周期 16.81 个月；商业用房累计可售 179.38 万 m²，同比增长 0.29%，去库存周期 32.31 个月。市区新建商品房累计可售面积 1309.12 万 m²，同比增长 9.83%，消化周期 11.33 个月，其中，新建商品住房累计可售面积 657.78 万 m²，同比增长 0.46%，消化周期 7.39 个月；办公用房累计可售 133.37 万 m²，同比增长 55.55%，去库存周期 16.71 个月；商业用房累计可售 98.51 万 m²，同比下降 14.71%，去库存周期 21.14 个月。（注：非住宅类不含出租、抵押、查封等类别。）

（八）二手房量降价升

全市二手房成交面积 302.72 万 m²，同比下降 9.34%，成交均价 7369.19 元/m²，同比增长 27.71%；二手住房成交面积 230.64 万 m²，同比下降 26.69%，成交均价 7635.28 元/m²，同比增长 32.46%。市区二手房成交面积 294.46 万 m²，同比下降 5.46%，成交均价 7503.57 元/m²，同比增长 25%；二手住房成交面积 223.08 万 m²，同比下降 23.79%，成交均价 7804.82 元/m²，同比增长 29.88%。

二 2018年南宁市房地产业发展情况分析

（一）房地产业对经济的影响较大

近十多年来，南宁市房地产业对经济增长的拉动功能不断凸显，房地产业增加值占同期 GDP 比重从 2000 年的 1.49% 上升到 2009 年的 6.91%。从 2010 年开始，受市场调控的持续影响，房地产业增加值占 GDP 的比重虽有所下降，但仍基本保持在 5% 左右。2017 年，南宁市房地产业增加值占 GDP 的比重上升到 5.77%。房地产业的平稳健康发展对南宁市经济增长起到了重要作用（见表1）。

表1　2011～2017 年南宁市房地产业增加值占 GDP 比重情况

年份	GDP(亿元)	房地产业增加值 （亿元）	房地产业增加值占 GDP 比重（%）
2011	2211.44	120.4	5.4
2012	2503.18	123.94	5
2013	2803.54	134.01	4.8
2014	3148.31	150.89	4.79
2015	3410.09	155.74	4.57
2016	3703.39	203.75	5.5
2017	4118.83	237.73	5.77

资料来源：南宁市住房保障和房产管理局。

（二）商品房销量保持增长，但增速有所回落

商品房销量保持增长的主要原因有：一是城镇化进程加快、城市人口剧增、拆迁安置和落户就业等因素形成的刚性购房需求仍比较活跃。二是受到

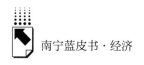
周围省会及二线城市限购形成的溢出效应影响，南宁首府聚集效应不断提升，涌入南宁购房的外地购房者数量大幅增加，外地购房者的比例由上年同期的 17.12% 提升至 46.52%，极大地刺激了商品房销售量增长。其中区内其他城市来邕购房比例为 33.17%，主要来自河池、玉林、崇左、桂林、贵港等地市；区外城市来邕购房比例为 13.35%，主要来自湖南、广东、湖北、江西、福建、河南等省份。

但是，与上半年相比，全年商品住房销量增速有所回落，回落了 2.92 个百分点。主要是全国一线大城市房地产市场整体降温，南宁市房价利率上浮较大，投资性购房需求减弱，刚性需求也出现观望情绪。虽然目前全市并未出现明显的市场销量大幅回落现象，但土地市场逐步降温，楼盘销售速度有所放缓，部分地段偏远、区位环境较差、缺乏竞争优势的楼盘为回笼资金，开始采取促销打折的手段。

（三）房价调控成果显现，新建商品住房价格涨幅平稳

"5.25"政策实施以来，南宁市严格审批预售价格，企业申报项目预售价格时不再盲目定价，商品住房价格涨幅趋于稳定。同时，"限价"地块上市也起到了稳定区域价格的作用。2017 年至今，南宁市在土地招拍挂中采取"限地价、限房价、竞产权移交房"的"双限一竞"，以及"限地价、竞产权移交房"的"单限一竞"等调控方式，坚决防止高地价、高房价，严防高价地扰乱市场预期，累计出让地块 88 宗，共计约 5640 亩，从源头上控制住房价和地价，对稳定市场预期起到了积极作用。

（四）各县（区）上市量和销量有涨有跌，发展不均衡

各城区的情况：从住房上市量来看，良庆区上市量最大，约占市区的 1/3。从销量来看，良庆区、西乡塘区和江南区排名前三位。与上年同期相比，除了青秀区销量出现下降以外，其他城区均同比上涨。价格方面，青秀区成交均价和价格涨幅呈现双高，西乡塘区价格涨幅位居榜首，良庆区（拆迁安置房较多）、邕宁区和江南区房价小幅下调（见表 2）。

表2　2018年各城区住房市场情况

城区	预售情况		销售情况		成交情况	
	面积（万 m²）	增速（%）	面积（万 m²）	增速（%）	均价（元/m²）	增速（%）
江南区	173.41	14.72	174.79	12.30	7172	-0.02
良庆区	309.05	16.75	244.67	1.85	7808	-4.62
青秀区	106.58	-32.58	154.67	-16.58	10230	10.18
西乡塘区	174.75	26.36	197.28	56.85	7627	15.86
兴宁区	172.24	19.54	161.50	6.74	7608	2.74
邕宁区	129.94	1.17	135.80	38.98	6455	-0.98
合计	1065.97	8.24	1068.71	11.77	7816	0.96

资料来源：南宁市住房保障和房产管理局。

五县一区（武鸣区）的情况：从住房上市量和销量来看，由于武鸣区撤县设区，地理位置优越，武鸣区的销售量与城区基本相当，远超四县。与上年同期销量相比，各县（区）情况略有差别，有升有降，马山县涨幅最为突出，销售面积同比增加311.90%，隆安县与上林县则出现较大幅度的下滑。从成交价格来看，武鸣区与宾阳县的价格较为接近，领跑五县一区。各地房价涨幅均较为明显，上林县和马山县涨幅居前（见表3）。

表3　2018年五县一区住房市场情况

县区	预售情况		销售情况		成交情况	
	面积（万 m²）	增速（%）	面积（万 m²）	增速（%）	均价（元/m²）	增速（%）
武鸣区	158.98	48.75	128.62	12.17	4872	16.62
上林县	30.81	133.57	24.76	-7.25	4402	33.40
马山县	12.08	87.72	9.24	311.90	3674	41.28
隆安县	14.49	-49.70	14.23	-45.25	3691	12.13
横县	54.33	11.48	70.92	46.34	4412	16.27
宾阳县	57.24	68.45	52.54	22.32	4696	27.48
合计	327.93	37.77	300.31	15.06	4601	20.02

资料来源：南宁市住房保障和房产管理局。

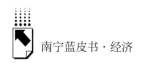
三 当前南宁市房地产市场存在的问题

（一）住宅去库存周期偏紧

2018 年市区商品住房新增供需比为 1，新增供应量仅能满足当前的实际需求量。供应量不足导致住宅库存去化周期紧张，目前南宁市市区住房去库存周期仅为 7.39 个月。理论上，延长去库存周期主要从供需两端解决，在当前需求仍比较旺盛的前提下，去库存周期的延长主要依靠供应量的增加，最根本的源头是土地出让量。然而，经统计，近三年的土地出让量无法满足当前市场的需求。因此从供需两方面来分析，销量无大幅下滑的可能，住宅去库存周期偏紧的问题仍将持续存在。

（二）商品住房价格上涨压力大

一方面高地价楼盘推出，周边楼盘的涨价意愿增强。高地价楼盘的预售价格均高于同区域均价的 10% 以上，一经推出上市，对周边即将开盘的楼盘带动效应极大，周边楼盘涨价意愿显著增强。另一方面大型房企入驻推动全市房价上涨。近年来，众多国内一线房企陆续进驻南宁市，融资渠道畅通、资金实力雄厚使得大牌房企在拿地时更舍得下成本，在打造产品时也会更加注重楼盘品质，既提升了全市整体居住品质，也推动了销售价格的上涨。

（三）非住宅商品房去库存周期较长

由于非住宅商品房的库存基数较大，新增上市量也在增加，从供给端难以降低去库存周期。互联网的快速发展，电商的迅猛崛起，消费方式的转变给传统商业带来了巨大的冲击。加上近年来实体经济下行压力大，居民消费乏力，商业和办公类物业投资回报率不高，多重因素叠加导致非住宅商品房去库存压力仍然较大。

四　2019年南宁市房地产业发展走势预测

2019年，南宁市房地产市场既有机遇，也有挑战。

2018年中央经济工作会议提出"要构建房地产市场健康发展长效机制，坚持房子是用来住的、不是用来炒的定位，因城施策、分类指导，夯实城市政府主体责任，完善住房市场体系和住房保障体系"，赋予了各地城市政府在调控中更大的主动性和可控性。购房需求仍然较为旺盛。城镇化推进十年中南宁市城镇人口年均增速约为1.2%，城镇化进程，加上棚户区改造、征地拆迁和外地限购后部分购房需求的转移，都不同程度地刺激了全市购房需求。再者，北部湾经济发展、地铁经济、高铁、新区建设等多重利好因素，都使得南宁市房地产市场整体预期情况良好。

但是，2018年的中央经济工作会议也明确指出，目前我国发展仍然处于并将长期处于重要战略机遇期，经济运行稳中有变、变中有忧，外部环境复杂严峻，经济面临下行压力。2018年以来，受全国一线城市房地产市场的降温影响，加上目前南宁市房贷利率上浮较大，投资性购房需求减弱，刚性需求出现观望，市场有所降温。南宁市近几年住宅土地供应量偏少，根据2015～2018年出让的招拍挂经营性住宅土地估算，市本级在2019年新上市的住房面积约在1000万 m^2，土地出让量不足导致市场后续供应量不足，销量难以实现大幅增长。

综合分析，2019年南宁市房地产主要指标预计如下：新建商品房销售量增长幅度约5%。商品住房价格将保持平稳，预计增幅约5%。

B.7
2018～2019年南宁市金融业
发展情况分析及预测

南宁市金融办*

摘　要：　2018年，南宁市多措并举，确保金融业稳步发展，但是仍然存在
金融业相关指标增长承压、金融组织体系有待进一步完善、社会
融资机构有待进一步优化、金融改革创新有待进一步深入、金融
生态有待进一步完善、金融人才有待进一步充实等问题。2019
年，南宁市金融业发展仍将面临诸多机遇和挑战，对此，文章提
出了全力推进金融开放门户核心区建设、大力提升金融服务实体
经济效率、深入推进金融开放、努力优化金融生态环境、大力发
展普惠金融、做好金融人才服务工作等针对性的建议。

关键词：　金融业　金融改革　金融开放

2018年，面对错综复杂的经济形势，南宁市在市委、市政府的正确领
导和自治区地方金融监管局、"一行两局"的有力指导下，深入贯彻习近平
新时代中国特色社会主义思想，遵循金融发展规律，紧紧围绕服务实体经
济、深化金融改革、防控金融风险三项任务，扎实做好沿边金融综合改革验
收，畅通企业融资渠道，全市金融业发展水平总体平稳，为全市经济社会持
续健康发展提供了有力支撑。

---

* 课题组组长：曾肄业，南宁市金融办主任；课题组副组长：杜丽丽，南宁市金融办副主任；
李文明，南宁市金融办金融发展科科长；课题组成员：李文懿、刘清威、黄浚锋。

一　2018年南宁市金融业发展基本情况

（一）金融总量稳步增长

2018年，南宁市金融业增加值同比增长7.4%，高于GDP增速2个百分点。

一是人民币存贷款平稳增长。截至2018年末，人民币存贷款余额增速为11.8%，完成全年预期目标。其中，人民币存款余额10093.13亿元，同比增长7.75%；人民币贷款余额12052.13亿元，同比增长15.11%。二是资本市场融资规模不断扩大。全市16家上市企业通过资本市场累计直接融资达520.69亿元，2018年新增32.59亿元；31家新三板挂牌企业累计股权融资6.26亿元，2018年新增0.659亿元；全市企业（含区直企业）通过债券市场融资1082.98亿元。三是保险市场平稳发展。全市保费收入204.29亿元，同比增长10.9%。四是小贷担保行业有序发展。全市共有小额贷款公司107家，贷款余额402.8亿元；全市共有融资担保公司33家，担保余额276亿元。

（二）多措并举，金融服务质量和效益不断提升

一是完善金融组织体系建设。积极推动"引金入邕"，中国信用保险南宁营管部升格为广西分公司，平安银行南宁分行开业运营，国富人寿保险股份有限公司开业，渤海银行南宁分行获批筹建。此外，南宁市与中银香港签订合作意向书，推动在邕设立中银香港东南亚业务营运中心。2018年，全市共新增银行1家、保险公司1家、证券分公司3家、小额贷款公司3家，共有银行机构42家、保险机构42家、证券分公司28家（含筹建）、小额贷款公司107家、融资担保公司33家。积极推动金融机构入驻五象新区总部基地金融街，现已有25家知名金融机构入驻，其中省级或一级分支机构16家，银行、证券、保险以及大数据、云计算等资源要素加速集聚，金融集聚

功能不断完善。二是畅通企业融资渠道。多次组织召开政银企对接会，推进融资需求精准对接，大力协调解决企业和项目融资问题。2018年南宁市政银企对接会现场，银企签约融资金额近170亿元；广西2018年工业高质量发展银企对接签约会，南宁市现场银企签约融资金额80多亿元，促成工业企业和金融机构达成可签约项目280项，合计284亿元，项目数量和金额排全区第一。三是发挥"两台一会"融资平台服务能力，提升融资服务水平，拓宽企业融资渠道，解决企业用款难题。截至2018年末，南宁市"两台一会"中小企业贷款平台服务企业800余家，累计直接解决中小企业流动资金贷款193.8亿元，贷款余额为40.19亿元，有效解决企业融资用款难题。四是提高小微企业金融服务水平。开展小微企业"三进三送"专项行动，提升普惠金融服务覆盖面。截至2018年末，全市小微企业贷款余额为1333.6亿元，同比增长15.86%，高出同期各项贷款增速0.43个百分点，较年初新增169.81亿元。五是推动"4321"政府性融资担保业务提质增效。优化授信指引和工作流程，建立项目跟踪反馈机制，为企业融资提供低费率的融资担保服务。截至2018年末，全市"4321"新型政银担业务在保余额4.29亿元，年内累计新增担保额4.34亿元，累计为企业节约融资成本近千万元，支小助微成效显著。六是创新融资模式。开设网上"金融超市"，实现银行机构小微金融产品网上申请、线上对接。大力开展知识产权质押融资，截至2018年末，"两台一会"已发放知识产权质押贷款17笔2.2亿元。发展供应链金融，召开供应链金融业务培训暨银政企对接会，推动金融机构和供应链核心企业支持上下游小微企业开展应收账款融资业务。七是开展应急转贷业务缓解企业资金周转困难。截至2018年，累计完成2.95亿元，共44笔应急转贷资金业务，相比民间过桥贷款平均每个月为企业节约236.2万元。

（三）金融改革持续深化，发展动力活力进一步增强

一是配合自治区完成沿边金融综合改革评估验收工作。全面总结南宁市开展沿边金融综合改革5年来取得的成效和工作亮点，顺利完成中国人民银

行、国家发展改革委、中国银保监会、中国证监会四部委在南宁市开展的评估调研工作。二是推动跨境金融创新取得突破。全市全年跨境人民币结算量为204.45亿元，同比增长20%。实现中国—东盟（南宁）金融服务平台上线运行，进一步提升南宁跨境金融信息服务基地功能。三是深化农村金融改革，服务乡村振兴战略。大力推广田东"农金村办"模式，南宁市各县（区）与辖区涉农金融机构合作在1241个行政村设立了"三农金融服务室"，覆盖面达到95.46%；持续开展农村信用"四级联创"，已创建信用户67.01万户、信用村669个、信用乡（镇）55个，创建面分别达到56.15%、51.46%、53.92%；驻邕银行业金融机构在南宁市乡村已设立助农取款（支付）点1815个，行政村覆盖率为100%；武鸣区土地承包经营权抵押贷款试点工作有序开展，累计发放贷款52笔，贷款金额9777万元。四是探索开展绿色金融试点。完成《广西南宁五象新区构建绿色金融体系问题研究》《五象新区建设绿色金融改革创新试验区实施方案》等编制工作，支持五象新区总部基地金融街申报绿色金融改革创新试验区。五是提前谋划金融开放门户核心区建设。2018年底，南宁市研究出台加快五象新区金融街建设发展工作方案，并成立全市协调领导小组予以统筹推进。为进一步学习金融集聚区的先进经验，市领导带队赴重庆、贵阳调研学习金融集聚区建设、招商、金融改革的做法和经验。按照《广西壮族自治区建设面向东盟的金融开放门户总体方案》和自治区的部署要求，南宁市草拟了《广西建设面向东盟的金融开放门户南宁核心区规划》等相关配套文件。

（四）培育发展多层次资本市场，直接融资规模持续扩大

一是推动企业上市（挂牌）。召开全市企业上市（挂牌）"三大工程"专题会议，实施企业上市（挂牌）"三大工程"，统筹推进企业上市（挂牌）各项工作。拨付上市（挂牌）公司奖励资金1492万元，支持企业通过资本市场直接融资做大做强。2018年，新增上市公司1家（全区仅新增1家），新三板挂牌公司6家，全区排名第一。全市共有上市（挂牌）后备企业154家。二是推动债券市场融资规模不断扩大。通过开展培训、加强宣传

等方式，鼓励和支持企业发行公司债、企业债等实现直接融资。2018年，拨付债务融资奖励50万元，南宁市企业（含区直企业）通过债券市场融资1083亿元。三是做优发展区域性股权交易市场。推动北部湾股权交易所和南宁股权交易中心完成合并，提升综合服务功能，吸引企业利用四板市场直接融资。2018年，广西北部湾股权交易所挂牌服务企业2769家，累计为中小企业实现私募融资8.31亿元，成功受理股权转让金额4.64亿元。四是推动各类基金加快落地运作。2018年，南宁城市发展基金累计到位资金105.67亿元，南宁产业发展基金累计到位资金24.34亿元，南宁市创业投资引导基金累计到位资金2.1亿元；华润商业物业服务（南宁）基金完成设立，中关村协同创新创业投资基金落地运作，注册地在南宁市的经中国证券基金投资业协会备案的基金公司及股权投资机构65家，占全区总数的77%。

（五）稳步发展保险市场，保险保障和融资功能不断提升

一是政策性农业保险扩面增品。2018年政策性农业保险新增了肉鸡、肉羊、竹鼠、茉莉花、百香果和蜜柚6个地方特色险种。全市全年政策性农业保险业务实现保费收入合计1.77亿元。二是积极推动保险资金支农融资工作。截至2018年末，人保财险已投放保险资金4130万元，有效支持了上林县农业产业项目建设。三是持续扩大科技保险覆盖面。出台《南宁市本级科技保险补贴资金使用管理办法》，鼓励高新技术企业开展科技保险。截至2018年末，14家高新技术企业办理了科技保险业务，提供保险保障120.67亿元。四是支持扩大出口信用保险覆盖面。全市全年出口信用保险提供保险保障8.33亿美元，同比增长80.69%；保费收入189.03万美元，同比增长77.21%。

（六）加强金融生态建设，金融发展环境进一步优化

一是防范化解重点领域重大风险。保持打击非法集资活动高压态势。2018年，全市非法集资新增立案54起，比上年同期增长100%。但涉案金

额6.7亿元、非法集资参与人数6528人，分别比上年同期减少52.48%、84.55%。通过前端源头防范和后端打击查处双向发力，取得了预期的效果，全区考评获得满分，排名第一。积极开展互联网金融风险专项整治工作，成立P2P网络借贷风险应对工作专班，对全市P2P网络借贷机构开展全面深入核查，切实做好风险应对工作。针对2018年股市异常波动引起的上市公司股权质押风险，积极争取金融机构支持，协调解决上市公司流动性不足的困难，切实维护市场稳定。二是强化地方金融组织监管。强化小额贷款公司、融资担保公司和交易场所的事中事后监管，持续开展各类交易场所清理整顿工作，督促监管行业规范经营。三是优化政策环境。南宁市印发了《南宁市服务实体经济防控金融风险深化金融改革的实施方案》《南宁市贯彻落实加大金融支持实体经济发展若干措施实施方案》《关于强化人才创新创业金融支撑的若干措施》等文件，优化金融发展环境，释放政策红利。四是加快落实金融产业发展政策。2018年共拨付金融机构新增贷款、新设机构、企业改制和新三板挂牌、企业定向融资等奖励资金2943.95万元，进一步优化南宁市金融政策环境。五是提高金融监管信息化技术水平。进一步完善南宁市地方金融监管信息平台功能，初步建立监管企业基础信息库。探索建设地方金融风险监测预警平台，通过科技手段提高风险预判能力，构建跨部门联合发现、预警、处置机制。六是全力推进涉金融领域信用体系建设。按照全市统一部署，扎实推进涉金融领域失信问题专项治理工作；加强地方金融监管诚信"红黑名单"管理，将12家企业列入"红名单"，开展守信联合激励和失信联合惩戒工作；建立行业事前信用承诺制度，督促监管企业签订诚信经营承诺书。

二 存在的问题

虽然南宁市金融业发展取得了一定的成绩，但也要清醒地认识到，推动金融改革发展还存在不少的问题、困难。一是金融业相关指标增长承压。2018年，受经济下行、股市低迷、中美经贸摩擦和金融严监管、去杠杆，以及地方政府融资规范化等多重因素影响，南宁市人民币存贷款余额增速延续了近年来的下行趋势，保险业转型发展，保费收入保持低速增长，全市金融业增加值增速下行压力不断加大。二是金融组织体系有待进一步完善。全市金融机构总部、地方法人金融机构数量少，是全国少数几个没有法人证券公司、期货公司的省会城市之一，且无市本级地方法人银行。三是社会融资机构有待进一步优化。南宁市直接融资占社会融资比重偏低，上市企业再融资、并购重组等资本市场运作能力较弱，实体经济对金融的多样化需求未能得到有效满足。四是金融改革创新有待进一步深入。金融改革和创新能力不足，跨境金融创新力度不大，体制机制创新不多，地方政府金融监管权责不匹配。五是金融生态有待进一步改善。金融服务小微企业、"三农"等实体经济重点领域和薄弱环节的力度还不够。同时风险隐患仍然较大，群体性涉稳形势依然严峻。六是金融人才有待进一步充实。适应形势发展需要的金融人才数量严重不足，并呈结构性紧缺态势。

三 2019年金融业发展情况预测及工作思路

（一）2019年金融业发展情况预测

2019年，南宁市金融业发展将面临诸多新的机遇。从国际上看，经济金融格局深刻调整，新兴经济群体力量不断增强，国际金融力量对比更加平衡，国际金融交流与合作日益密切。从全国看，经济金融市场化、国际化程度不断提高，"一带一路"倡议布局下金融开放力度不断加大，人民币国际化步伐加快。从全区看，正处于构建面向东盟的国际大通道、打造西南中南地区开放发展新的战略支点、形成21世纪海上丝绸之路经济带有机衔接的重要门户关键期，随着沿边金融综合改革评估验收工作的完成，自治区提出打造面向东盟的金融开放门户，金融改革开放将迎来新的战略机遇。从南宁市看，当前正处于全面建设小康社会的决胜期，中国—东盟信息港建设加快推进，"南宁渠道"效应进一步凸显，将为南宁市深化与周边国家、地区金融合作，加强金融改革创新打牢基础；自治区60周年大庆带来的深远影响和深化改革优化营商环境以及支持工业高质量发展工作布局，将进一步释放金融创新机遇。

同时，南宁市金融业发展面临的挑战也将更加严峻，不稳定不确定因素增加，金融发展的外部环境复杂多变。多因素共振，经济下行压力有所加大，人民币存贷款和保费收入下行压力持续加大，稳金融工作面临的挑战更加复杂，各种潜在的金融风险不容忽视。金融严监管形势没有发生改变，支持实体经济发展的政策措施成效尚不明显，支持金融业高速发展的经济基础有待夯实，金融业主要指标增速将持续放缓。

（二）2019年金融业工作思路

2019年是新中国成立70周年，是全面建成小康社会、实现第一个百年奋斗目标的关键之年，做好全市金融工作责任重大。需要进一步以习近平新时代中国特色社会主义思想为引领，贯彻落实全区金融工作部署和强首府战略，抢抓自治区建设面向东盟的金融开放门户战略机遇，全力推进面向东盟的金融开放门户核心区建设，深化金融开放，着力推进金融供给侧结构性改革，平衡好稳增长和防风险的关系，推动全市金融业提质增效，努力开创首府金融业发展新局面。

1. 全力推进金融开放门户核心区建设

一是做好开局谋划。建立完善工作机制，扎实推进核心区建设。研究制定建设金融开放门户核心区的实施方案、2019年工作要点和《广西建设面向东盟的金融开放门户南宁核心区规划》，明确重点推进的改革项目，同时探索从财税、人才、土地等方面完善配套政策。

二是强化沟通对接。发挥金融业发展联席会议平台作用，推动与"一行两局"形成合力，共同研究解决南宁市建设面向东盟金融开放门户核心区以及加快金融业发展中存在的困难和问题。协助自治区筹备面向东盟金融开放门户建设启动大会、峰会等重要会议，并与金融机构沟通对接，落实合作事项。

三是加快推动核心区建设。坚持"市场主导＋政府引导"，加快以五象新区为载体的金融核心区建设，重点推动"一个核心、两个试验区、三大中心、四大市场、五大基地、六大配套"的"123456"金融工程，助推南宁建设成为面向东盟的金融开放门户核心区，努力将五象新区总部基地金融街建设成为服务西南、面向东盟金融开放门户的重要支点，打造"中国东盟金融城"。

四是加大宣传推介。推动在五象新区设立金融开放门户展厅，全面展示金融开放门户成果。通过媒体宣传、专题报道等形式进行宣传推广，并对金融开放门户核心区建设的有关政策解读、推进情况进行报道，提高核心区建设的知晓度和影响力。

2. 大力提升金融服务实体经济效率

一是推动扩大信贷资金有效投放。贯彻落实优化营商环境攻坚突破年工作部署，组织开展好优化营商环境获得信贷指标百日攻坚行动，提高企业信贷获得感。组织召开政银企座谈会，开展政银企对接活动，争取更多贷款项目签约和落地。研究奖励机制，整合财政资源，激发金融机构支持实体经济发展的动力。发挥南宁市"两台一会"贷款平台作用，推动企业金融超市、企业融资服务中心等融资平台建设运营，拓宽企业融资渠道。推进应急转贷资金业务开展，缓解企业资金周转困难。引导小额贷款公司为民营企业、小微企业提供差异化金融服务，加大贷款资金投放。

二是大力发展直接融资。制定并组织实施《南宁市企业上市（挂牌）"三大工程"实施方案》，做好上市和挂牌后备企业的培训和辅导工作，挖掘和培育后备企业资源。积极宣传推广科创板，组织直接融资宣传培训，挖掘符合科创板上市条件的企业。做好上市公司服务工作，着力提升上市公司质量。

三是培育保险业务创新。支持政策性农业保险和科技保险扩面、增品，探索开展建筑工程质量缺陷保险试点。支持保险资金支农融资工作，鼓励保险机构开展保险产品和服务创新，发挥保险"稳定器"和"助推器"作用。

四是加快引导基金投资运作。搭建项目对接平台，定期开展创投基金合作机构路演活动或组织创投企业沙龙。力争推动南宁市天使投资引导基金实现投资运作，深入园区企业实地走访调研，积极挖掘投资项目。通过政府性引导基金投资运作，撬动更多社会资本投资实体经济发展。

3. 深入推进金融开放

一是大力实施"引金入邕"战略。围绕建设面向东盟金融开放门户核心区工作目标，重点面向国有银行、全国性股份制银行、东盟国家金融机构，积极对接粤港澳大湾区，开展金融精准招商推介活动，吸引各类金融机构来邕设立地区总部、分支机构和后台服务中心。加快推动渤海银行南宁分行、国任财险广西分公司开业运营。争取中银香港东南亚业务营运中心尽快建成，打造面向东盟的金融运营服务基地标志性项目。

二是加快地方法人金融机构建设。支持广西北部湾银行在南宁市发起设立理财子公司。配合自治区持续推动设立桂港合资证券公司、桂港合资公募基金公司。

4. 努力优化金融生态环境

一是打好防范化解重大风险攻坚战。做好非法集资陈案积案三年攻坚工作，保持打击非法集资高压态势。部门联动，协调解决好涉企金融风险问题。持续开展交易场所清理整顿、互联网金融风险专项整治工作，重点做好网贷机构分类处置和风险化解。

二是夯实地方金融组织监管职责。着力提升小额贷款公司、融资担保公司、典当行、融资租赁公司等地方金融组织事中事后监管水平，完善现场检查结果与评级、融资、业务范围等挂钩机制，探索建立小额贷款公司退出机制。进一步完善南宁地方金融监管信息平台功能，建立大数据监管及风险监测预警平台，提高金融风险预警信息化水平。

三是优化营商环境。简化优化服务，继续完善小额贷款公司政务服务事项"一次性告知""最多跑一次""一次都不用跑"三张清单，推进审批工作"一网通办"，进一步压缩审批工作时限。

四是推进地方金融领域社会信用体系建设。加快完善社会信用体系制度建设，推进信用记录全覆盖、市级信用信息共享平台全归集工作。落实地方

金融行业"红黑名单"管理制度,开展联合守信激励和失信惩戒工作。

5. 大力发展普惠金融

一是深化农村金融改革。深入推广"田东模式",加快推进"三农金融服务室"建设和农村信用"四级联创"工作。支持金融机构向县域下沉机构网点,引导更多金融资源投向农村和贫困地区,推动涉农贷款增速持续增长,提升金融服务乡村振兴质效。

二是推进政府性融资担保体系提质增效。积极发展和完善"4321""532"等多种新型政银担风险分担模式,鼓励融资担保公司创新信用担保产品,为"三农"、小微企业发展提供优质的担保服务,为企业融资增信。

6. 做好金融人才服务工作

一是制定"1+6"人才政策配套措施。制定并实施《关于强化人才创新创业金融支撑的若干措施的实施细则》和南宁市天使投资基金方案,积极搭建人才创新创业发展平台,优化人才干事创业环境,加快金融人才队伍建设。

二是加强人才交流。加强与驻邕金融机构交流合作,从金融机构选派优秀金融干部到南宁市挂职锻炼,更好服务金融人才成长。

三是加大培训力度。加强地方金融监管行业业务培训、企业上市(挂牌)培训和金融开放门户培训等,提高地方金融系统人才队伍综合素质和业务水平。

B.8
2018～2019年南宁市对外经贸发展情况分析及预测

孙敬华　刘莹　王聪仁*

摘　要： 2018年，南宁市在促进外贸进出口增长、培育外贸主体、开拓国际市场、优化对外投资结构、建设CEPA示范城市等方面取得显著成效，外经贸主要指标实现高速增长，进出口值创历史新高。在梳理2019年南宁市外经贸发展的有利及不利因素的基础上，明确主要目标任务，提出推动一般贸易高质量发展，大力承接加工贸易产业梯度转移，鼓励企业多元化开拓国际市场，认真落实外贸领域扶持政策，大力培育外贸新业态新模式，积极应对国际经贸摩擦，提高贸易便利化水平等对策建议。

关键词： 外经贸发展　进出口　CEPA示范城市

2018年是全面贯彻党的十九大精神的开局之年，也是南宁市加快外经贸发展三年行动计划的收官之年。全市认真贯彻落实中央、自治区和南宁市关于稳外贸的一系列政策措施，紧紧围绕稳出口、扩进口、拓市场、培育外贸新业态等方面开展外贸工作，继续实施"加工贸易倍增计划"，加快推动外贸转型升级，全面完成全年各项外贸工作目标，实现了"加快外经贸发展三年行动计划"圆满收官。

---

* 孙敬华，南宁市商务局外贸科科长；刘莹，南宁市商务局外贸科副科长；王聪仁，南宁市商务局外贸科副主任科员。

一 2018年南宁市外贸主要指标情况

据海关统计①，2018年，南宁市外贸进出口总值创历史新高，首次突破700亿元大关，达738.79亿元，排名全区第二，同比增长21.7%，增速高于全国12个百分点，高于全区16.7个百分点（见表1）。2016～2018年，全市外贸进出口总值年均增长26.5%，加工贸易进出口总值年均增长30.4%，累计新增对外贸易经营备案企业1545家、进出口1亿美元以上企业达到10家、进出口1000万美元以上企业达到62家，超额完成《南宁市加快外经贸发展三年行动计划（2016～2018年)》提出的发展目标。

表1 2018年全国、广西、南宁市进出口情况表

地区	进出口总值（亿元）	同比增长（%）	出口总值（亿元人民币）	同比增长（%）	进口总值（亿元）	同比增长（%）
全 国	305050.4	9.7	164176.7	7.1	140873.7	12.9
广 西	4106.71	5.0	2176.14	14.6	1930.57	−4.1
南宁市	738.79	21.7	355.09	28.8	383.70	15.9

资料来源：海关总署、邕州海关。

二 2018年南宁市外贸发展主要特点和举措

（一）外贸整体增长强劲，出口和进口"比翼齐飞"

2018年，南宁市坚持出口和进口并重，在稳步扩大出口的同时，充分发挥进口的重要作用，促进对外贸易平衡可持续发展。全市全年外贸

---

① 本报告所列数据仅供内部参考。根据《中华人民共和国海关统计条例》《海关统计数据使用管理办法》等有关规定，各单位在制定政策、研究问题、指导工作时，涉及南宁市进出口数据的，请联系海关统计部门查询，以海关提供的统计数据为准。

进出口总值创历史新高，达到 738.79 亿元，首次突破 700 亿元大关，同比增长 21.7%；出口达到 355.09 亿元，同比增长 28.8%；进口达到 383.70 亿元，同比增长 15.9%；出口值和进口值均居全区第 2 位（见图 1）。

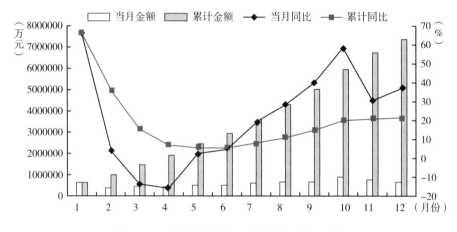

图 1　2018 年全市当月、累计进出口值及增速

资料来源：邕州海关。

（二）加工贸易进出口再上新台阶，支撑作用明显增强

2018 年，南宁市扎实推进第二轮加工贸易倍增计划，加大招商力度，以珠三角、福建等发达地区作为驻点重点区域，以电子信息、先进装备制造、生物医药和节能环保等为重点产业，全年开展加工贸易驻点招商 6 次，引进新项目 10 个。全年累计实现加工贸易进出口 539.39 亿元，总量规模排名稳居全区首位，同比增长 33.7%，增速比全区高 19.9 个百分点，占全市进出口比重由 2017 年的 50.1% 上升至 58.9%。加工贸易主体不断壮大，全市共有 43 家加工贸易经营单位实际从事了加工贸易进出口业务。新引进企业落户南宁发展效果显著，2017 年落户综合保税区的格思克、拓航科技、迪思奥光电加工贸易进出口总计 61.05 亿元，广西桂芯半导体有限公司自 5 月份投产运营以来已实现加工贸易进出口值 1.07 亿元，广西蓝

水星智能科技有限公司自 10 月份试投产以来已实现加工贸易出口值 296.9 万元。

（三）一般贸易出口平稳增长，进口小幅下降

2018 年，南宁市一般贸易进出口 189.97 亿元，同比下降 0.5%。在出口方面，出口 67.81 亿元，同比增长 4.8%，主要受到未锻轧的锰、钢材、家用陶瓷等商品出口金额下降拖累；但电线和电缆、塑料制品、未锻轧的铝及铝材等商品出口保持增长态势，一般贸易出口仍保持小幅增长。在进口方面，受到价格上涨、人民币汇率大幅贬值等因素影响，谷物及谷物粉、饲料用鱼粉等商品进口金额大幅下降，谷物及谷物粉进口金额下降 50.7%，饲料用鱼粉进口金额下降 49.3%；受国内需求减弱、环保政策制约、港口装卸货困难等因素的影响，资源性产品进口下降，其中，煤及褐煤进口 25.96 亿元，同比下降 24.5%；铁矿砂及其精矿进口 24.81 亿元，同比下降 4.2%；受此拖累，全市一般贸易进口 122.16 亿元，同比下降 3.2%。

（四）外资企业进出口大幅增长，保持第一经营主体地位

2018 年，南宁市外商投资企业进出口 440.67 亿元，同比增长 21.0%，占全市进出口总值的 59.6%，继续保持进出口份额第一的地位。其中，出口 236.69 亿元，同比增长 23.9%；进口 203.98 亿元，同比增长 17.7%。民营企业进出口 193.61 亿元，同比增长 47.7%，占全市进出口比重的 26.2%，较上年同期上升 4.6 个百分点。国有企业受进口低迷的影响，进出口 103.73 亿元，同比下降 6.8%（见图 2）。

（五）外贸主体培育成效显著，重点企业进出口占八成

2018 年，南宁市加快培育外贸综合服务平台，全力优化营商环境，加强与涉外相关部门的通力合作，不断提升对外贸企业的服务水平，外贸企业队伍不断壮大。2018 年，全市新增对外贸易经营者备案企业 569 家，全市进出口实绩企业达到 784 家，较上年同期增加 61 家，新增进出口实绩企业

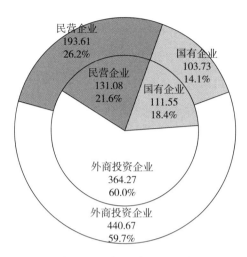

内环：2017年　外环：2018年

图2　2018年全市不同类型企业主体进出口情况（单位：亿元）

资料来源：邕州海关。

214家，市场主体活力进一步提升。进出口值1亿元以上的企业共有53家，累计进出口达694.19亿元，占全市进出口总值的94%。新增外贸综合服务试点企业1家，全市外贸综合服务试点企业帮助中小微企业实现进出口1.96亿元。进出口前20名企业进出口合计613.59亿元，占全市进出口的83%，其中格思克实业、拓航科技、迪斯奥光电、桂谷实业、金运进出口、西投国际贸易等企业进出口增速均达到120%以上，成为带动南宁外贸快速增长的中坚力量。

（六）主要贸易伙伴实现良好增长，市场格局更趋多元化

2018年，南宁市以"一带一路"倡议参与国为主攻方向，充分发挥进出口展会的渠道作用，先后组织400多家企业参加中国—东盟博览会、广交会、首届中国国际进口博览会和境外贸易展会，推动和鼓励企业积极开拓国际市场，扩大品牌宣传，为外贸可持续发展注入新鲜血液。2018年，南宁市与全球165个国家和地区开展贸易往来，其中对亚洲进出口503亿元，占

全市进出口总值的 68.1% （见图 3）。与前三大贸易伙伴——中国香港、美国、东盟的进出口均呈两位数快速增长，累计实现进出口 428.51 亿元，占全市进出口的 58%，拉动全市外贸增长 22 个百分点。与 103 个 "一带一路" 倡议参与国进出口值达 172.02 亿元，占全市进出口的 23.3%，同比增长 86.8%，成为拉动南宁市外贸发展的新动力。其中，对韩国、菲律宾和新加坡进出口分别增长 65.1%、40.4% 和 62.9%。

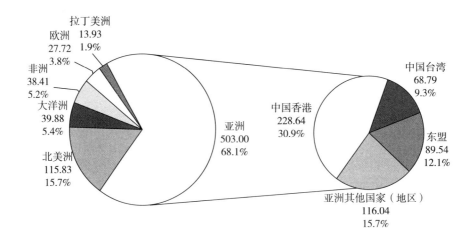

图 3　2018 年全市与贸易伙伴进出口值及比重（单位：亿元）

资料来源：邕州海关。

（七）出口结构持续优化，机电产品比重迅速提升

2018 年，南宁市出口产品结构持续优化，全市机电产品累计出口 263.97 亿元，占全市出口的比重为 74.3%，同比增长 17%，拉动南宁市外贸出口增长 13.9 个百分点；高新技术产品①出口 230.92 亿元，同比增长 21.3%；农产品出口 10.31 亿元，同比增长 5.2%。从具体商品类别来看，部分机电及高新技术产品出口持续快速增长，如机械设备出口 66.67 亿元，同比增长 58.7%；计算机与通信技术出口 208.22 亿元，同比增长 32.9%。

---

　　①　与机电产品有交叉。

（八）企业"走出去"队伍日益壮大，对外投资高质量发展

2018年，南宁市严格按照2017年8月以来国家出台的一系列指引、管控文件精神，加强对非金融类对外投资企业的指导和服务，结合南宁市"走出去"企业90%以上是民营企业的实际情况，指导和支持南宁市有能力、有条件的企业依法合规地开展境外投资活动。年内全市非金融类对外投资备案企业21个，其中新增备案企业12家，中方协议投资额2.71亿美元；13家企业在"一带一路"沿线7个国家进行投资，中方协议投资总额1亿美元。投资目的地包括泰国、柬埔寨、马来西亚、印度尼西亚、越南、斯里兰卡、乌兹别克斯坦、中国香港等国家和地区，主要涉及制造业、批发和零售业、采矿业、农林牧渔业、物流仓储业等领域。

（九）CEPA示范城市建设工作有序推进，邕港澳经贸合作不断拓展

2018年，CEPA项目绿色通道共为港澳投资者办理企业设立及变更备案审核事项30项，其中新设事项22项，占新设外资企业（总数62家）的35.5%，涉及合同外资额25582.76万美元。2家企业"走出去"到香港投资2个项目，投资金额3127万美元，投资范围：石油制品、技术出口和酒店业务。全年南宁市对港澳进出口贸易额为229.17亿元，比上年同期增长80.3%，CEPA的实施已成为推进邕港澳经贸合作的加速器。

三 2018年南宁市外经贸存在的困难和问题

（一）外贸进出口结构失衡亟待优化

2018年，南宁市外贸进出口增长结构呈现不平衡现象：一是加工贸易和一般贸易增长不平衡。2018年以来，南宁市外贸进出口总体呈现加工贸

易高速增长、一般贸易负增长的发展态势，加工贸易同比增长33.7%，对外贸进出口增长的贡献率高达103.3%，全市外贸增长仅靠加工贸易单方面支撑，不利于全市外贸协调发展。二是国有企业与民营企业、外商投资企业增长不平衡。南宁市民营企业进出口增速高于全市26个百分点，外商投资企业进出口增速和全市外贸进出口增速持平，而国有企业进出口为下降态势。

（二）运输成本居高不下

北部湾港口班轮运输仍欠发达，至部分国家和地区港口的直航船较少，南宁市大部分企业无法享受到直航船的便利，大多数原材料和产品需要通过陆路从广东口岸出入境，导致货物进出口的运输成本普遍高于珠三角、长三角地区，交货周期较长，直接影响货物的流转速度。加工贸易向西部地区梯度转移以后，与深圳、香港等集装箱海运主要港口物理运距拉长，造成运输成本显著增高。

（三）中美经贸摩擦对部分加工贸易企业冲击较大

随着美国政府持续针对中国实施一系列的贸易壁垒，对整个对外贸易产业链产生消极的影响，尤其是对加工贸易企业的影响。外贸企业需要和美国客户共同分担加征关税成本，导致出口企业产品价格竞争力较弱，出口利润空间进一步被挤压，部分美国客户持风险防控心理，逐渐减少南宁市订单，转向低关税国家和地区购买；部分客户在成本压力之下，要求南宁市企业将出口美国的订单转移至越南、东南亚等国家和地区生产，导致企业面临着停产关厂的风险。

（四）服务企业"走出去"方式较为单一

南宁市对于企业"走出去"服务方式仍以政府部门提供公共服务为主，对于利用服务外包方式，调动社会资源提供"走出去"公共服务等新形式，尚有待进一步地探索和学习。

四　2019年南宁市外贸发展形势展望

（一）有利因素

从全国来看，面对2018年复杂多变的国际、国内经济环境，商务部适时出台一系列"稳外贸"的政策措施，在税收、金融、贸易便利化等方面为企业减负助力，加大对出口信用保险保单融资、出口退税账户质押融资等政策的支持力度。中国与新加坡签署《自由贸易协定升级议定书》，中新双方将呈现更高水平的贸易便利化，降低企业的贸易成本；中国与马来西亚开启新合作，两国政府发布了增进合作的《联合声明》，同意共同编制两国《经贸合作五年规划（2018 ~ 2022）》；中国内地与香港签署《CEPA货物贸易协议》，2019年1月1日起，原产于香港的货物进口内地全面享受零关税；中国内地与澳门签署《CEPA货物贸易协议》，有利于促进内地与澳门经贸交流与合作，实现两地互利共赢。从广西来看，自治区密集出台了《关于着力发展壮大民营经济的意见》《进一步减轻企业税费负担若干措施》等系列稳增长政策，全力优化营商环境，大力支持民营企业发展，加大企业减税降费力度，降低外贸企业成本。从全市来，南宁市也多措并举，进一步优化外经贸发展的营商环境，通关、出口退税、外汇管理等政策进一步完善。中国（南宁）跨境电子商务综合试验区正式开区运营，为全市企业提供了开拓国际市场的新途径。

（二）不利因素

2018年以来，随着美国政府持续对华实施一系列贸易壁垒，对南宁市外贸企业信心指数、贸易结算、出口利润等造成了一系列负面影响，这种影响具有长期性和复杂性，对全市外贸进出口的影响不容小觑。南宁市外贸综合服务、跨境电商等新业态仍处在起步阶段、基础条件不完善，制约外贸发展提质增效。县域外向型经济基础薄弱，自身发展动力不足，外贸企业进出

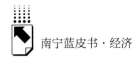

口规模小。南宁市在运输条件、产业配套能力、物流成本及效率、通关环境上均与东部发达地区存在较大差距，招商引资优势逐渐减弱，同时加工贸易企业长期存在普工缺口，产能规模扩张受制。去产能与环保政策趋严，煤炭等资源性产品进出口稳增长将可能面临较大困难，南宁市一般贸易进出口形势不容乐观。2015～2018年，南宁市外贸进出口分别实现21.9%、14.1%、48.8%和21.7%的高速增长，导致2019年南宁市外贸进出口基数过高，难以持续保持高速增长。

五　2019年发展目标和思路

2019年是实施"十三五"规划的关键之年，南宁市将全面贯彻落实全国、自治区商务工作会议的决策部署，坚持稳中求进工作基调，用足用好国家政策红利，加快培育外贸发展新模式、新业态、新动能，促进外贸高质量发展，力争完成自治区下达南宁市的全年外贸进出口总值增长7.5%的目标任务，以优异的成绩迎接新中国成立70周年。围绕上述目标任务，要着力抓好以下七个方面工作：

（一）推动一般贸易高质量发展

以年出口1亿元以上的骨干企业为抓手，支持国有企业做大做强重要资源性商品、先进技术和重要装备进口贸易，提升民营企业在机械设备、汽车配件、家居用品、铝制品等领域的出口竞争力，鼓励外资企业稳定优化生物医药、化工、电子信息等领域的进出口业务，促进全市一般贸易进出口高质量稳定增长。

（二）大力承接加工贸易产业梯度转移

深入实施"第二轮加工贸易倍增计划"，探索利用政策新思路，支持外贸政策与工业政策叠加发力，妥善应对国际贸易市场环境变化，增加企业稳增长的积极性。延长本地加工贸易产业链条，采取专题招商、产业链招商等方式，吸引国内外 500 强企业及沿海省份行业领军企业落户南宁市重点园区发展加工贸易，增强加工贸易招商引资和产业对接的针对性和有效性，加快培育新的加工贸易产业骨干企业。

（三）鼓励企业多元化开拓国际市场

组织企业依托广交会、进博会、东盟博览会等知名展会平台开展贸易洽谈对接，鼓励企业合理规避贸易壁垒，深度开发欧美、日韩等发达国家市场，稳定传统市场贸易规模。支持企业加大境外营销力度，拓展"一带一路"沿线国家和地区以及金砖四国、非洲、拉美、中东欧等新兴市场，形成新的贸易增长点。引导企业参与以东盟为重点的"一带一路"建设和国际产能合作，"走出去"开展对外投资和对外工程承包，带动成套设备、原材料、技术和服务出口增长。

（四）认真落实外贸领域扶持政策

严格落实中央、自治区、南宁市相关对外贸易的扶持政策，做好政策宣传，提高政策协调性、精准性和有效性，重点对加工贸易倍增、国际市场开拓、扩大进口、外贸新业态发展等进行支持，鼓励企业充分利用政策支持开拓国际市场，提升出口商品质量和技术水平，形成贸易竞争新优势。

（五）大力培育外贸新业态新模式

培育贸易新业态新模式。发挥中国（南宁）跨境电子商务综合试验区政策优势，鼓励南大门公司、苏宁易购等企业扩大跨境电商进口。支持桂贸天下等自治区级外贸综合服务试点企业完善线上服务平台、增强信用保障能力、扩大服务范围。依托横县、隆安、宾阳、马山、上林、武鸣等六个外贸综合服务运营中心，加强外贸人才培训，为县域企业出口提供通关、收汇、退税、物流、融资及保险等"一站式"服务，促进县域外向型经济发展壮大。

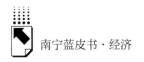

（六）积极应对国际经贸摩擦

继续密切关注经贸摩擦动态，及时传达国家商务部、自治区商务厅等上级有关部门的权威信息和应对措施，灵活运用各级政策帮助企业在保市场、稳出口方面发挥作用。主动服务、引导出口企业认真做好与客户沟通协商工作，力争把经贸摩擦对全市出口的影响降到最低。

（七）提高贸易便利化水平

深入推进全国通关一体化改革，创新理念方法，优化通关监管模式，推进南宁口岸扩大开放。进一步优化出口退税服务，加快出口退税进度，落实关税减免措施。扩大出口信用保险覆盖面，鼓励农行南宁分行等驻邕金融机构创新产品和服务，进一步畅通外贸企业特别是民营企业、小微企业融资渠道。

B.9
2018～2019年南宁市投资促进情况分析及预测

摘　要： 2018年南宁市投资促进工作，大力实施"六大升级"工程，积极落实"三大定位"新使命和"五个扎实"新要求，以"强龙头、补链条、聚集群"为指导，深入实施"招商引资三年行动计划"，聚焦产业集聚，着力开展精准招商，取得较好成效，但是，投资促进工作中仍存在工业项目偏少，利用外资的压力大，招商引资相关政策落实较难、招商引资激励保障机制亟待完善等问题。2019年，南宁市将通过狠抓产业大招商活动，强化多级联动，优化投资环境，提升亲商安商服务，增强投资队伍力量等大力提升招商引资项目的数量和质量。

关键词： 投资　招商　引商　惠商

一　2018年投资促进工作的总体情况

（一）2018年投资促进工作亮点

1.到位资金再上新台阶

2018年全市实际到位资金950.3亿元，超额完成自治区和南宁市年度

---
* 梁枫，南宁市投资促进局局长、党组书记；彭臣帅，南宁市投资促进局办公室副主任；王晶晶，南宁市投资促进局办公室科员。

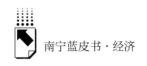
目标任务，同比增长 13.5%。其中，全口径实际利用外资 13.69 亿美元，完成年度目标 10.55 亿美元的 129.8%，同比增长 43.02%。继 2016 年和 2017 年之后，再次蝉联全区招商引资专项考评第一名，实现"三连冠"。

2. 工业招商走出新路子

2018 年，面对异常严峻的国内外经济形势，市委主要领导客观分析了中美贸易摩擦带来的全球产业资源配置变化的趋势，指明了招商方向。市政府主要领导带领有关部门编制了产业链全景图，全市上下围绕链条、盯住龙头、大小通吃、快慢结合，引进瑞声科技、歌尔股份等重点产业项目 98 个，极大完善了电子信息产业链，这是 2018 年工业招商方面最大的收获。

3. 产业大招商取得新成果

深入开展产业大招商活动，区市县三级联动，围绕电子信息、先进装备制造、生物医药、大健康、物流、金融等重点产业开展精准招商活动，成功引进了蓝水星、申龙新能源客车二期、一力制药、泰康养老、京东电商、菜鸟网络、中银香港、中信保等龙头企业和重点项目，产业招商取得了扎实成效。

4. 构建招商引资网络取得新突破

挂牌设立了市投促委驻深圳联络处，在上海、北京成功选聘南宁市投促顾问，积极筹备上海、北京两地的招商联络处，依托全联科技装备业商会会长单位、深圳工商联主席单位研祥集团开展以商引商，引进一批东部地区高质量的企业落户，积极拓展台湾、香港招商联系网，以珠三角、长三角、京津冀地区为基点，连接辐射港澳台，在国内重点地区探索建立南宁市招商引资网络架构。

（二）2018 年投资促进工作主要措施

1. 贯彻顶层设计，大力提升招商联动合力

以市委办名义印发《南宁市构建新型政商关系做好亲商安商工作实施方案》，以市投促委名义印发招商引资政企服务沟通、代办服务、投资投诉

三大平台实施方案；成立了由市领导牵头的市级重点产业大招商专责小组，实行"一个产业、一名领导、专题招商"的工作机制。市领导以上率下服务大项目，市委主要领导拜会了腾讯、华为等知名大企业；市政府主要领导多次会见重要客商，率队服务重点企业；市委主要领导牵头接待全国知名民营企业代表；市政府主要领导上门服务歌尔股份等重点企业；其他相关市领导也亲自带队开展重点产业专题招商，推进项目加快落地。同时，开展市直部门重点产业小分队招商及县区、产业园区联动招商，推动全市投资促进工作向专业化、精准化发展，招商合力进一步提升。

2.狠抓精准招商，全力推进产业集聚升级

认准产业发展定位，集中精力开展三大重点工业和重点服务业精准招商。围绕承接东部产业转移，全年推进了歌尔股份、瑞声科技、百实特、天泰电子等多个电子信息项目。赴深圳、广州、上海等地开展生物医药和大健康专题招商，与南宁市投资顾问联合举办 2018 中国（南宁）医疗器械产业商务与投资交流会。围绕"引金入邕、引资入邕"战略，积极落实中银香港、华润基金落地，平安银行南宁分行已落户并开业。持续推进中新物流产业园等物流园区建设，集中签约了苏宁易购、宇培冷链、菜鸟网络、京东电商等多个项目。各县（区）、开发区立足自身定位和优势，采取多种措施，有力推动了产业大招商取得务实成效。如高新区的"全员招商"、公司化招商、智库招商，经开区利用标准厂房开展补链招商，东盟经开区聘请 13 名落地企业高管作为招商顾问"帮招商"，兴宁区出台《招商引资激励暂行办法》和《加快工业发展扶持办法》支持奖励产业发展，青秀区开展新兴工业和商贸文旅招商，江南区围绕旅游资源和成熟地块进行精准招商，西乡塘区实行"一企一员，专员服务"、建立政府与企业"双向承诺机制"，邕宁区采取专人跟踪制推进重点项目落地建设，良庆区与五象新区管委会联合招商、协调相关部门服务辖区企业，武鸣区、横县、宾阳县借助特色节庆资源和传统产业优势组织招商，上林县、马山县、隆安县开展粤桂扶贫协作对口招商，以产业招商助力脱贫攻坚，等等。

3. 联合多方力量，持续拓宽区域合作渠道

第 15 届南宁中国东盟博览会、中国东盟商务与投资峰会期间，南宁市签约项目 88 个，总投资 503.1 亿元，签约项目产业涵盖面广，制造业项目投资额占区、市两级现场签约项目总投资额的比重超过 60%；成功邀请包括位列"2018 年民营企业 500 强"榜单第 1 至第 4 名的华为、苏宁、正威国际、京东等百余家国际及国内 500 强和行业知名企业参会。在第 24 届中国兰州投资贸易洽谈会上，南宁市与兰州市签订《经济交流合作框架协议》。积极组团参加西洽会、广博会等大型活动，持续推进粤桂扶贫协作工作，组织企业和驻邕异地商会会员走进贫困地区，开展上林、马山、隆安三个贫困县赴广东专题产业招商。此外，还组织赴港澳台地区，缅甸、柬埔寨、菲律宾、泰国、马来西亚等东盟国家及日韩欧美开展招商活动，进一步拓展了外资招商联系网。

4. 紧盯龙头企业，奋力提高招大引强成效

抓住中美贸易摩擦倒逼长三角、京津冀产业转型升级，一批出口型加工制造企业向中西部地区及东盟国家转移的机会，借助自治区前往深圳招商推介等大型活动平台的契机，紧盯龙头企业，成功对接了一批电子信息、生物医药和装备制造行业领先企业。围绕"一机一屏"（手机和电子面板）重点产业链实施精准招商，成功签约中国电子信息百强企业、中国民营企业 500 强——歌尔股份，以及瑞声科技二期、百事超、国人通信等电子信息产业大项目。此外，南宁市还与蓝水星、京东电商、苏宁易购等知名企业签订合作协议，扎实推进申龙新能源客车二期等重大项目，全力推动中银香港东南亚运营总部项目落地，与中信置业签订战略框架协议。

5. 完善惠企保障，积极构建"亲""清"政商关系

建立招商引资项目政企服务沟通、代办服务、投资投诉三大服务平台；在市、县（区）和自治区级及以上园区管委会建立重大招商项目免费代办服务机制；加快建设"统一受理、按责承办、强化监督、限时办结"的投资投诉举报服务机制。开展"惠企大引擎、惠企大汇编、惠企大兑现"惠企服务，推进建设"南宁市惠企政策引擎"，汇编《南宁惠企政策摘要》，

并在全市范围有序开展惠企政策大兑现活动。同时，持续提升项目跟踪服务，落实重大招商引资项目快速落地机制，2018年评审认定和协调推进招商引资重大项目8个；以区市两级"红黑榜"为抓手，落实党政领导牵头服务招商引资重大项目机制和招商引资重点在谈项目协调推进工作机制，加大对新签10亿元以上大项目的督办力度，切实推动南宁市投资环境持续改善。

二 当前投资促进工作面临的经济形势和主要问题

（一）经济社会发展面临的形势与环境、机遇与挑战

综观当前的宏观经济形势，南宁市面临的国内外经济环境依然严峻复杂，总的来说是挑战和机遇并存。

从外部环境来看，一是中美贸易摩擦持续恶化，经济民族主义思潮泛滥，贸易投资保护主义愈演愈烈，发达国家制造业回归、资本回流态势逐步增强。二是国内加工贸易企业受产业成本、环境政策的影响，直接转移到南亚、东南亚等生产成本更低的国家比较多，向西部省份梯次转移的还不够多。三是全国各地招商引资区域竞争更加激烈，各地都在比优惠、比服务、比环境，千方百计抢项目。从内部环境看，一是营商环境有待提高。2018年南宁市投资环境满意度分值较上年有所提升，处于高度满意状态，但在全区排名却再次下滑，说明区内部分市改善投资环境的步伐比南宁市更大更快，营商环境面临极大挑战。二是东部地区一些城市新出台了不少减费降成本的优惠政策，南宁市的投资政策与投资成本相较已无明显优势。三是园区配套还跟不上新形势发展的需求，一些园区的基础设施不完善、服务配套比较低，即使是重点园区也存在标准厂房等配套建设进度跟不上项目落户要求的情况，影响了客商投资的积极性。四是物流成本比较高。专业性基础设施建设相对滞后，专用码头、货场、通关设施、专业研究机构等都难以满足发展需要。

但是，新形势下南宁市招商引资也同样具有许多新的机遇。一是国家实

施西部陆海新通道建设，从战略意义上看，可以带动南宁市深度融入"一带一路"建设，加快推动南宁全方位开放开发新格局；从现实意义来说，中西部地区企业运送货物到新加坡，在运输时间上将得到极大缩减，运输成本也将明显节省。二是粤港澳大湾区建设全面铺开，将吸引更多的企业关注南宁。广西与粤港澳已经实现了基础设施互联互通，产业合作也有了较好基础，加上地缘相近、人缘相亲、习俗相通，这为南宁市深度融入粤港澳大湾区创造了前所未有的便利。南宁市在区位优势、城市环境、配套服务等方面具有得天独厚的优势，是粤港澳大湾区产业向纵深地带发展的最佳选择。三是随着国际贸易保护主义抬头，关税壁垒不断抬高，许多企业出于降低成本、避让关税的考虑，呈现加快向外转移的趋势。这些企业往往在东盟国家设立组装出口基地，在与东盟国家相邻的国内地区建设重资产投资基地。这种双基地的模式，既满足了降低关税的需要，也保证了企业核心资产的安全，被许多外向型企业所采用。机遇稍纵即逝，一定要紧紧把握住这一短暂的"窗口期"，围绕南宁市重点产业，争取引进一批龙头企业落户。

（二）当前投资促进工作存在的主要问题

南宁市投资促进工作还存在一些亟待解决的问题：一是2019年自治区对引进外资的统计和考核口径由广西全口径改为商务口径，部分县（区）、开发区能够纳入统计的项目不多，尤其是工业项目偏少，南宁市利用外资的压力非常大。二是外部经济环境受到中美贸易摩擦、经济下行压力增大等不确定因素的影响，部分企业对外投资的意愿不强，南宁市招商引资工作面临的难度加大。三是南宁市的招商引资相关政策落实较难、招商引资激励保障机制亟待完善。

三 2019年投资促进工作的整体思路和工作措施

（一）总体思路

全力开展产业大招商攻坚突破年活动，围绕"强龙头、补链条、聚集群"，大力培植"工业树"、打造"产业林"，聚焦"三大三新"（即大数据〈数字经济〉、大健康、大物流、新制造、新材料、新能源）等重点产业以及电子信息、新能源汽车、高端铝产业链全景图开展招商。坚持创新工作机制，着力招高招新招强，提升投资环境建设，进一步推进全市经济向更高质量发展。

（二）主要目标任务

2019年，全市实际到位资金目标1026亿元，商务口径直接利用外资2亿美元，新签5000万元以上招商引资项目500个（其中工业项目200个），当年签约当年开工的项目占比达20%，上一年度签约的项目开工率达50%，战略性新兴产业到位资金同比增长15%以上。

（三）主要工作措施

2019年，南宁市投资促进工作将以产业大招商攻坚突破年活动为抓手，深入实施产业大招商三年行动计划，整合招商资源，创新工作机制，优化营商环境，打造招商队伍，推动招商引资工作取得新突破。

1. 汇集全市力量，狠抓产业大招商活动

新年伊始，南宁市召开了"三个攻坚突破年"活动动员大会，一定要按照动员会的要求，认真组织开展好"产业大招商攻坚突破年"活动。成立六大产业招商专项行动组，实行"一个小组、一名领导、专题招商、强力推进"的工作模式，分别由分管副市长牵头，行业主管部门总负责，各相关部门配合，区市县三级联动，集中力量开展数字经济及大健康、文化旅游、现代农业、新制造及新材料以及商贸物流金融、五象新区产业专题招商行动；重点围绕电子信息、新能源汽车、高端铝等产业链全景图，瞄准世界及国内500强、行业领军企业、知名央企、国企、民营企业持续开展精准招商；紧盯产业链上的纵向上下游企业和横向关联性企业，强化重点产业链全景图研究，力争引进一批质量高、后劲强的重大产业项目。建立和完善体制机制建设，加快推进项目落地。每季度向市委主要领导、每两个月向市政府主要领导、每个月向分管市领导汇报一次招商引资工作，协调解决项目推进过程中的困难和问题；加强目标任务分解和责任考评，以产业招商为导向分解目标任务，对招商引资责任单位实行分类差异化考核，重招商过程、招商质量和招商成效，对目标任务完成情况实行每月"红黑榜"通报，确保高质量完成年度目标。

2. 强化多级联动，构建开放合作新格局

充分利用第16届中国—东盟博览会等高层次平台，广邀八方宾客，开展项目洽谈；积极参与自治区层面重大招商活动；利用厦洽会、西洽会、广博会等全国有影响力的大型展会平台开展会展招商；精心组织策划赴上海、深圳等地开展的市级层面重点产业项目对接洽谈活动，力争签约一批高质量的产业项目，进一步扩大开放交流。按照自治区提出的"南向、北联、东融、西合"的大开放格局，务实开展与广西东、西、南、北周边省份和经济区，特别是粤港澳大湾区的区域合作，加快承接东部地区先进制造业和现代服务业转移；推动茂名市与南宁市的马山、上林、隆安县的粤桂扶贫协作专题招商。依托中德工业联盟、国（境）外、广西和南宁商协会等平台，面向港澳台地区、东盟、欧美日韩以及"一带一路"沿线国家开展招商；瞄准一批优质外资企业和项目进行精准对接，积极拓展外资来源，提升外资资金到位的总量和质量，实现外资招商有所突破。

3. 优化投资环境，提升亲商安商服务

以"三大平台"为核心，完善亲商安商工作机制，进一步发挥政企定期沟通会议制度和市级服务项目工作组的协调作用，落实专门人员为外来投资者提供投资项目免费代办服务，推进构建高效、规范、统一的投资投诉举报管理服务机制，畅通政商沟通渠道，营造亲商安商的浓厚氛围。进一步提高招商信息化水平，继续加大惠企政策宣传和政策解读工作力度，及时梳理公布南宁市的产业政策，通过建设好"南宁市投资信息服务中心"，为外来投资企业提供电子地图、项目规划、土地现状等信息导向服务，进一步完善招商项目库、政策库、客商库、招商活动信息库，加强在谈项目信息的跟踪管理和数据挖掘分析。进一步落实重大招商引资项目的跟踪服务督办，对列入区市层面统筹推进重点项目及"两会"签约项目实行每月报送制度，确保重大项目快速推进。

4. 调动积极因素，增强投资促进队伍力量

努力跟上时代发展，打造一支专业素养高的招商队伍，选拔一批懂产业的人才从事专业招商。通过组织专题培训、交流考察等形式的学习培训，进一步拓宽干部眼界、促进经验交流，增强全系统比学赶超氛围。通过与专业咨询机构和科研院校合作，对重点产业开展深入研究，及时掌握国内外经济大势、国家产业政策和产业发展规律特点，提升招商队伍的整体素质。通过灵活开展以商招商、委托招商、中介招商，进一步深化与落地企业和商协会的合作，继续物色一批知名度高的专业投资中介机构开展委托招商，聘请一批有影响力的知名人士担任投资促进顾问或"招商大使"。探索发展市投促委驻珠三角、长三角、京津冀联络处，进一步推进全市规范化、专业化、市场化招商引资网络机制建设。

高质量发展报告

High-quality Development Reports

B.10
南宁市发展新经济培育新动能对策研究

中共南宁市委政研室（改革办）课题组 *

摘　要：　加快发展新经济培育新动能，是南宁市应对经济新常态、推动经济社会高质量发展的重要举措。文章全面总结了南宁市近年来加快发展新经济、培育新动能的基本情况，深入分析存在的问题、面临的困境，借鉴先进城市的成功经验，提出了加强顶层设计，高起点谋划新经济发展；坚持招大引强，加快引进和培育相关产业项目；打造平台载体，夯实新经济发展的基础和支撑；注重改革创新，不断激发新经济发展动力活力；加强要素供给，为新经济发展提供全方位保障和支持等对策建议。

---

* 课题组组长：梁智忠，南宁市委政研室（改革办）副主任；课题组副组长：李金星，南宁市委政研室（改革办）经济科副科长；课题组成员：孙靖钰、郭敏。

关键词： 新经济　新动能　产业转型升级

当前，全球新一轮科技革命和产业变革加速发展，各种新技术、新产业、新业态、新模式层出不穷，经济发展逐步呈现生产要素高端化、社会生产智慧化、创新创业大众化、企业组织平台化、产业链接网络化等新特征，知识、技术、信息、数据等新生产要素已成为支撑新经济发展的重要内容。大力发展新经济，已然成为应对经济发展新常态、推进供给侧结构性改革、推动产业转型升级的重要途径和战略举措。加快发展新经济培育新动能，是南宁市应对经济新常态、推动经济社会高质量发展的重要举措。为加快发展新经济培育新动能，促进新产业新业态良好发展，推动新旧动能加速转化，市委政研室（改革办）成立课题组，开展了专题研究，形成本课题报告。

一　南宁市发展新经济培育新动能的重要意义

十九大报告指出，我国经济已由高速增长阶段转向高质量发展阶段，正处在转变发展方式、优化经济结构、转换增长动力的攻关期。历史经验表明，传统动能发展到一定阶段会出现减弱，这个时候就需要新动能异军突起，促进产业转型升级。而新动能的培育则需要依靠新经济的支持。新经济内涵广泛，覆盖一、二、三产业，其中，包括一产当中的适度规模经营的家庭农场、股份合作制等，二产中的智能制造、大规模的定制化生产等，三产中的"互联网＋"、大数据、云计算、物联网等新产业、新业态等等。而且，新经济还将有力地带动传统产业转型升级，形成混合的动能。

目前，南宁正处在加快全面建成小康社会的关键时期，经济保持稳中有进、稳中向好的发展态势，但与全国很多地区一样，面临着严峻的形势和一系列困难，工业基础薄弱，创新能力不强，动力青黄不接，产业转型正经历阵痛期，稳增长任务重。大力发展新经济，有利于推动新动能成长和传统动能升级，实现新旧动能同频共振、互促互进，推动质量变革、效率变革、动力变革；有利于推动南宁产业结构持续优化，构建先进、优质、高效的新型产业体系，促进产业链价值链向高端跃进；有利于保护首府绿水青山的生态优势，构建低污染、低能耗、高附加值的新产业模式，实现首府经济高质量发展。

二 南宁市发展新经济培育新动能的基本情况

近年来，南宁市积极实施创新驱动战略，深入推进供给侧结构性改革，全面深化改革创新，加大科技创新投入，大力支持企业加强自主创新能力，加快发展新经济，培育新动能。主要做法是：

（一）积极打造创新平台

通过与北京中关村的高位嫁接，打造了南宁·中关村创新示范基地和南宁·中关村科技园，在南宁厚植下了一块适宜创新的土壤，让更多创新的种子在这里加快成长。创新示范基地入驻重点企业达36家、创新团队66个，初步形成智能制造、新一代信息技术、生命健康、科技服务4个产业微集群。目前，南宁·中关村科技园已挂牌成立，成为北京中关村在全国重点打造的第三个科技园区，将在更大范围、更深程度上持续导入中关村的先进体制机制、优质创新资源。同时，积极打造以南宁高新区为核心，联动全市重点区域的"1＋N"双创空间格局。推动环明月湖创新创业集聚区建设。众创空间加速升级，南宁创客城、雨林空间等众创空间通过链接外部创业投资、创业导师等，不断提升专业服务能力。目前，南宁市共建成国家级孵化器5家，自治区级孵化器4家，国家级众创空间5个，自治区级众创空间11个，自治区级"星创天地"6个，认定创业孵化基地、众创空间型孵化基地28个，孵化器质量和数量均位于全区前列。

（二）加大科技研发和投入

大力实施重大科技专项，集中力量在电子信息、先进装备制造、生物医药三大重点产业及其他战略性新兴产业实现重点突破，增强南宁市重点产业核心竞争力，着力提高企业自主创新能力。近年来，集中攻克了环保、建材、铝精深加工等领域制约产业发展的关键技术，培育了一批以南南铝、博世科、捷佳润等企业为代表的拥有自主知识产权和持续创新能力的创新主体。同时，引导和鼓励企业加大研发投入，设立高新技术企业认定后补助专项，鼓励企业提升自主创新能力。大力实施高新技术企业倍增计划，加大对高新技术企业、创新型试点企业、科技型中小企业的培育、认定工作力度。目前，全市有效高新技术企业数量达451家，高企数量占全区总数的三分之一，居全区首位（见图1）。

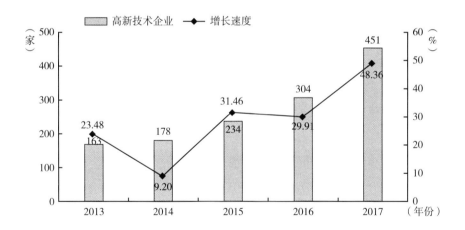

图1　南宁市2013～2017年高新技术企业数量与增长速度

资料来源：课题组整理。

（三）深化重点领域改革

积极推进"三去一降一补"，基本完成"僵尸企业"去产能工作，大力

137

实施降低企业成本工作，2016～2017年共为企业减负超过80亿元。在全国首创公共资产负债管理智能云平台，对政府公共资产负债的管控和监测进一步加强。"放管服"改革向纵深推进，市行政审批局规范运行，实现"一枚公章管审批"，商事制度登记实现"39证合一"。投融资体制改革、医药卫生体制改革、农村综合改革等取得实质性突破。

（四）打造良好营商环境

着力打造生态宜居、宜商宜业的现代化城市，公共服务体系和社会治理体系逐步完善。交通运输方便快捷，高铁实现与全国16个省市及区内11个地级市对开，"12310"高铁经济圈已基本建成。南宁机场T2航站楼建成使用，年旅客吞吐量超过千万人次，基本形成了覆盖东盟和国内主要城市的"东盟通"和"省会通"航线网络格局。水路上打造亿吨级西江黄金水道，溯左右江可至中越边境及滇黔两省，顺流而下可直达粤港澳。同时，进一步完善城市功能，城市地铁开通运营，海绵城市建设成效显著，城内黑臭水体基本消除，空气质量排名全国前列，"百里秀美邕江"展露芳容，呈现绿树融城、繁花簇城的美景。城市格局进一步扩大，五象新区建设初步成型，武鸣县撤县改区，空港经济区加快建设，为新兴产业引进提供更多城市空间。

虽然近几年南宁市新经济的发展较为迅速，成效良好，但影响新经济发展和新动能培育的问题和困难仍然不少。一是南宁市企业科技创新能力还不足，新经济发展相对滞后，创新平台建设不足。二是高层次科技人才匮乏，难以形成科技创新的"团队效应"。三是科技研发投入相对不足，政府和社会研发经费投入占GDP的比例仅为1.16%，落后于全国平均2.12%的水平，驻邕高校、科研机构支撑南宁市经济社会发展的作用未能有效发挥（见图2）。四是传统企业转型升级进程相对滞后，企业沉淀成本大、社会负担较重，对新技术新产品的研发投入和市场信心不足。

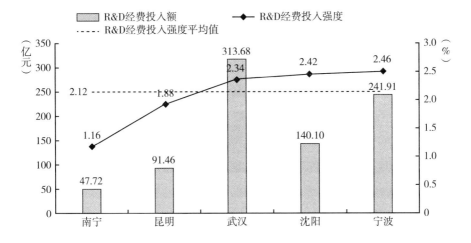

图2　2017年部分城市研究与试验发展（R&D）经费情况

注：R&D经费投入强度＝R&D经费投入额/地区生产总值。
资料来源：课题组整理。

三　南宁市发展新经济培育新动能形势分析

当前，新经济已成为世界各国竞相发展的热点。从世界来看，美国、德国、以色列、新加坡等发达国家已成为新经济策源地。美国的新经济主要依靠"原创产业"，德国的新经济主要依靠"智能制造"，以色列的新经济主要依靠"创新创业"，新加坡的新经济主要依靠"政府主导"。从国内来看，近年来新经济发展迅猛，形成了以北上广深杭等城市为引领、部分区域中心城市竞相追赶的发展格局。北京以创业为抓手，上海以"四新"为引领，深圳突出发展电子信息产业，杭州依靠"互联网＋"作为新经济旗手。新一代科技革命和产业变革带来的颠覆性技术创新以及区域竞争呈现出来的新趋势，倒逼南宁市要更加开放、更加主动地适应发展新变化、新要求。

从南宁市发展实际来看，发展新经济刻不容缓。一方面，目前南宁市产业发展水平还不够高，以创新驱动为引领的高新技术产业规模较小，占经济总量比重偏低，新兴产业发展尚在培育阶段，新经济的发展更是处在萌芽阶段，仅有零星的项目，经济发展新动能比较缺乏。另一方面，南宁周边的同类城市在发展新经济、培育新动能方面已经先行一步，并且取得了较为明显的成效，在区域竞争中积累了新优势、占领了制高点。比如，贵阳市大力发展大数据产业，2017年大数据企业主营业务收入达到800亿元，同比增长21%，纳税额110亿元，增长20%，大数据产业已成为支撑贵阳市经济发展的主要动力，在行业中也处于领先地位；成都市近年来把发展新经济作为市委市政府的中心工作，以扎实有力的举措发展新经济形态和培育新经济应用场景，新经济总量指数、发展指数、竞争力均排在全国城市前列，全市高新技术企业达到2473家，是南宁的5倍。国家第一批复制推广的13项创新改革经验中，成都占了5项。特别是大数据、云计算、数字金融等新经济产业呈现出较大的发展潜力和竞争力。综合来看，南宁市发展新经济既面临产业变革带来的新挑战，也面临区域城市竞争的巨大压力，更面临自身产业基础薄弱的困难。

四 外地经验做法及启示

近年来，国内先进城市在发展新经济、培育新动能方面取得了明显的成效，它们的主要经验做法主要表现在以下几个方面：

（一）突出提前谋划，着力下好创新发展先手棋

先进城市敏锐地把握住经济发展规律和产业变革新趋势，紧扣国家在发展新经济、培育新动能方面的战略部署，抢抓"中国制造2025"等战略实施的历史性机遇，以超前眼光、宽广视野和实干精神想事、谋事、干事，在互联网、大数据、智能制造、智慧经济、共享经济等领域提前谋篇布局，抢占未来发展的制高点，以此赢取区域竞争的主动权。如：宁波市抢抓新科技革命机遇，贯彻落实"中国制造2025"、"互联网＋"、大数据等国家重大战略，抓紧布局智能经济，力争在新一轮竞争中掌握先机、赢得未来；常州

市顺应以智能化为特征的新一轮工业革命浪潮，抓紧在智能制造领域发力，并在 2015 年就印发实施相关的行动纲要，努力打造智能制造名城。

（二）突出实业为根，夯实新旧动能转换的产业基础

先进城市坚持"实业为根"，把做大做强实体经济作为发展新经济、培育新动能的基础，为新旧动能转换提供稳定的源头活水。如：宁波市经过多年的努力建立起了比较完备的产业体系，依托良好的制造业基础大力发展智能装备、电子信息等智能产业，并催生出个性化定制、服务型制造、上下游协同制造、网络定向营销、众创设计等新业态、新模式。常州市围绕"实业"这一根基，确立并延续了工业经济"三位一体"战略，构筑了新常态下常州转型发展的工业基础，出台并实施智能制造、服务型制造、绿色制造等 6 个三年行动计划，着力打造制造名城。

（三）突出因地制宜，结合实际创造比较优势

近年来，先进城市立足于本地的产业基础、资源禀赋和优势条件，在新经济发展领域中找准突破口，聚焦重点领域精准施策、集中发力，促进原有优势升级或转化，形成新的比较优势，培育经济增长新动能。如：宁波市主动融入浙江省将发展数字经济作为"一号工程"的大背景，依托本市完备的现代产业体系、良好的智能制造基础以及浓厚的"双创"氛围，把智能经济作为发展新经济、培育新动能的着力点；常州市依托完整的制造业体系，特别是电力装备、轨道交通装备、石墨烯等具有常州区域标志性的优势特色产业，加快新一代信息技术与制造业深度融合，推动本市制造业由粗放发展向集约发展转变、由注重速度向注重质量转变、由产品竞争向品牌竞争转变、由生产制造型向产品服务型转变、由生产制造向创新制造转变，加快新旧动能转换，巩固常州在"中国制造"中的地位；烟台市依托其在山东新旧动能转换综合试验区建设中的核心地位，着力发挥实体经济优势，积极培育新兴产业集群，打造先进制造业名城，力争在全国新旧动能转换中先行先试、提供示范。

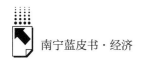
（四）突出高位推进，形成高效有力的工作机制

先进城市都把发展新经济、加快新旧动能转换作为全市的中心工作，注重以高远目标引领，加强顶层设计和制度安排，高位推进、高效落实。如：宁波市把数字经济作为"一号工程"来抓，聚焦智能制造、智能城市、智能港航等重点领域，推动实体经济与互联网、大数据、人工智能深度融合，大力发展智能经济；常州市以市委、市政府的名义专门出台了《深化"三位一体"发展战略落实"中国制造2025"常州行动纲要》，明确本市实现制造强市的总体要求、预期目标、重点领域和主攻方向、主要任务和重大工程、保障措施和推进机制，以顶层设计引领新旧动能转换；烟台市瞄准"打造先进制造业名城，建设面向东北亚开放合作新高地"的目标定位，制定出台《烟台市新旧动能转换重大工程实施规划》，强力启动"制造业强市"战略，努力在山东新旧动能转换综合试验区建设中率先突破、走在前列。

先进城市的经验启示我们：发展新经济、培育新动能，必须坚持创新为魂，秉承创新驱动发展理念，大力推进创新创业，全力聚焦新平台、新业态、新模式，持续释放新动能；必须坚持改革为要，始终以改革破解难题、推动发展，在改革推进中精准发力、持续用力，不断激发新经济发展和新动能培育的动力活力；必须坚持实业为根，结合自身实际，厚植实体经济基础，把面向实体经济、优化实体经济、提升实体经济作为发展新经济的根本目的；必须坚持重点突破，发挥自身产业优势寻找新经济发展的突破口和主攻方向，坚持有所为有所不为，集中资源重点发展适合本地实际的新产业、新业态、新模式，以点带面，不断创造新经济发展优势。

五 南宁市发展新经济培育新动能的对策建议

当前和今后一段时期，南宁市发展新经济、培育新动能的总体思路是，深入学习贯彻习近平新时代中国特色社会主义思想和党的十九大精神，全面落实强首府战略，坚持新发展理念，坚持高质量发展，坚持以供给侧结构性改革为主线，着力推进新产业发展、新技术研发、新组织培育、新业态创造，积极探索新发展模式，积极营造发展新经济形态的制度环境和社会氛围，加快发展新经济、培育新动能，加快构建现代化经济体系，为推动首府经济社会高质量发展提供有力支撑。建议从以下五大方面下功夫。

（一）加强顶层设计，高起点谋划新经济发展

加强顶层设计、注重规划先行，是先进城市发展新经济、培育新动能的共同做法。当前，南宁市虽然也在推进与新经济相关的产业和项目，但是布局比较分散、零碎，不够系统，缺乏全市性的统筹安排。为此，建议由市发改委牵头，在深入研究国内外新经济发展态势的基础上尽快制定出台市委、市政府关于发展新经济、培育新动能的纲领性文件，明确南宁市发展新经济的总体要求、发展重点、主要任务、保障措施等，为当前和今后一段时期的工作提供宏观指导和系统安排。特别是要结合南宁市发展基础，注重发挥特色产业优势，精心选取 1~3 个新业态作为南宁市新经济发展的重点，及时出台相关的扶持政策措施，集中资源和力量打造一批具有先导性、标志性、功能性和带动性的新业态新产业。同时，把发展新经济、培育新动能摆上重要议事日程，加强组织领导，建立健全相关工作制度，高位推进南宁市新经济发展。

（二）坚持招大引强，加快引进和培育相关产业项目

当前，南宁市新经济的相关项目规模小、数量少，需要加快引进和培育相关的企业和项目，尽快培育新经济产业链条。建议市委、市政府将新经济招商作为南宁市当前和今后一段时期招商引资工作的重点内容，配强招商力量，突出招商重点，力争在新经济的招大引强方面不断取得突破。一是加强对新技术、新产业、新业态、新模式、新服务的研究，把握新经济规律和特点，编制新经济重点招商项目册。二是加强产业链招商，围绕南宁市电子信息、先进装备制造、生物医药三大重点产业以及大数据、云计算、物联网、

电子商务、智能机器人、健康养生、文化创意等开展产业招商，着力引进一批重大项目，形成以项目带动新经济发展的强劲态势。三是突出招商重点，将北京、上海、广州、深圳、杭州、成都、贵阳等地作为新经济招商的重点区域，积极参与相关的招商推介活动。同时，积极利用国家级贫困县企业上市挂牌绿色通道政策，提高招商针对性和实效性。

（三）打造平台载体，夯实新经济发展的基础和支撑

发展新经济、培育新动能，必须科学规划功能布局，加强平台和载体建设。作为欠发达地区，要发展新经济、实现创新发展，难度比发达城市要高，更需要借助先进平台在体制机制、管理经验、人才等方面的优势与本地实际相结合，最终实现借力发展、弯道超车。近年来，南宁市深入实施创新驱动发展战略，积极推进智慧城市建设，为新经济发展提供了较好的土壤和载体。要进一步发挥现有平台载体的作用，加强资源整合，合理布局，着力打造一批对新经济发展具有较强支撑作用的园区、基地等。一是持续深化南宁·中关村创新示范基地建设，加快南宁·中关村科技园规划建设步伐，在基地中着重布局新经济、新动能相关产业项目，优化创新环境，吸引更多高端要素聚集基地，加快构建更具吸引力、适宜种子开花结果的创新生态系统，实现技术、人才、资金、政策等创新要素加快集中、融合聚变，将基地建设成为南宁市新经济发展的增长极、新旧动能转换的高地。二是加快中国—东盟信息港南宁核心基地建设，将其打造成为南宁市产业转型的重要抓手，加快中国—东盟新型智慧城市协同创新中心等项目建设，推动以大数据、信息产业为重点的新经济发展壮大。三是以建设现代服务业集聚区和特色小镇为重点，推动生产性服务业与制造业企业融合发展，培育打造具备品牌运营商、系统集成商、售后服务商特征的制造业服务业龙头企业，不断催生服务业新模式、新业态。

（四）注重改革创新，不断激发新经济发展动力活力

一是持续深化"放管服"改革。放宽市场准入，变事前设限为事中划

线事后监管，原则上不对提供信息中介服务的平台企业设准入门槛，不急于纳入负面清单，以包容的态度管理、服务新业态、新模式。深化简政放权，继续深化"容缺后补"受理机制，全面实施"最多跑一次"改革，推进"互联网＋政务服务"，优化服务流程，加快实现网上并联审批，缩短服务时间，为新经济发展营造公平竞争、宽松便利的市场条件。二是着力优化营商环境。深入抓好优化营商环境大调研大查摆行动，将查摆出来的问题清单转化为任务清单，逐一解决，对标先进地区加快制定南宁市优化营商环境系列政策文件及配套方案，努力营造国内一流的国际化、法治化、便利化营商环境，吸引更多新经济企业和项目落户南宁。三是积极创建新制度。围绕使市场在资源配置中起决定性作用和更好发挥政府作用，坚决破除各种不合理束缚，加快推进"放管服"改革，进一步创新科技管理机制，推动科技管理从"管理型"向"服务型"转变，持续加大科技投入，强化知识产权保护和运用，最大限度释放创新活力。

（五）加强要素供给，为新经济发展提供全方位保障和支持

坚持以创新需求和企业发展壮大为导向，加快企业科技创新能力与条件建设，引导创新资源向企业聚集，不断提高企业的自主研发能力。一是加强人才和团队的培育引进。着眼提升人才引进的精准度、与产业发展的匹配度，结合南宁市新出台的"1＋6"人才政策，加大对科技创新创业人才的引进和培育力度，打造面向东盟的区域性国际人才高地，充分发挥好人才第一资源对产业高质量发展的积极作用。二是创新资本要素供给。健全完善多元化创新投入机制，撬动全社会加大创新投入，强化知识产权保护和运用，最大限度释放创新活力。发挥南宁市"两台一会"（即：南宁市中小企业服务中心为融资平台，南宁市南方担保公司为担保平台，南宁市企业信用协会为推介平台）的功能和效用，运用好中小企业孵化基金，撬动国内外更多的资金投入新经济领域，助推新经济企业加快成长。

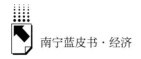

参考文献

［1］范明进：《用新发展理念引领县域经济转型升级》，《中国县域经济报》2017 年
3 月 6 日。

［2］陈思林：《坚定不移贯彻新发展理念 全力推进新旧动能转换》，《淄博日报》
2017 年 11 月 29 日。

［3］渤海潮：《贯彻新发展理念 增强经济创新力和竞争力》，《河北经济日报》2017
年 10 月 21 日。

［4］张富禄：《以新经济助推实体经济高质量发展》，《全国流通经济》2018 年第
34 期。

［5］兰筱莉：《成都"新经济"发展分析》，《纳税》2018 年第 8 期。

［6］郭健、王宏洲、耿立侦：《新经济形势下的企业变革》，《现代商贸工业》2018
年第 10 期。

［7］邓仙佑：《成都新经济"超车"》，《决策》2018 年第 Z1 期。

［8］李静：《重庆市新经济增长点选择与培育路径研究——以巴南区为例》，《商业
经济》2018 年第 4 期。

［9］金鑫：《新常态、新经济对我国企业发展转型的影响分析》，《商场现代化》
2018 年第 6 期。

B.11
南宁市铝产业品牌战略研究

南宁市社会科学院课题组*

摘　要： 南宁市铝产业主要以铝加工业为主，以南南铝为龙头，形成
了中高端产品为主的铝加工产业格局。近年来南宁市铝产业
科技创新成果显著、转型发展成效突出、新旧动能转换步伐
加快，但仍存在产业规模小、产业链条短、人才流失严重、
品牌战略缺失、品牌效应薄弱等制约南宁铝产业品牌发展的
因素。因此，南宁市应结合自身铝产业品牌优势，走一条提
升品牌意识、注重品牌质量、提升自主创新能力、加快产业
集群打造、加强服务体系建设、加大人才培养和引进的铝产
业强品牌之路。

关键词： 铝产业　品牌　品牌意识　自主创新

我国是全球最大的铝材生产国和消费国，随着铝材出口退税政策的
调整和差别电价政策的进一步落实，我国铝工业的产业结构及进出口结
构将面临巨大变化。2018 年 7 月，广西壮族自治区印发了《关于印发南
宁高端铝产业基地建设行动计划（2018 ～ 2022 年）的通知》，从强龙

* 课题组组长：覃洁贞，南宁市社会科学院副院长、研究员；课题组成员：王水莲，广西财经
学院，博士，副研究员；陈展图，广西师范大学，副研究员；王瑶，南宁市社会科学院经济
所副所长，助理研究员；许颖，南宁市社会科学院办公室，助理研究员；陶艳兰，广西工商
职业技术学院，讲师；刘汉富，广西社会科学院，副研究员；张力，南宁市工业和信息化局
重大项目科科长。

头、补链条、聚集群、抓创新、创品牌、拓市场等方面着力打造南宁市铝产业，以高质量高科技高创新"三高"为目标，打造"一平台两主体五集群"①。在此背景下，把南宁市铝产业建成具有国内领先水平、西南最大的具有市场引导力的铝精深加工制造基地，把南宁市铝产业品牌推向全国并走向世界，这是南宁市铝产业发展的重点和难点。

一 南宁市铝产业品牌发展现状

（一）铝产业发展概况

南宁市铝产业主要以铝加工业为主，以南南铝为龙头，形成了中高端产品为主的铝加工产业格局。其主要产品有航天航空、轨道车辆、新能源汽车、电线电缆、铝板带箔和铝型材等。南宁市铝加工产业主要分布在南宁高新技术开发区、南宁铝工业园、南宁经济技术开发区、南宁邕宁新兴产业园、隆安那桐镇浪湾工业区、宾阳黎塘工业园区、南宁伊岭工业集中区城南工业园、上林象山工业集中区等园区。现有铝加工企业 25 家以上，规模以上企业有 19 家，重点及骨干企业有广西南南铝加工有限公司、南南铝业股份有限公司、南宁中车铝材精密加工有限责任公司、广西源正新能源汽车有限公司和一批电线电缆加工企业等；具备年产 3 万吨大规格交通型材、7 万吨高性能中厚板材、11 万吨深加工铝材、3.5 万吨普通铝合金板带箔、8 万吨挤压型材等铝材产品的生产能力，后续延伸形成年产 80 万平方米铝门窗、200 万套铝散热器、150 万公里铝芯电缆等精深加工产品的生产能力。

2015 年，南宁市铝材产量达到 28.61 万吨；实现工业总产值 180.72 亿元，约为南宁市工业总产值的 5.57%。其中，电力电缆增长 23.88%、铝材

---

① 即打造铝合金新材料及应用技术研发平台，进一步做大做强广西南南铝加工有限公司、南南铝业股份有限公司等铝加工生产主体，形成高端铝合金精深加工百亿元产业群、汽车百亿元产业群、航材锻造（军民融合）配套加工百亿元产业群、轨道交通百亿元产业群、高端绿色建筑铝材百亿元产业群。

增长 22.77%。2016 年南宁铝加工业实现工业总产值 207.32 亿元（含电线电缆），同比增长 14.72%，占全市工业总产值的 5.86%；其中，铝材产量高速增长，达到 38.29 万吨。2016 年，铝产业下游的汽车产业实现产值 80.69 亿元，同比增长 19.73%，轨道装备实现产值 15.64 亿元，同比增长 45.3%。2017 年 1~11 月，铝加工业（不含电线电缆）实现产值 88.21 亿元，同比增长 22.94%。

（二）铝产业品牌发展成效

1. 科技创新成果显著

2016 年，源正新能源汽车下线全铝车身新能源客车超过 400 台，实现"南宁公交南宁造"；中车轨道装备完成 13 列地铁车辆制造，实现"南宁地铁南宁造"。"十二五"期间，广西南南铝加工有限公司以"国内领先，国际一流"为目标，建立广西航空航天铝合金材料与加工研究院，建设国内最完整的大规格高性能硬铝合金材料研发生产体系，为发展中高端铝加工产业链奠定了基础；通过引进国外先进的生产设备和工艺技术，成为国内第 3 家具有硬铝合金生产能力的企业，可生产大规格交通型材、高性能中厚板材及深加工铝材等产品，主要应用于航空航天、高铁、地铁、汽车、轮船等交通运输领域。2018 年，广西南南铝加工有限公司高端铝合金产品已进入航空航天、轨道交通、汽车船舶、电子信息等领域，成功应用于"复兴号"动车组及火箭配套关键构件。

2. 转型发展成效突出

引进成立南宁中车铝材精密加工有限公司、广西源正新能源汽车有限公司，产业链延伸到轨道交通车辆和新能源汽车，建立铝加工—高端装备制造业产业链，实现"南宁造"高端装备产品，改变了铝加工产业格局，推动南宁工业转型升级，标志着产业链向高端化发展。

3. 新旧动能转换步伐加快

自从南宁高新区成为广西首个国家双创示范基地以来，南宁·中关村创新示范基地形成智能制造等四个产业微集群，引进高科技企业 33 家。其中，

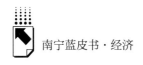

明匠工业 4.0 智能制造研发、生产、服务东盟基地项目正式投产，与南南铝业合作的智能工厂第一条生产线投入作业，标志着科技创新带动铝产业新旧动能转换迈出坚实一步。

（三）南宁市铝产业品牌发展的优势

1. 产业优势

——资源丰富。广西拥有丰富的铝土矿资源，在 20 世纪 90 年代开始实现铝工业现代化规模生产，经过近 20 年的不断发展壮大，百色、来宾的电铝一体化、生态型铝产业，南宁的高端铝精深加工制造成效明显，已逐步成为全国重要的铝工业生产基地。

——龙头企业带动铝产业向中高端精深加工发展。南南铝业股份有限公司作为广西铝工业行业的骨干企业之一，经过多年努力，由一个生产普通铝材、铝型材产品企业成功转型升级成为研发生产高技术、高附加值的铝新材料、铝材产品的高科技企业。

2. 人才优势

南宁市铝加工产业拥有以国家工程院、大专院校以及航天航空、汽车等单位的著名院士和专家为主组成的国内专家团队，以德国、美国等国的高级专家组成的国外专家团队，并从国内外知名铝加工公司引进了一批技术管理人才，招聘了一批具有专业知识的博士和硕士，形成了一支较为完善的、具有行业顶尖水平的铝加工人才队伍。

3. 技术优势

一是铝产业具有完整高端的研发生产体系。南宁市构建了目前国内最完整的大规格高性能硬铝合金材料的研发生产体系，在企业进行技术消化吸收再创新，拥有铝加工工程院院士专家工作站和国家博士后工作站、区技术中心等科研机构。先后成立了航空航天铝合金材料与加工研究院，下设航空航天等六个研究所，开展以航空铝合金材料为主的产品研制。二是通过加大标准研制力度，以标准助推创新型企业发展壮大。2017 年以来，结合南宁市铝产业发展需求，全市范围内共征集铝产业广西地方标准制定计划项目 11

项（起草单位均为广西南南铝加工有限公司），有 7 项广西地方标准获得自治区质监局批准立项。

4. 品牌优势

南南铝业股份有限公司于 2014 年荣获首届南宁市市长质量奖。经过多年发展，南南铝业公司的"南南"牌铝合金型材成为广西名牌产品，"南南"商标是中国驰名商标，产品在国内铝加工行业尤其是在华南、西南地区享有一定知名度。企业先后获得或获评南宁市强优企业、南宁市长质量奖、广西企业 100 强、中国铝行业十佳厂商、铝型材行业十大最佳品牌建设、科学技术进步奖等荣誉。

二 铝产业品牌发展存在的问题

（一）产业规模小，品牌效应不明显

截至 2017 年 11 月，全市铝精深加工业规模以上工业总产值 88.21 亿元，占全市工业总量比重的 2.5%，在南宁市工业总量中占比较小，对工业总量的贡献不大，带动作用不够明显。南宁市初步形成铝材—轨道交通车辆、新能源车辆产业链，但下游装备制造企业数量不多、规模不大，其中：轨道交通装备制造只有南宁中车轨道交通车辆公司和南宁南车铝材精密加工公司两家，新能源汽车目前落地生产的只有广西申龙汽车制造有限公司、广西玉柴专用汽车有限公司两家。全市尚未形成以大型装备制造业为牵引、铝加工业为支撑的组织完善、协作紧密的产业集群关系，难以形成显著品牌效应，在工业产品市场中缺乏品牌影响力。如图 1 所示，2018 年新获得广西名牌的铝产品在南宁市工业产品中占比不足 9%，在工业产品市场中缺乏品牌影响力。

（二）产业链缺失，品牌潜力待挖掘

一是南宁没有形成产业配套集群，缺乏为轨道交通车辆、新能源汽车提

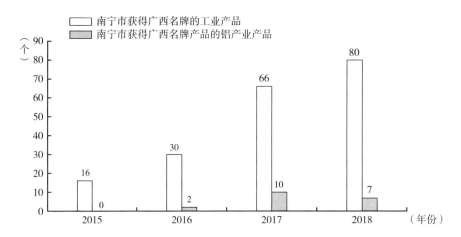

图1　南宁市 2015～2018 年获得广西名牌产品数量情况

資料来源：南宁市质监局、南宁市工信委。由于广西名牌产品有效期为三年，故图中数据为年度新增数量。

供配套核心零部件的产业，铝新品种、新款式和新样式开发能力弱。二是南宁市初步形成铝材—轨道交通车辆、新能源车辆产业链，但没有形成以装备制造业为牵引、铝加工业为支撑的产业集群关系。三是铝材产品结构需进一步调整升级，高端产品生产能力不足。四是缺失循环经济产业链，南宁废铝回收再生体系不完善，不能有效利用南宁及北部湾废铝，发挥再生铝优势。铝产业链条的缺失或断裂，直接导致铝产业品牌只停留在产品品牌阶段，不利于进一步推进南宁市铝产业品牌的潜力挖掘、建设和推广。

（三）人才流失严重，制约品牌建设

南宁市铝加工业不同程度面临专业技术人才及高级管理人才短缺的困境，南南铝加工公司研发平台多，但由于在待遇和工作环境上与周边或沿海城市相比还存在不小差距，骨干研发人才流失严重。在南宁市的铝加工业企业人才流失并不是个例，而是从侧面反映出了南宁市铝产业发展体量小，品牌影响力不明显，其待遇、福利和发展前景对于高层次人才和熟练工来说无法形成强劲的吸引力。其他如完善的人员结构、良好的工作氛围和工作环境、优质的培训管理、健全的晋升制度等，在大部分分散的、规模小的铝加工企业中更是存在这样那样的缺失，从而导致了南宁市整个铝产业人才流失严重的问题。

（四）周边竞争加剧，品牌差异化有待提升

广西区内铝加工产业正在蓬勃发展，规模和质量不断提高，与南宁市的竞争日渐加剧。百色百矿集团有限公司投资 150 亿元在平果建设年产 100 万吨铝精深加工项目，广投集团计划在来宾投资 85 亿元建设铝加工工业园，旨在与柳州新能源汽车产业发展形成配套。贵港市着力于发展以高端铝材为基础的新能源汽车产业基地，目前已有华奥、腾骏、战神 3 家新能源汽车企业落地建设。这些都将对南宁市铝精深加工产业的发展造成强劲冲击。南宁市铝产业关键是要找准自己的定位，走与其他城市产业品牌差异化发展之路，细分市场才能制胜。

（五）忽视宣传，品牌战略缺失

一是南宁市在发展铝加工业时注重产业本身发展，品牌战略意识不强，品牌建设顶层设计，创品牌、树品牌、依靠品牌增加产品附加值、增强竞争实力的意识不强，铝精深加工的生产和营销仍然停留在产品观念上，对品牌创立和品牌经营并没有太多的概念。南宁市铝产业发展的品牌战略被长期理解为好听的名字、有表现力的包装和商标等。南宁市铝产业品牌竞争力优势并没有被充分挖掘和发挥，品牌建设与产业发展规模不相匹配。二是缺乏核心价值和良好的品牌形象，直接影响到产品核心竞争力和高识别度的塑造和推广，消费者对企业及其产品的认知度尚未得到强化。三是有利于品牌发展的良好竞争环境尚未形成，例如，有利于培育品牌机制的政府战略工作机制没有形成，缺乏相应的政策支撑体系。四是宣传"南宁品牌"的专项活动较少。

（六）研发成果转化率不高，品牌效应薄弱

广西南南铝加工有限公司近几年来设立或组建了十多个国家级、自治区

级和市级研发平台，形成了完整的大规格高性能硬铝合金材料的研发生产体系，部分研发成果也已经申请专利并且达到了国际先进水平或国内领先水平。虽然南宁市铝加工产业对研发平台逐年重视、研发投入逐年提高，但研发成果的品牌效应仍然薄弱，品牌缺乏核心竞争力，产学研用的结合度有待提高。原因在于：一是高精尖铝加工产品研发周期长，受研发人员流动性影响大；二是研发产品的市场需求度有限，对于产业品牌的打造和建设的贡献不明显；三是研发平台的优势如何转化成铝产业品牌建设的优势，在有效利用研发成果提升产业品牌的核心竞争力方面，仍缺乏明显的联动效应。

三 推进南宁市铝产业品牌发展的对策建议

（一）提升品牌意识，凝聚工作合力

1. 完善品牌建设发展规划

制定《南宁市铝产业品牌发展规划》，对铝产业品牌建设的发展目标、发展思路、产业布局、重点行业等进行统筹规划，全面布局，强化顶层设计对全市铝产业品牌建设的指引作用。加强铝产业品牌建设规划与《南宁市工业发展"十三五"规划》《南宁市铝产业发展"十三五"规划》等规划的对接，确保规划之间的顺利衔接。加大对规划执行情况的监测评估力度，及时发现品牌创建中出现的问题，并对相关政策措施及时修订。

2. 加强组织协调

充分发挥政府在品牌建设中的引导作用，成立由分管工业的副市长担任组长，市发改委、市工信委、市国资委、市招商局等相关部门参与的铝产业品牌建设小组，建立健全跨行业、跨部门的工作机制，及时对全市铝产业品牌建设中的重大决策问题进行部署，及时解决铝产业品牌建设中的职责不清、职能交叉问题，形成发展合力。

3. 搭建品牌建设交流合作平台

定期举办铝深加工产业发展论坛，将铝产业品牌创建作为论坛的重要主题，邀请国内外铝行业领军人物、专家及高端人才到南宁市就铝精深加工产业品牌建设模式、品牌发展、技术突破、资源整合、发展路径深入研讨，为南宁市铝产业品牌创建建言献策。

4. 引导鼓励品牌主体增强品牌意识

积极引导南宁市铝产业骨干企业树立创品牌、增品质理念，提升品牌意识，实施品牌经营战略。鼓励铝产业龙头骨干企业结合自身实力，抓住企业优势，挖掘特色元素，塑造符合自身的品牌形象，建立竞争对手难以效仿的优势特色。鼓励铝产业龙头骨干企业进行品牌建设的"战略性"规划和定位，根据行业特点、企业实际和产品特性，科学确立品牌定位。鼓励铝产业龙头骨干企业学习借鉴成功品牌的经营管理模式，注重运用企业品牌广告、公益活动等多元推广方式，切实推进品牌长期发展。

5. 将品牌建设纳入绩效考核体系

将南宁市铝加工企业品牌培育工作纳入企业干部绩效考核体系，实行绩效考核，将新增注册商标数、引进品牌培育人才、品牌推进会及交易博览会等活动组织情况、税收及信贷支持政策等考核指标考量干部的政策制定执行情况、专属岗位工作业绩等情况。对业绩突出的干部，在提拔中予以优先考虑。

（二）强化统筹推进，注重品牌质量、标准一体发展

1. 鼓励企业努力追求高品质

强化质量管理体系建设，实施全过程、全方位、全寿命周期的质量管理，完善管理标准，不断提高产品质量。实施质量提升行动，鼓励企业采用先进 AI 装备，推动关键装备和工序的升级换代，推动产品质量进一步提升。推进与国际先进水平对标达标，鼓励和奖励企业积极参与本行业国家、国际标准制定。通过推广先进质量管理方法、实施质量奖励制度等，强化品牌质量优势。用好"中国质量奖""国家地理标志保护产品""自治区主席质量奖""广西名牌产品""南宁市市长质量奖"的评选表彰结果，鼓励县区对奖励资金进行配套，树立质量标杆、弘扬质量先进，以质量提升来树立南宁

品牌的新形象，努力打造铝产业一流品牌。

2. 建立健全品牌标准

加快研究制定南宁市铝产业品牌建设指导标准，推动全市铝产业品牌规范化建设。强化铝产业品牌建设规律研究，将市场竞争中产生和客户认可作为标准制定的核心原则，积极组织企业主动向社会公开产品标准和服务标准，鼓励企业制定高于国家标准、行业标准的具有竞争力的企业标准。鼓励行业协会、学会、商会等社会团体积极提供技术、标准、质量管理等方面的咨询服务，充分发挥中介组织在品牌建设中的桥梁纽带作用。

（三）提升自主创新能力，强化品牌发展内生动力

1. 强化科技创新

抓住服务、集成、设计、标准等关键环节，强化科技创新，加快形成铝产业品牌优势和自主知识产权。以广西航空航天铝合金材料与加工研究院为主要平台，以南南铝加工公司院士工作站为先导，加强与名校的战略合作，引进大公司、大集团等的研发机构，构建以市场为导向、企业为主体、产学研政相结合的铝产业研发创新体系，强化、提升铝加工创新研发能力。大力培育原始集成创新能力，以不断突破核心关键技术为目标，加快南宁市铝加工产品从"制造"向"创造"的转变。实施重大科技专项计划，加大共性技术、关键技术、前沿技术的联合攻坚力度，加大新材料、新装备和新产品研发力度，推进国际先进技术的引进消化吸收再创新。支持企业技术改造，实施优质企业正面清单和环保安监负面清单举措制度，大力支持"零增地"技改，加快提升民营铝产业企业自主创新能力。

2. 促进"两化融合"和智能制造

积极主动推进"两化融合"建设。以自动化提升工艺、工序生产技术水平，实现铝加工生产过程动态监控和反馈，以信息化技术实现生产数据存储，与智能化系统实现无缝连接。利用"互联网＋"，有效监控市场动态，发展差异化、个性化产品，建立铝合金材料基因数据库。建立智能化处理系统，通过外部信息化系统，接收和高效处理外部订单，优化生产工艺，生成

生产工艺数据或指令；通过内部信息化系统，与生产单元、管理单元实现双向交换各类数据，及时处理反馈回来的动态数据，实现精准调度和精准管理；根据新材料研发要求，以冶金材料基因数据库为基础，通过云计算，优化研发试验方案和生产工艺方案，缩短研发周期，降低新材料研发成本。

3. 加快建设国家先进铝加工创新中心

与东北大学等高校和科研院所合作，多渠道筹集资金，集聚高端人才，从成立热处理装备研究室起步，加快建设热处理装备、先进铝加工工艺、电解铝节能减排、原铝洁净度控制、废料处理与循环利用、大型高端铝合金锻件生产技术、特色铝土矿资源开发利用、铝与铝合金加工智能制造、先进加工装备研究等 9 个研究室，打造以高端铝材生产为主的产业链，保持高端铝材生产机器装备制造行业领先。

4. 加强服务和商业模式创新

根据客户需求，建立售前、售中、售后服务体系，对体系中的服务项目不断更新，确保服务品质。不断创新服务形式，由被动适应变为主动探求客户期望，及时跟踪和回应客户诉求，并正确处理无条件服务与合理约束的关系。以公共关系建设为抓手，完善铝产业企业的信息披露制度，积极维护相关债权人、供应商、投资者等的利益，推动品牌建设环境不断优化。加大现代科技在企业基础设施中的应用，扩大服务种类，提高服务效率。加大商业模式创新，根据信息技术和大数据发展潮流，积极引进新兴业态和新型商业模式，促进品牌产业深度融合，延伸产业链、提升价值链。

（四）加快产业集群打造，强化品牌发展基础

1. 大力发展五大百亿产业集群

大力发展高端铝合金精深加工、新能源汽车产业、轨道交通产业、航材锻造（军民融合）配套加工产业、高端绿色建筑铝材产业五大百亿产业集群，逐步形成铝加工—装备制造大产业集群。加快智能制造精深加工中心、汽车新材料制造中心、电子新材料制造中心及铝合金精加工研究所建设，加大引进铝合金新材料应用企业，重点研发制造城市特种铝制设施、汽车铝零

组件、铝制电力电子产品、建材及高档门窗、电子元器件、家电铝零组件等产品，形成高端铝合金精深加工产业群。发挥铝合金新材料在轨道交通领域的应用优势，进一步深化南宁市与中国中车的合作，提升中车南宁产业基地的整车制造和城轨车辆铝材加工配套能力，同步引进车辆制动系统、空调系统等整车配套项目，形成具备区域整合能力的轨道交通装备产业群。

2.进一步延伸产业链条

以江南工业园和新兴产业园为双核心，延伸拓展至高新区和伶俐工业园区，重点发展高端铝加工及下游产业链。立足铝合金新材料领域的研发优势和大规格高性能精密铝材的制造优势，整合延伸铝加工下游产业，吸引国内外铝合金新材料应用的知名企业到南宁市投资建设轨道交通、新能源汽车等铝合金新材料精深加工及应用项目，优化铝合金新材料、铝精深加工、先进装备制造等产业布局，带动再生铝等其他加工产业链发展，构建完整的铝合金新材料—铝精深加工—高端装备制造产业体系，打造铝精深加工全产业链条。

（五）加强服务体系建设，营造品牌发展的生态环境

1.建立品牌建设专业服务机构和平台

鼓励企业的品牌运营部门与高校、科研院所等建立专业化品牌建设培训机构，对企业的品牌运营管理、品牌开发等进行全面指导与培训，加快推进品牌建设。充分利用大数据、互联网等新一代信息技术，打造高水平专业化铝产业品牌建设服务平台，充分发挥服务机构和行业协会的桥梁作用，为获得中国质量奖、国家地理标志保护产品、自治区主席质量奖、广西名牌产品、南宁市市长质量奖的企业提供品牌创建、品牌营运、品牌推介、境外商标注册等服务。建设南宁市铝产业信息化平台，实现企业在铝产业技术创新、科技成果转化以及名牌、商标、知识产权等方面的资源共享。在平台上积极开展与品牌建设有关的研究、调查、培训，为不同企业提供品牌建设交流和发展机会，提升企业品牌建设能力。

2. 完善品牌培育机制

一是按产品、企业、特色品牌对现有铝加工企业进行分类，对不同类型的品牌企业，制定不同的培育措施：对于全新品牌，应在政策鼓励和税收优惠两方面重点扶持，例如政府采购、减免税收、税收返还等。对于有潜力的品牌，充分运用"政府搭台，企业唱戏"，搭建各类平台尤其是全国性或国际性的交易活动、博览会，帮助企业做好品牌推介。对于竞争力较强、已经具有一定知名度的品牌，例如"南南"品牌，要从加强品牌保护、开发角度，帮助企业进一步盘活品牌。二是开展一系列诸如知识产权保护、品牌经营管理、品牌创建培训、商标知识宣讲等的培训活动，帮助企业提升品牌保护意识和自主创新意识。三是积极组织合作交流。加强铝加工重点骨干企业与国内国际行业知名企业的交流，学习知名企业品牌建设方面的先进理念和方法。积极与国内外品牌管理、咨询、设计等品牌建设服务机构开展合作。

3. 健全品牌保护机制

政府方面，要坚持将品牌建设与知识产权保护工作相结合，建立健全品牌建设各个环节的法律保护制度。成立品牌保护组织，加强品牌自我保护能力与行业自律。实时评估、调查、监控品牌保护状态，打击各种侵权行为，维护品牌主体的合法权益。开展诚信宣传教育，提升企业质量诚信和品牌保护意识。开展客户满意度调查，建立健全品牌满意度测量体系，完善品牌危机处理机制，维护品牌形象。

企业方面，建立系统化的商标战略，积极推进商标管理制度化、规范化、专业化，同时建立有效的商标监测机制，保护商标权益不受侵犯。重视品牌危机处置，将公共关系建设作为手段，完善品牌舆情危机应对体制机制，做到品牌舆情危机应对专业化、研判精准化、监测即时化。

4. 探索建立品牌评估机制

探索建设市场验证、社会主办、政府监督的南宁市铝产业品牌评估机制，做到品牌评估主体明确，品牌评估机构权威，品牌评估体系社会接受、市场认可、科学公正。同时，要强化品牌建设的社会氛围，在全市树立正确的品牌意识和品牌理念，保护品牌价值。

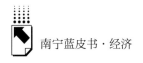
（六）加大人才培养和引进，增强品牌建设软实力

1. 加大人才培养力度

编制全市铝合金精深加工及应用人才发展目录，推动铝加工企业与高校深化产教融合、协同育人，推动南宁市有条件的院校加强与铝合金新材料及应用领域的知名院校如东北大学、华中科技大学等合作，共同办学，加快培养铝精深加工业适用的高级技术人才和技工。鼓励研究机构、企业共同构建研发联盟，为南宁铝产业企业科技创新提供人才支撑。通过高校、专门培训机构等加强对专门技术人才、品牌建设专业人才的培训与培养。支持铝产业企业人才培养，鼓励支持企业建立首席技师、技能大师工作室，全面落实住房、就医、就学、落户等政策。

2. 加强人才引进

出台更有吸引力的人才政策，通过鼓励并积极支持企业大力引进海内外高层次人才尤其是铝新材料开发和高端装备制造业人才、引进铝产业一流企业来集聚高端人才等措施，加大人才引进，为实现铝工业二次创业目标提供强大的人才支撑。对到南宁投资创业、符合条件的高级人才，给予团队建设、资金补助、子女入学、住房优惠等优先与便利服务。同时大力引进有创新能力、品牌建设和管理经验丰富的优秀人才，尽快建立一支负责任、能力强、专业精、素质高的品牌建设管理队伍，为南宁市铝产业品牌建设、运营和管理提供人力支持。

（七）拓展宣传推广力度，做好品牌营销

1. 有效利用各种媒体开展品牌宣传

抓住各种有利时机，推进品牌传播体系建设。鼓励支持企业继续充分利用报纸、杂志、广播、电视、户外广告、橱窗布置等传统传播媒介开展品牌宣传，同时紧跟市场变化，积极运用网络等新媒体营销平台，对传统媒介和新媒介进行有效组合，增强品牌传播的及时性、有效性，相对减少成本，扩展传播效果，增加广告效益。

2. 充分利用南宁城市定位提升品牌知名度

抓住南宁作为面向东盟开放合作的枢纽城市、中国—东盟博览会永久举办城市以及"一带一路"重要节点城市的定位，将其作为铝产业品牌宣传推广的媒介，积极开展和东盟国家建立品牌联盟、积极借助国际媒体资源，提升铝产业品牌的国际知名度，推动南宁市铝产业"走出去"。

3. 积极开展公益活动树立品牌形象

充分借助社会公益事业、赞助文体活动、政府关系沟通、媒介关系沟通等现代公共关系塑造品牌，大力提升企业社会形象。要抓住南宁脱贫攻坚进入关键时期的时机，积极配合政府相关部门开展对南宁市马山、上林等贫困地区的贫困户脱贫帮扶工作，通过赞助学校教育、产业扶贫等方式，强化企业社会责任，提升企业社会形象；抓住南宁市作为越来越多国际重大赛事活动举办地的机遇，积极赞助文体活动，开展品牌传播和营销；根据国外文化习俗、消费者习惯、市场竞争状态及法律法规等特点，积极融入当地社会，自觉遵守当地法律法规，开展品牌国际推广宣传，有效提高品牌的知名度和美誉度。

参考文献

［1］吕志成：《以品牌建设引领质量提升——浅谈高质量发展时代如何加强品牌建设》，《中国质量报》2018 年 5 月 23 日。

［2］南宁市工信委：《南宁市铝加工业发展"十三五"规划》，2016。

［3］乔家熙、张雪莹：《我国国际商务中品牌建设的问题和对策》，《襄阳职业技术学院学报》2018 年第 2 期。

［4］国务院国资委：《关于加强中央企业品牌建设的指导意见》，2013。

［5］李红凤：《加快推进我国品牌建设的对策建议》，《中共山西省委党校学报》2017 年第 6 期。

［6］孟莉莉：《品牌培育过程中的政府扶持作用研究》，天津大学硕士学位论文，2012。

［7］南宁市工信委：《南宁市铝精深加工产业发展专题报告》，2017。

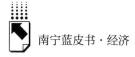
［8］ 国家质检总局、国家发改委、工信部、农业部、国家旅游局：《关于加强品牌建设的指导意见》，2011。

［9］ 刘述桂：《解决广西铝产业痛点 提前实现二次创业目标》，《广西经济》2018年第3期。

［10］ 杨建梅、黄喜忠、张胜涛：《区域品牌的生成机理与路径研究》，《科技进步与对策》2005年第12期。

B.12
南宁市培育贸易新业态
新模式对策研究

南宁市社会科学院课题组*

摘　要： 当前南宁市对外贸易正处于新旧动能转化，力量逐渐壮大的发展阶段，跨境电子商务、外贸综合服务平台、市场采购贸易等国际贸易领域新业态新模式已经成为南宁市经济发展的重要引擎。然而，南宁市在培育贸易新业态新模式过程中依然存在跨境电商基础薄弱、市场采购贸易培育难度大等问题，应高度重视，在完善前景规划、优化贸易环境、培育新兴市场、实现互联互通以及搭建跨境电商平台等方面着手，为培育南宁市贸易新业态新模式提供新动力。

关键词： 贸易　新业态　新模式　跨境电商

一　南宁市贸易发展基本情况

（一）内贸发展情况

近年来，南宁市消费总体平稳，消费流通基础不断夯实，消费升级势头

---

* 课题组组长：龙敏，南宁市社会科学院党支部专职副书记、副研究员；岑家峰，南宁职业技术学院科技处教师、助理研究员；课题组成员：潘贤新，南宁市商务局市场体系建设科科长、高级经济师；苏静，南宁市社会科学院社会所副研究员；张伟，南宁市社会科学院社会所研究实习员；杜富海，南宁市社会科学院科研所研究实习员；谢强强，南宁市社会科学院办公室研究实习员；陈代弟，南宁市社会科学院办公室研究实习员。

日渐明显。2013 年全市共实现社会消费品零售总额 1450.84 亿元，比上年增长 14.01%；2014 年全市共实现社会消费品零售总额 1616.90 亿元，比上年增加 166.06 亿元，增长 12.06%，其中限额以上企业零售额 728.19 亿元，增长 7.6%；2015 年全市实现社会消费品零售总额 1786.68 亿元，同比增长 10.5%，完成目标任务的 112.7%。规模总量位居广西全区第一，占全区社会消费品零售总额的比重达 28.15%，增速高于全区 0.5 个百分点，其中限额以上企业零售额 816.41 亿元，增长 15.4%；2016 年实现社会消费品零售总额约 1980.36 亿元，同比增长约 10.8%，高于全国、全区增速，其中限额以上企业零售额 952 亿元，增长 9.96%；2017 年，全市社会消费品零售总额完成 2204.16 亿元，首次突破 2000 亿元，同比增长 11.3%，高于全年目标 1.3 个百分点，高于全国平均增速 1.1 个百分点，其中限额以上消费品零售额 1095.11 亿元，增长 11.6%（见图 1）。

图 1　2013～2017 年南宁市社会消费品零售总额完成情况

（二）外贸发展情况

2015 年以前由于经济下行压力及国际市场低迷等因素的影响，南宁市对外贸易受到了很大影响，2015 年南宁市外贸进出口总值 364.47 亿元，同比增长 23.28%，超过全区外贸增幅 8 个百分点，在全国外贸同比下降的情况下，实现逆势增长。2016 年，南宁市持续推进外经贸转型升级，外经贸实现回稳向好的发展趋势，全年外贸进出口总值 416.23 亿元，比上年增长14.2%，进出口总额、增速均位于全区前列。其中，出口总值 211.13 亿元，增长 4.27%，进口总值 205.1 亿元，增长 26.61%（见表 1）。

2017 年南宁市贸易进出口持续发力，货物贸易进出口总值达 607.09 亿元，首次突破 600 亿元大关，同比增长 48.8%。增速高于全国 34.6 个百分点、高于全区 26.2 个百分点，提前三年实现全市"十三五"外贸增长预期目标。其中，出口总值 275.69 亿元，增长 35.8%；进口总值 331.40 亿元，增长 61.6%。全市加工贸易进出口值达 403.37 亿元，首次突破 400 亿元大关，同比增长 55.3%，总量居全区第一，占比高达 50.2%。2017 年南宁市与 175 个国家和地区有贸易往来，与中国香港、美国、中国台湾、东盟和澳大利亚进出口增幅均超过 30%，与东盟进出口 11.63 亿美元，同比增长32.87%。

表 1   2013～2017 年南宁市进出口贸易情况

年度	进出口额（亿元）	进出口额累计同比（%）	进口额（亿元）	进口额累计同比（%）	出口额（亿元）	出口额累计同比（%）
2013	274.02	4.64	128.06	24.46	145.96	-8.19
2014	295.65	7.90	134.94	5.37	160.71	10.11
2015	364.47	23.28	161.97	20.03	202.48	25.99
2016	416.23	14.20	205.10	26.61	211.13	4.27
2017	607.09	48.80	331.40	61.60	275.69	35.80

资料来源：南宁海关。

二 南宁市在培育新业态新模式过程中存在的问题

（一）跨境电商发展面临诸多障碍

一是跨境电商发展基础薄弱。当前南宁市的电商发展水平仍较为落后，在发展跨境电商方面与上海、深圳、广州、杭州等城市相比竞争力不足。阿里研究院发布的《2016年中国城市电子商务发展指数报告》①显示，"电商百佳城市"在全国范围内的分布并不均衡，集中分布在沿海地区的浙江、广东和江苏三省，这三省所拥有的百佳城市数量总和超过总数的30%以上，广西仅有南宁、防城港、北海3个城市进入名单，且排名较为靠后。二是物流业发展水平不高。从整体上来看，南宁市的物流业发展程度仍然不能满足跨境电商发展的需求，并且随着跨境电商的迅速发展和国家对跨境电商等贸易新业态的扶持力度加大，将暴露出南宁市在物流领域的更多问题，甚至可能影响和制约跨境电商的进一步发展。三是相关法律法规不够健全。由于跨境电商贸易参与主体多元，贸易范围较广，对于消费者和企业的利益保障难度较大。当前仅有2018年8月31日公布的《电子商务法》对电子商务交易进行规范。但该法对跨境电商的规范也只是框架式的、笼统的，没有具体详细的规定，可操作性不强。四是跨境电子商务园区集聚效应不明显。南宁市跨境电子商务园区建设较为分散，据不完全统计，目前全市有中国—东盟（南宁）跨境电子商务产业园（位于南宁综合保税区）、中国—东盟电商产业园（位于邕宁新兴产业园）、南宁高新区国家电子商务示范基地、南宁市跨境贸易中心（位于青秀区三旗广场），五象新区电商小镇（位于五象新区总部基地）等多个电子商务产业集聚区，但园区吸引跨境电商企业和服务企业的集聚效应尚未显现。

（二）市场采购贸易培育难度较大

一是内外贸结合机制尚未建立。目前南宁市各流通市场外向度较低，市场采购贸易培育难度较大，且缺少具有区域特色或产业优势的专业市场。以2017年开始试推市场采购贸易的威宁集团为例，在进出口贸易方面，虽然集团通过参加国际展会等方式已开始与国外商户对接，积极开拓进出口贸易

---

① 阿里研究院：《2016 "电商百佳城市" 完整榜单揭晓：杭州深圳广州名列前三甲》，http：//www.aliresearch.com/blog/article/detail/id/21145.html，2016年11月10日。

渠道，但由于缺少国际贸易的经验和渠道，难以在短时期内打开局面，尤其在出口业务板块，因广西本地资源的特殊性，尚没有形成明确的发展思路。二是专业市场发展水平不高。南宁市现有专业市场能够提供的产品质量参差不齐，以中低端市场为主。如威宁集团下辖的和平商场长期以来以内贸市场为主，外贸业务体量小且比较零散，主要集中在越南、柬埔寨等国家和地区，贸易方式仍以传统的边贸形式为主，缺少具有品牌效应的出口商品和国际采购商。

（三）外贸综合服务企业发展面临困境

一是服务体系有待完善。南宁市外贸综合服务企业的服务体系还不够完善，目前南宁市大多数平台企业仍以物流、通关、退税等基础性环节方面的服务支持为主。二是制度创新相对滞后。一方面出口退税环节不够畅通，效率不高，从提交材料到完成退税需要 15～20 个工作日，加上部分中小企业经营活动的不规范性，大大增加了外贸综合服务企业的垫付成本和损失代垫款项的风险。另一方面对利用外贸综合服务企业平台从事违法违规行为的现象仍然需要加强管理，外贸综合服务企业现有的操作模式难以防范部分中小企业的出口退税骗税行为和信用违约行为，而在相应的退税风险防范体系未建立的情况下，退税风险事件一旦发生，前期调查阶段需要停止所有出口退税业务，可能波及甚至拖垮平台企业。三是承担较大风险。根据现行规定和业务需要，很多时候外贸综合服务企业需要以自营的形式，即与传统外贸企业同样承担各项责任风险，由于其服务的企业范围较广，货物通关票数较多，外贸综合服务企业在海关监管、出口退税审核等方面承担较大压力，在分类管理中面临降级风险。

（四）培育贸易新业态新模式动力不足

一是转化传统贸易优势的动能不足。南宁市外贸基础薄弱，市场外向度低，外贸氛围不够浓厚，外贸渠道和方式也较为单一，当前仍以保税出口模式为主，而已形成传统优势和特色的边贸形式带动作用不强，区位优势没有得到充分激活。二是专业人才供给不足。南宁地区高等院校或职业学校仍然缺少针对对外贸易综合人才的培养计划，跨境电商、服务外包等相关专业设置不足，缺乏相应的人才培养机制，人才培育与企业无缝对接难度较大，人才培养和专业设置难以充分体现现实需要和地方特色。三是各部门之间的协调能力有待加强。跨境电商的业务流程涉及海关监管、外汇结算、检验检疫、税收征缴、工商管理、物流运输、金融等各部门的数据申报，流程较为复杂。由于相关法律法规尚未完善，各部门之间的协调能力还不够强，影响了正常外贸活动的开展。

三 培育南宁市贸易新业态新模式的对策建议

改革开放 40 年，中国已全面进入开放合作新时代。南宁市要紧紧抓住"一带一路"倡议的重要机遇，围绕着建设区域性国际城市发展目标，充分利用地缘优势，疏通"南宁渠道"，完善南向通道物流服务功能，拓宽中国与东盟商品交易的国际通路，实现"买全国、卖全球"，全面提升南宁作为中国面向东盟消费中心城市的地位和作用。为此，南宁市当务之急要选择 1 到 2 个市场基础和市场结构良好的传统商贸优势集聚区，高起点规划，推动传统商业街区服务功能调整和重划，开辟中国东盟商品市场采购贸易方式服务专区；制定出台贸易便利化扶持政策，完善配套外贸服务机构，大力引进和培育内外贸兼营优势经营主体，主动搭建南向通道物流中枢平台，运用电子商务、供应链、区块链等现代技术手段，优化整合跨区域市场资源，推动南宁市场、广西主要边贸市场乃至中南西南各重点市场线上结盟，实现市场商品信息共享和无缝对接，共同探索出一条欠发达地区"市场采购 + 跨境电商 + 外综服务"融合发展之路，加快促进南宁市区域性传统商贸集聚区一般贸易和旅游购物向市场采购贸易方式转化，培育市场采购贸易方式服务专区成为南宁以及全广西外贸增长新优势和新引擎，示范引领南宁建设成为中国面向东盟具有传统边贸特色的全球商品采购中心城市，为南宁打造内陆开放高地注入全新活力。

（一）高度重视，为市场采购贸易新业态建设项目提供组织保障

观念决定思路，思路决定出路。市场采购贸易新业态的规划建设管理，要充分体现到各级政府谋划区域发展的理念和责任上。南宁市要"无中生有"地建设面向东盟的全国区域性市场采购贸易集聚区，创造条件，申报国家市场采购贸易新业态试点。要强化思想意识，明确长远发展思路，将市场采购贸易发展项目作为市委、市政府未来一段相当长的时间内开放合作体制机制改革的最重要工作载体，并争取项目列入自治区政府重点推进工程和内外贸易融合发展重点培育市场。请求自治区成立专门的领导组织机构，市级相应成立领导小组，下设办公室，选配有担当、干实事、干成事的专业团队、人员队伍，每年提供必要的财政经费预算，用于补贴市场采购贸易发展项目交通、物流等公共服务配套建设补贴，确保市场采购贸易发展组织强有力，有人办事、有钱办事、有地方办事，上可协调至国家和自治区部委办，尤其是协调海关、税务、口岸、市场监督等多部门联合办公，下可组织至市属各部门，以及集聚区所属的区委、区政府，建立项目建设联席会议制度和各级领导项目联系制度，形成自治区、南宁市、城区三级各部门上下联动工作机制，强化组织协调、保姆式跟踪服务，及时发现、解决项目建设中有关市场战略规划、公共服务设施配套、贸易便利化体制机制改革等诸多具体而现实的问题。

（二）前瞻规划，加快传统商业集聚区提档升级

长期以来，南宁市没有强大工业、高端技术等产业发展支撑，朝阳商圈、华南城等传统商业集聚区依靠批零贸易"买全国、卖广西"，业已成为影响南宁及全广西的商品交易集散地，基本形成纺织服装、五金交电、日用百货、酒店用品、儿童玩具等各类小商品专业市场集群。但是，与广东广州、浙江义乌、湖北武汉等地专业市场相比，市场对区域性辐射力、影响力十分有限，而且随着全国物流节点的规划布局，物流网络体系的日趋完善，以及各地公铁水多式联运的迅速发展，南宁市传统市场批发业态占比下降，

区域服务功能趋于弱化。为进一步增强南宁作为中国面向东盟消费中心城市地位，全面提升朝阳商圈、华南城等传统商业集聚区批零贸易服务对区域性集散作用，极大地满足未来市场采购贸易新业态发展的要求，必须以市场为导向，顺应于"一带一路"倡议、全面扩大对外开放这一新形势，高起点规划，高水平建设，推进传统商业集聚区主要商品交易功能分区规划调整和城市设计，加快各类小商品市场提档升级和集聚发展，突出出口商品展示、海关监管仓、商贸物流、跨境电商、商务酒店、金融服务、公共（轨道）交通等国际商品交易中心配套设施建设，为海内外采购客商及消费者提供具有国际水准的商务、交易和生活环境。

（三）优化环境，推进市场采购贸易方式平台建设

推进市场采购贸易方式平台建设要遵循市场规律和国际贸易规则，以国际市场为导向，从建立健全平台综合管理机制、外贸综合服务、市场采购商品认定体系、市场采购贸易行业自律等方面入手，创新发展符合本地实际并有利于拓展市场采购贸易的体制机制，研究制定有关贸易便利、允许拼箱组柜、通关便捷、免征增值税、外汇政策灵活等一系列优惠政策，为建设面向东盟的全球商品采购中心城市营造良好的市场生态环境。

一是建立综合管理机制。延伸南宁综合保税区"无水港"等海关特殊监管区域的服务功能，寻求海关部门帮助，加快制定覆盖市场采购贸易方式全流程的综合性配套监管办法，根据贸易流程、监管内容，明确各阶段、各项目的牵头部门和配合部门及其工作职责，加快推进贸易流程、主体信用、外商服务、质量管理、运行监测、预警防控、效果评估和知识产权等体系建设，构建政府主导、各部门共同参与的综合管理机制。

二是加强公共服务平台建设。依托自治区"东盟中心"项目建设，加快完善各类质量检测、检验检疫实验室、共性技术中心等外贸服务功能；扶持南宁"速贸通"平台建设，构建集报关、检验检疫、退税、物流、货代、融资、保险、外汇结算等于一体的外贸综合服务中心，让企业按照进出口所需流程循规导航，免于奔波，降低交易成本。

三是建立市场采购商品认定体系。根据市场采购贸易方式需求，建立健全市场采购商品认定体系，完善市场采购贸易商品、集聚区认定办法及经营者、供货商、采购商的备案管理。科学规划采购商品和市场集聚区范围，规范交易信息采集、确认流程。要建立口岸、海关、国税、工商、检验检疫、外汇等管理部门信息共享联控机制，采取信息化手段加强监管，为市场采购贸易新业态提供报关报检、国际物流、收结汇、退税、融资等综合服务，并将根据市场发展成熟程度，创造条件，申请新建海关监管场所，扩大场站面积，升级场站自动化、信息化监管系统，提升通关效率。

四是加强市场采购贸易行业自律。积极推动建立政府、行业协会、中介机构和企业"四位一体"的贸易监测预警机制，探索建立贸易互信和贸易协同应对机制。鼓励自主创新、自创品牌，提高国际市场竞争力和影响力。建立健全知识产权维权保护机制，加大知识产权执法力度，提升知识产权保护水平。

（四）培育市场，优化全球采购贸易经营商品结构

培育和引进市场采购贸易经营主体，是当前南宁市发展市场采购贸易方式的起点和难点。要选择1到2家传统商贸市场经营企业进行市场采购贸易服务试点，通过体制机制改革创新，解决企业出口成本高、流程烦琐、效率低等问题，吸引更多的企业通过贸易业态的转变参与到国际产业分工和市场竞争。

一是推动南宁威宁市场公司位于朝阳商圈商业核心区内的和平商场、交易场等，以及会展中心的会展大厅、华南城内的东盟十国商品专区作为线下的实体经营市场，以大型专业市场运营方的身份配合政策落地，加大招商力度，引进诸如义乌小商品城、中国叠石桥国际家纺城等国内知名市场采购贸易企业或商家，推动市场一般贸易和旅游购物服务向市场采购贸易业态服务转变。鉴于南宁市场内许多内贸中小微企业或经营商户尚未有外贸进出口业务的经历，越南等东盟国家到南宁市场采购商

品大多是沿用旅游购物和一般贸易的交易方式，有必要在起步阶段由市场主办方组织经营商户进行市场采购贸易方式的孵化辅导，从中选择市场中部分旅游购物和一般贸易的经营商户开展形式多样的外贸技能培训，充分理解和把握市场采购贸易方式的政策便利，提高商户对国际贸易的认知能力、谈判能力和抗风险能力，并自觉自愿地参与到市场采购贸易方式的试点工作上来。

二是落实国家稳定外贸增长的相关政策，用活用足市场采购贸易方式政策便利，加大对试点政策宣传推广，引导更多出口企业选择市场采购贸易方式。加大对市场采购贸易方式大商家的招商，尝试从沿海地区引进一批具有加工制造能力的出口企业，到南宁投资建设"前店后厂"的有根市场，以产业发展带动市场采购贸易业态试点，加快市场采购贸易商品结构调整和优化。

三是充分发挥外贸综合服务中心的综合协调作用，鼓励中小微制造企业、传统外贸大户、边贸市场等通过市场采购贸易业态试点平台进行产品展示、产销撮合和获取订单，优化经营产品的结构和供应链，拓宽外贸营销渠道，享受采购贸易方式政策便利，促进外贸出口品牌营销的转型升级。

（五）贸易对接，壮大市场贸易采购主体

南宁市市场采购贸易服务要立足当前，着眼长远，以疏通"南宁渠道"，打造"南宁服务"品牌为切入点，建设面向东盟具有传统边贸特色的全球商品采购中心城市，携同国内优质企业通过多种形式进入国际市场，引进全球采购商进入南宁市场，实现商品无缝供需对接。

一是借助每年一届的中国—东盟博览会和中国—东盟商务与投资洽谈会，举办相关南向通道市场采购贸易论坛及一系列专业展会和企业对接会，加强中国与东盟各国双边贸易洽谈，实现贸易撮和，并发展成为南宁市场采购贸易东盟采购商长期客户。

二是结合每年商务部门组织的企业赴东盟和"一带一路"沿线国家的

商品展销会，开展南宁市场采购贸易宣传推介活动，邀请外国客商到南宁开展专业、务实的商务考察和贸易洽谈对接活动。组织经营商户参展广交会，争取与国际大采购商沟通联系，并达成市场采购贸易合作意向。

三是加强与南宁外国友好城市的互访对接，外国友好城市采购企业既可以到南宁市场采购贸易平台"一站式"采购到物美价廉的中国商品，也可以把本国特色商品带来展销。借助南宁市场采购贸易平台桥梁作用，各国友城企业可以得到中国政策咨询、采购商对接、商务考察及通关物流服务等方方面面的服务。

四是抓住南宁高校丰富的东盟及非洲各国留学生资源，在广西民族大学设立外国留学生贸易创业实践基地，建成采购商孵化平台，培育一批未来的外国采购商。

（六）互联互通，大力开拓国际物流线路

长期以来，和平商场、交易场、华南城等传统商贸市场交通及物流问题倍受商户普遍关注，开展市场采购贸易服务试点，首先要形成区域内及南宁出省出边物流、客流内通外联的大交通格局，彻底解决阵痛，真正成为南向通道物流集聚区和商贸特区。

一是科学编制南宁市中心城区朝阳商圈片区以及华南城片区的控制性详细规划和城市设计，合理布局区域内公共（轨道）交通场站、停车场站，增加支路密度，全面改造升级市场设施，提高物业管理水平，加快仓储建设和物流配套，让物流发车目的地不留盲点。

二是落实自治区及南宁市有关南向通道物流政策措施，完善市场与铁路、高速公路、空港等重要交通设施的高效衔接，外贸商品将主要通过牛湾港江海直达、中新综合物流产业园、吴圩机场空港货运专线实现国际物流和多式联运。目前正在规划建设的南宁铁路局沙井铁路物流园，也将使得市场采购贸易货物以最快的速度登上火车。

三是争取海关部门的支持，复制推广广东多式联运一体化通关模式，助推市场采购贸易试点快速突破"聚集地采购"和"采购地通关"两个固有

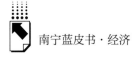

模式的局限，以多式联运一体化通关保证中新、中越直通车在内的市场采购出口多地通关无缝衔接，实现信息互联互通。

（七）跨越时空，搭建跨境贸易电商平台

与国内发达地区相比，南宁市产业基础薄弱，电子商务及信息技术运用相对落后，亟须抓紧研究外贸政策，向先进地区学习和谋求合作，加快跨境电商产业发展，探索出欠发达地区市场采购贸易与跨境电商结合发展之路。

一要抓紧落实国务院 2018 年 7 月印发的《关于在北京等 22 个城市设立跨境电子商务综合试验区的批复》精神，复制和推广前两批综合试验区的成熟经验做法，因地制宜，突出本地特色和优势，着力在跨境电商企业对企业（B2B）方式相关环节的技术标准、业务流程、监管模式和信息化建设等方面先行先试。

二要以跨境电子商务为突破口，扶持市场采购贸易试点企业大胆探索、创新发展，在物流、仓储、通关等方面进一步简化流程、精简审批，完善通关一体化、信息共享等配套政策，推进包容审慎有效的监管创新，推动国际贸易自由化、便利化和业态创新，增加国外有竞争力的产品进口，鼓励企业加快建设"海外仓"和全球营销网络，打造跨境电商知名品牌，积极开拓多元化市场，促进外贸稳定发展，提高国际竞争力。通过南宁跨境电子商务，在方便国外企业采购到物美价廉的中国商品的同时，助推国产商品尤其是小微企业的产品"走出去"。

三要以列入国家新一批跨境电子商务综合试验区为契机，以南宁跨境电商产业园河南保税集团、中国邮政集团广西分公司和南宁高新区管委会三方合作项目为建设载体，加强统筹协调，主动服务，完善政策，加快配套设施和项目建设，为跨境电商产业的发展创造良好环境，示范引领市场采购贸易跨境电商产业发展驶入"快车道"，吸引南宁市各专业批发市场内的商户以及广西主要边贸市场经营商家通过网上交易平台开展市场采购贸易，利用先行先试的政策优势，建设南宁市场采购贸易的综合交易中心和物流集散中心。

参考文献

［1］许德友：《发展外贸新业态 促进外贸转型升级》，《南方日报》2017 年 7 月 17 日。

［2］祝美红：《外贸新常态与外贸新业态研究综述》，《对外经贸》2017 年第 12 期。

［3］张曙光：《如何看市场的演化与设计——阿里巴巴新外贸模式观感》，《民主与科学》2017 年第 2 期。

［4］孙硕：《互联网＋背景下中国对外贸易新模式研究》，《中国市场》2018 年第 18 期。

［5］崔婷婷：《广东自贸区跨境电商发展的相关问题研究》，《新经济》2015 年第 12 期。

［6］陈茁：《跨境电子商务发展成效模式及监管研究——广东珠三角视角》，《金融科技时代》2016 年第 2 期。

［7］徐焕明，张宏斌：《义乌市场采购贸易方式改革试点的回顾与建议》，《政策瞭望》2013 年第 12 期。

［8］叶丽芳：《义乌市场采购贸易模式研究——基于贸易便利化视角》，浙江大学硕士学位论文，2015。

［9］张羽：《海宁专业市场试行市场采购贸易的问题及对策》，《改革与开放》2015 年第 19 期。

［10］陈卫华：《海门叠石桥市场采购贸易方式试点的实践与思考》，《武汉职业技术学院学报》2017 年第 1 期。

［11］张文敬：《探索广东试行"市场采购贸易"的新方式》，《对外经贸实务》2014 年第 8 期。

［12］广州市花都区商务局：《广州花都国家级市场采购贸易方式试点》，《广东经济》2017 年第 7 期。

［13］竹子俊：《外贸综合服务平台为企业增效》，《中国对外贸易》2013 年第 10 期。

B.13
南宁市创新创业示范基地建设研究

石清革*

摘　要： 2017 年 6 月，国务院办公厅印发的《国务院办公厅关于建设第二批大众创业、万众创新示范基地的实施意见》（国办发〔2017〕54 号），确定了第二批共 92 个创新创业示范基地，南宁高新区成为广西南宁市首个国家创新创业示范基地。南宁高新区以链接高端双创资源为突破口，实施南宁·中关村创新示范基地等一批重大示范项目，努力提升创新创业生态，厚植创新创业土壤，在集聚创新要素、培育科技创新主体等方面取得显著成效。但是，南宁高新区在高端创新创业资源、科技创新能力、面向东盟合作等方面仍存在若干问题和不足。因此，要通过优化营商环境，深化与中关村协同创新合作，持续推进创新创业企业培育，加大对外交流合作等方式推进创新创业示范基地建设。

关键词： 创新创业　示范基地建设　南宁高新技术产业开发区

一　南宁市创新创业示范基地建设现状

自 2017 年以来，南宁高新技术产业开发区双创示范基地（以下简称"双创示范基地"）建设取得显著成效，在 2018 年 5 月印发的《国务院办公

---
* 石清革，南宁市高新技术产业开发区管委会经济发展局科技科科员。

厅关于对 2017 年落实有关重大政策措施真抓实干成效明显地方予以督查激励的通报》（国办发〔2018〕28 号）中，南宁高新区在推动双创政策落地、扶持双创支撑平台、构建双创发展生态等方面大胆探索、勇于尝试、成效明显，成为国务院给予督查激励的全国 15 个区域双创示范基地之一。南宁高新区作为促进转型升级和创新发展的区域双创示范基地，进一步探索协同创新合作、区域转型升级、创新驱动发展的新机制、新形式，形成了可复制可推广的南宁模式和南宁经验。

（一）南宁市双创示范基地发展总体情况

1. 培育高成长科技型创新主体

南宁高新区持续加大企业支持力度，推动企业创新发展，涌现出一批创新创业企业。2018 年，南宁高新区新增企业 4292 户，累计达 23396 家；新增高新技术企业 100 家，高新技术企业总数预计达 279 家；广西瞪羚企业 8 家，占南宁市的 61.54%。新增上市企业 1 家，新三板挂牌企业 2 家，累计共 24 家企业成功上市（挂牌）。

2. 集聚高层次创新创业人才

南宁高新区充分利用自治区、南宁市各级人才支持政策，积极拓展人才渠道、激发园区创新活力、构造良好的留才环境，采取多种方式吸引了一批高水平创新创业人才。2018 年，南宁高新区与中科院院士、西北工业大学常务副校长黄维团队签署合作框架协议，引进中科院黄维院士及团队并成立相关公司实体。南宁高新区共有 2 人入选国家"万人计划"专家；4 人入选自治区优秀专家；2 人入选广西"十百千"人才工程第二层次人选；10 人入选南宁市第六批特聘专家；17 人入选南宁市专业技术拔尖人才和优秀青年专业技术人才；2 人入选南宁市第十批新世纪学术和技术带头人培养人选；南宁微软技术实践中心、中软教育、七三科技等与 30 余所高校合作，累计培养信息技术、智能制造专业人才达 6000 多人。

3. 带动产业转型升级发展

南宁高新区通过打造良好的创新创业生态，集聚了一批优秀的创新创业企业和项目，推动新一代信息技术、智能制造、生命健康等主导产业升级发展。其中，在新一代信息技术领域，物联网、人工智能等领域涌现出一批高成长企业。例如，广西捷佳润科技股份有限公司智能水肥一体化灌溉系统在国内应用面积已达 50 多万亩，在国外为老挝、柬埔寨、尼日利亚客户共 8 万亩基地提供服务；广西慧云信息技术有限公司成功为 28 个省市的 1000 多个园区提供智慧农业服务；咪付（广西）网络技术有限公司的"咪咐过闸"在南宁轨道交通用户量突破 100 万，基于人工智能的全态无感识别系统通过规模测试并开始试点应用。在生命健康领域，广西肽王生物科技的特医食品开发、广西净雪皇生物科技有限公司金边蚂蟥产业化项目快速推进。

4. 区域双创高地凸显引领作用

南宁高新区持续在推动双创政策落地、扶持双创支撑平台、构建双创发展生态等方面大胆探索，逐步成为区域创新创业高地。2018 年，南宁高新区聚焦打造"高端人才引领型特色载体"，申报并获批财政部、科技部、工信部三部委"支持打造特色载体推动中小企业创新创业升级工作"试点；同时，围绕打造新一代信息技术创新创业生态，南宁高新区申报新一代信息技术创新小镇并成功获批自治区创新小镇培育单位，将围绕环明月湖核心区打造新一代信息技术创新小镇，不断提升产业创新发展能力。

（二）南宁市双创示范基地建设的主要举措

南宁高新区持续推动"放管服"改革，优化营商环境，导入创新资源，加强国际交流，完善双创服务体系，高新区创新创业活力不断提升。

1. 落实"放管服"改革，优化政务服务环境

2018 年，南宁高新区深入落实"放管服"改革，推进"证照分离"，贯彻落实推行"354560"改革①，推进"一事通办"利企便民改革等各项改革工作，优化政务服务环境。一是推进"证照分离"改革先行先试。2018

---

① "354560"是指企业开办手续 3 个工作日内完成，不动产登记 5 个工作日内完成，园区企业投资项目施工许可 45 个工作日内完成，企业投资项目施工许可 60 个工作日内完成。

年 4 月，作为国家"证照分离"改革试点，南宁高新区在广西率先启动"证照分离"改革，高新区本级改革试点的行政审批事项有 11 项，截至 2018 年底，南宁高新区已办理涉及"证照分离"改革事项的许可共 1901 户。二是推进"354560"改革提升服务企业效能。实施《高新区落实"354560"改革提升服务企业效能具体措施》，涉及项目建设、公共服务、企业开办等方面共计 21 项政策。编制完善《高新区政务服务中心政务服务事项容缺受理清单》，进一步增加企业投资项目审批材料的宽容度，允许"边补齐材料，边受理审核"，大大降低了审批启动门槛，最大限度地方便了服务对象，缩短了审批时限。三是全力推进"一事通办"利企便民改革，以企业和群众办好"一件事"为标准，推进相关事项归并整合。2018 年制定高新区、街道两级"一次性告知""最多跑一次""一次不用跑"等 3 张事项清单，并向社会公布，并对事项清单进行动态调整管理。

2. 深化中关村合作，拓展协同发展空间

2018 年，南宁高新区进一步加强与中关村的合作，按照"一基地、一园区"的合作共识，加快创新载体建设，加强创新资源导入，对南宁高新区产业高质量发展形成强有力的支撑。一是南宁·中关村创新示范基地辐射带动和溢出效应进一步扩大。截至 2018 年底，南宁·中关村创新示范基地（含相思湖区）累计入驻重点企业达 57 家，累计入孵创新团队 93 家。二是南宁·中关村科技园挂牌。2018 年 4 月，南宁·中关村科技园正式挂牌，成为北京中关村继天津滨海新区、河北雄安新区之后，在域外重点打造的第三个科技园区。现已储备了中以水肥一体化智能制造产业园、联东 U 谷·南宁高新生态科技谷等一批重大产业项目。三是新建南宁·中关村创新示范基地相思湖区。2018 年 7 月，南宁·中关村创新示范基地（相思湖区）正式揭牌运营，进一步强化了南宁高新区与中关村在科技信息交流、技术成果转化应用、创新人才培养、国际合作研发等方面的合作，一批信息技术、生命健康的产业项目正在有序、快速聚集。

3. 加强国际合作，深化与东盟合作交流

2018 年，南宁高新区持续深化国际交流合作，充分发挥区位优势，加强与东盟国家在创新创业、技术合作、培训活动等方面的合作，推动高新区企业"走出去"，开拓东盟市场。一是支持企业开展对外技术合作交流。广西田园生化公司与世界顶尖的城市卫生害虫防控及相关饵剂产品研发专家Dangsheng Liang 博士继续开展城市卫生害虫防控产品与技术开发，与越南国家肥料检测中心签订技术合作协议；广西博世科公司参与推进澜沧江—湄公河环境合作，参加"中国—老挝清洁水计划"示范合作调研活动，参展2018 年第十五届印度国际水博会，在印度、越南实施污染治理海外合作项目；慧云信息与伦敦玛丽王后大学合作，共同研发"可穿戴智能传感设备以及智能监测物联网系统"；七三科技与阿曼、新加坡、老挝等建立合作，正在开展 BIM 人才培育和智慧旅游、智慧课本等项目。二是举办多元化的国际交流活动。2018 年，南宁高新区先后举办"2018 创新中国行·新加坡—广西企业家创新合作交流会"及第四届中欧生命科学论坛等 5 场国际交流活动。三是加快园区企业"走出去"对接东盟市场，组织企业参加"泰国创业大会"，捷佳润获得大赛优秀项目奖，同时积极帮助广西明匠、捷佳润、圣尧航空、捷佳润、七三科技、特飞云天等企业开拓东盟市场。四是举办中国—东盟科技园培训班。2018 年南宁高新区承办由科技部组织的中国—东盟科技园培训班并开展了中国东盟政企对接会，组织园区企业推介、培训班学员实地考察、培训班学员国别情况介绍等互动交流活动，促成七三科技等企业与东盟国家的合作。同时高新区通过与多个国家的深入沟通，与泰国清迈大学科技园、柬埔寨工业部国家科技委、孟加拉国立达福迪大学创新中心、巴西尤文维尔大学、埃及电子研究院等 5 国家相关单位签署合作框架协议，未来将加强在科技园、创新创业等方面交流与合作。

4. 搭建产业创新平台，提升科技创新能力

2018 年，南宁高新区围绕提升产业创新能力，推动企业、院所开展技术创新平台建设，加快引进新型研发机构，推动成果转化和本地科技创新能力提升。一是加快创新平台建设，2018 年，南宁高新区新增广西交通研究院、广西田园生化公司 2 家国家级企业技术中心，总数达到 3 家；新增 5 家自治区工程技术研究中心，总数达到 50 家；新增 1 家自治区级企业技术中

心，总数达 38 家；新增 4 家广西院士工作站，广西院士工作站达 25 家。二是大力引进新型研发机构推动成果产业化，先后推动与东北大学联合成立先进铝加工创新中心、与华中科技大学联合组建华数新能源汽车轻量化研究院，为高性能铝合金深加工产业、轻量化电动汽车产业发展提供支撑。三是推动科技成果转化成效明显，广西石墨烯研究院研发的石墨烯复合橡胶改性沥青路面技术在南宁大桥实现首次应用，在国内率先实现石墨烯技术在路桥高等级公路的商业化应用。2018 年 1 ~ 12 月，南宁高新区专利申请 3663 件，占全市的 30.24%，其中，发明专利申请 1748 件，占全市的 33.9%，实用新型专利 1711 件，外观专利 204 件。专利授权 2046 件，占全市的 33.24%，其中发明专利授权 674 件，占全市的 44.55%。截止到 2018 年 12 月底，南宁高新区拥有有效发明专利 3508 件，占全南宁市的 50.21%，完成科技成果转化项目 21 项，成果转化成效明显。

5. 加快双创平台建设，完善双创服务体系

2018 年，南宁高新区搭建知识产权服务平台、双创联盟等各类服务平台，不断完善双创孵化体系。一是提升创业孵化承载能力。2018 年，新增自治区级众创空间 2 家，自治区级孵化器 2 家。截止到 2018 年底，共有各类孵化载体 27 个，自治区级以上众创空间 10 家，自治区级以上孵化器 7 家，载体总面积近 100 万平方米，创新创业承载能力增强。二是建成知识产权公共服务平台。2018 年上线南宁高新区知产服务平台，实现知产维权、知产金融、专利挂牌、知产铺子、园区专利管理系统、知产公开课、IP 圈等集成化服务。三是成立南宁创新创业联盟，以南宁高新区为核心，联合全市创新创业孵化服务机构，定期举办"邕城创新汇"系列活动，促进南宁市各辖区众创空间、孵化器、院校创业园、科研机构、投融资机构等载体的交流与合作，有效破解南宁创新创业资源零散的局面。

6. 强化科技金融服务能力，拓宽企业融资渠道

2018 年，南宁高新区积极推动投资基金、科技支行等建设，提升科技金融服务能力，拓宽企业融资渠道。一是加快投资基金建设，南宁高新区与市工信委等单位联合设立总规模 10 亿元的南宁高新工业企业发展投资基金，

支持科技创新企业加快发展。二是推动成立广西首家科技支行——桂林银行南宁科技支行，桂林银行科技支行先后推出"科创快车"等近 20 种针对科技企业的系列金融产品，其中通过知识产权质押向捷佳润、峰值传播完成1500 万元的贷款，同时向广西生物研究所、广西益谱检测技术有限公司、广西万德药业有限公司等院所和企业提供"科创融智贷"知识产权贷款服务。三是依托联创担保公司提供担保服务。2018 年，联创担保公司帮助园区 27 家企业提供担保服务，获得融资贷款 1.65 亿元。

7. 开展双创活动，提升高新区双创影响力

2018 年，南宁高新区通过举办高水平、多类型、高频次的创新创业活动，营造浓厚的创新创业文化氛围，高新区双创影响力得到有效提升。一是举办高水平品牌活动。2018 年，南宁高新区联合创业黑马举办"创响中国 2018 南宁高新区'槿英汇'创新创业大赛暨第八届黑马大赛出海行业赛"大型活动，累计招募超过 200 家企业及创业项目参与，超过70 家投资机构、创投服务载体深度参与。二是创新创业活动日趋常态化。2018 年，南宁高新区先后开展"创新中国行"、"邕城创新汇"、南宁高新区"双创大讲堂"培训、常态化路演、"寻找未来独角兽"等近100 场创新活动，扩宽交流渠道，促进企业之间的创新合作，实现合作共赢。三是在组织园区 80 多家企业参加的第六届中国创新创业大赛中，广西桂仪科技有限公司、广西慧云信息科技有限公司、广西富勒星科技有限责任公司等 3 家南宁高新区企业荣获第六届中国创新创业大赛优秀奖。

二 南宁市双创示范基地建设存在的问题

南宁市双创示范基地建设取得了良好的成效，但是，南宁高新区在高端双创资源、科技创新能力、面向东盟合作等方面仍存在若干问题和不足。

（一）"放管服"改革和服务企业有待提升

在政务服务一些环节还存在办事流程多、审批时间长、手续烦琐、窗口

设置不合理、标准不统一等问题。服务企业过程中缺乏主动服务意识和担当意识，跨部门的联审尚未形成常态化制度化机制，与创新创业群体的要求仍存在一定差距。另外，由于审管分离致使部门联动不足，存在事中事后监管流程、标准不规范或者监管不到位等问题。

（二）创新创业人才资源缺乏

当前，高新区高层次领军人才数量仍然较少，高端创新创业团队、中关村基地企业等面临技术人员、管理人员短缺问题，特别是智能制造、新一代信息技术等领域高端技术研发人才存在较大缺口，与发达地区相比，在人才招引留用方面缺乏吸引力。

（三）高水平的专业服务和产学研服务平台不足

在创业孵化方面，高新区多数孵化载体停留在基础空间服务阶段，投融资、创业辅导、资源链接等服务能力相对有限，能够为创新创业团队的提供的专业化、精准化服务不多。在创新服务方面，支撑产业发展、服务企业创新的新型研发机构等高水平研发创新平台不多，缺乏集成化、专业化、一站式的双创服务平台。

（四）创业群体创新能力薄弱

南宁高新区企业创新投入力度和意识不足，R&D人员、R&D人员经费与先进国家高新区相比存在差距，本土创客及初创团队整体创业项目实力薄弱，技术含量较低、创新动力不足，缺乏创新投入和长远发展战略，涌现出的技术型、高成长性的科技型企业不多。

（五）企业面向东盟合作缺乏渠道

当前，南宁高新区内有不少企业具有走向东盟的发展意愿，但目前，仍然以部分企业的自发经贸合作为主，多数企业对于东盟国家的政策法规、商业环境等缺乏了解，面向东盟国家开展创新合作、市场拓展、商务洽谈等缺乏官方对接渠道和专业信息资源，与东盟国家的双创对接有限。

（六）双创示范宣传推广有待加强

南宁高新区"双创"工作对外宣传力度不足，南宁高新区"双创"的知名度、影响力和区域创新创业文化氛围仍有待提升，高新区"双创"工作经验总结推广仍需加强，对中南西南地区、北部湾城市的"双创"示范引领作用发挥有限。

三 2019年南宁市创新创业示范基地建设思路

（一）改善营商环境，提高群众获得感和满意度

一是创新服务方式方法。全力推行"互联网＋政务服务"，继续深化"354560"改革，扎实推进"一事通办""一网通办"，实现政务服务"一号认证"，组建营商环境领导小组办公室，加速高新服务企业 App 的上线应用。二是积极帮助企业降本减负。加大"六稳"政策落实力度，及时兑现各项承诺。切实减轻企业各项税费负担，着力帮助企业破解发展障碍。三是提高政务服务水平。进一步提高政务服务法治化水平，加强社会诚信建设，构建亲清新型政商关系，努力营造公平、开放、透明的园区发展环境，着力增强企业发展信心。

（二）加强人才工作投入力度

一是探索柔性引才新机制，争取建设海外人才离岸创业创新基地，吸引海内外高层次人才及创新创业项目；二是利用"广西籍学子回家看看"等人才对接活动，吸引北上广深等一线城市高级人才回邕发展、创新创业；三是发挥高校院所集聚优势，引导与企业共建实习实训基地，提升青年学生技能水平、实践能力培养，加强高素质人才储备。四是依托北京中

关村创新人才高地优势，举办人才交流对接活动，引进千人计划专家等高层次人才。

（三）利用政策引导与高端链接提升双创服务能力

一是强化对载体平台服务能力提升的政策支持，引入或链接一批知名创业服务机构；二是聚焦智能制造、新一代信息技术等高新区主导产业领域，争取与知名高校院所合作共建产业技术研究院、协同创新中心、大学科技园等高质量创新平台；三是加快推动高新区双创服务云平台建设运营，组建南宁创新创业联盟，集成全市双创资源服务高新区创新创业。四是协助中国科协举办"第四届中欧生命科学论坛（南宁站）"，提供高层次的沟通渠道和平台，开展项目、技术和人才对接，推进中欧科学交流。

（四）加强对科技型创新创业团队和企业的支持

一是充分利用国家、自治区、南宁市各级政府的支持政策，引导企业加强技术创新、申请专利等；二是探索通过创新创业券等方式支持企业的技术创新活动，进一步破解体制机制障碍，降低和分担创新创业风险；三是挖掘、培育本土高成长企业，实施南宁高新区"瞪羚企业"计划，在研发创新、战略咨询、企业融资、资源链接等方面给予专项支持。四是关注新技术、新经济、新业态发展，对节能环保、新材料、新能源产业予以支持。重点围绕先进环保产业和新材料产业，加快新兴产业发展，补齐产业结构短板，力争实现重点突破。

（五）推动与东盟国家的双创交流合作

一是搭建中国—东盟众创空间、国际科技合作基地等跨境载体平台，为中国—东盟开展跨境创业、技术创新合作、创新成果和产品输出提供平台和服务；二是以 2018 年中国东盟创新年为契机，争取国家、自治区和南宁市支持，参与泰国创业大会、东盟创新创业大赛等活动；三是加强高新区企业与东盟国家关键政府部门、社会机构、行业企业的沟通联系。

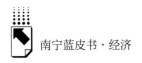

（六）加强双创示范宣传推广

一是打造南宁高新区双创品牌，面向自治区、其他省市积极开展高新区双创政策、服务、成果等宣传推介，提升南宁高新区创新创业关注度和知名度，促进双创人才等要素资源聚集；二是加强对其他双创示范基地的经验学习和交流合作，积极参与全国双创示范基地经验交流；三是积极谋求与先进地区双创示范基地在科技创新、服务资源共享等方面形成合作，形成更宽领域更深层次的"双创"发展格局；四是进一步强化特色"双创"经验总结、推广，重点提炼南宁高新区在高端资源链接、双创对外合作的做法和举措，为中部西部地区"双创"发展提供经验借鉴；五是利用对东盟合作交流的区位优势，推动中国"双创"经验对外传播。

四　南宁市双创示范基地建设的对策建议

（一）全力优化营商环境

贯彻落实自治区、南宁市深化改革创新优化营商环境有关文件精神，全力以赴抓好"放管服"改革等各项工作，确保政务服务提质增效。落实"互联网＋政务服务"，实现新办企业网络审批服务事项全覆盖，加快形成法治化、标准化、便利化的营商环境，做到已有的政策服务优势强项更强更优。建立帮扶企业常态化机制，切实帮助企业解决招工难、融资难等突出问题。保护企业合法权益，要坚决制止侵害企业自主权和合法财产所有权的行为。

（二）持续深化与中关村协同创新合作

加快南宁·中关村"一基地一园区"建设，持续深化与中关村协同创新合作，提升南宁·中关村创新示范基地示范效应，持续吸引创新要素聚集。加快南宁·中关村科技园、中关村创新示范基地（相思湖区）建设，打造新的中关村创新承接载体。通过发挥南宁·中关村创新示范基地示范引领和带动作用，以南宁创新创业联盟为抓手，联合南宁市各类型双创资源，强化资源整合和政策集成，推动人才、技术、资本等创新创业资源与产业协同发展，推动形成以南宁高新区为核心、联动全市重点区域的"1 + N"双创空间格局。

（三）打造高端人才引领型特色载体

以打造高端人才引领型载体为切入点，加快提升现有科技企业孵化器、众创空间等孵化载体服务能力，推动重点推动东盟众创空间、阿里跨境电商众创空间等特色载体建设，探索推动专业化众创空间及孵化器建设工作，引导园区田园生化、博世科等大企业建设专业化众创空间及孵化器，重点打造一批产业特色鲜明、服务能力突出、孵化成效显著的特色孵化载体。

（四）持续推进创新型企业培育

聚焦"专业化、精品化、特色化、创新型"发展方向，培育和引进一批具有核心关键技术和知识产权、研发实力强、成长性高的创新型企业。继续抓好高企培育，落实高企奖励政策，组织和服务企业开展高企申报认定工作。实施瞪羚企业计划，研究制定瞪羚企业支持政策，举办瞪羚报告发布会，发布南宁高新区瞪羚企业榜单，组织瞪羚参加泰国创业大会等海外活动。实施专精特新企业培育计划，研究制定专精特新企业培育工作方案，建立"专精特新"中小企业培育库，打造"专精特新"企业集群。

（五）加大开展对外交流合作

通过组织企业参加赴东盟各国参加产品博览会、技术对接会等，鼓励企业"走出去"，开拓东盟市场；依托中国—东盟技术转移中心、南宁·中关村创新示范基地等平台，举办各类交流活动、论坛、对接会等，探索建设合作基地；根据与泰国清迈大学科技园、柬埔寨工业部国家科技委等5国合作框架协议，建立合作关系，开展科技园合作交流、创新创业合作交流；举办

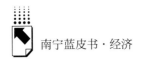

中国（南宁）—阿曼国际创新创业大赛，为南宁、阿曼企业建立对接平台，推动南宁与阿曼创新合作与交流，助力"一带一路"建设。

（六）支持新型产学研用组织

支持新型研发机构建设，结合自治区、南宁市相关工作部署，制定出台南宁高新区关于新型产业技术研究机构建设的配套政策，重视招才引智，引进北京、武汉等地知名高校院所及大企业设立新型研发机构，加快推动高校、科研机构的科研成果产业化。支持龙头企业、高校、科研机构、孵化器等开展深入合作，共建设公共技术平台，资源共享共同研发，集聚更多更高层次双创要素，重点扶持培育分子生物技术平台、AICS生物医药公共研发平台。引导广西大学、广西中医药大学等本地高校院所设立科技成果转化机构，加快技术转移，实现精准对接，帮助实现更多成果产业化，助推企业创新发展。

（七）以创新券为抓手促进科技服务业发展

实施科技创新券制度，投入财政资金面向高新区内小微企业、创业团队等主体无偿发放创新券，专门用于购买科技服务，为创新创业主体提供检验检测、委托开发、技术转移、知识产权、信息服务等。配套制定《南宁高新区科技创新券管理办法》，依托双创云平台搭建创新券线上管理系统，开展创新券申领、服务选择等工作。

B.14
南宁五象新区高质量发展研究

李呈业　韦钰*

摘　要： 近年来，五象新区砥砺前行，全面提速，建设发展势头良好。五象新区核心区基本建成，生态宜居形象初现，民生福祉升级，产业发展初具规模，营商环境不断优化。但是，仍然存在部分片区市政基础设施和公共服务配套设施有待完善、产城融合发展仍需提速、资金及政策支撑力度仍需加强等问题。在新的历史起点上，五象新区将坚持高水平规划，着力完善新区规划体系，做实城市之"形"；加快新区产业发展，推动高质量产城融合，筑牢城市之"实"；持续完善配套建设，打造生态宜居宜业新城，塑造城市之"魂"。

关键词： 五象新区　产城融合　优化营商　生态宜居

　　南宁五象新区地处邕江之南，东起八尺江，西邻水塘江，北起邕江，南望滨海，规划面积约 200 平方公里。

　　近几年来，五象新区党工委、管委会坚持以习近平新时代中国特色社会主义思想为指导，深入贯彻落实习近平总书记视察广西重要讲话精神，按照"三大定位"新使命和"五个扎实"新要求，坚决贯彻落实自治区党委、政府和南宁市委、市政府的工作部署，按照城市建设"形、实、魂"新要求，如期实现"2018 年新区核心区基本成型"的目标，形象面貌焕然一新，建

---

* 李呈业，五象新区管委会办公室副主任；韦钰，五象新区管委会办公室副主任科员。

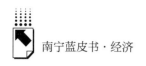

设发展势头良好，为南宁市持续推进"六大升级"工程、加快建设"四个城市"做出了新的贡献，为推动新区高质量发展奠定了良好基础。

一 五象新区建设发展成效

党的十八大以来，五象新区全面提速发展，砥砺前行。2013～2018年，新区项目累计完成投资1788.95亿元，占2006年新区开发建设启动以来的82.5%；引进重点项目计划总投资3511.16亿，占2006年以来的94%，其中引进投资规模10亿元以上的项目106个，占2006年以来的92.17%；实际利用外资85581万美元，占2006年以来的95.28%；完成土地公开"招拍挂"出让面积1.62万亩、土地出让金收入660.89亿元，分别占2006年以来的85.75%和89.09%；新开工、在建项目建筑面积分别为4936.96万平方米、12709.8万平方米，占2006年以来的93.71%和96.94%。

2018年，新区项目完成投资420.06亿元，同比增长18.32%，社会资本重点项目完成投资328.71亿元，占同期新区完成投资的78.25%，同比增长24.91%。截至2018年12月，新区累计入驻中国移动、绿地集团等世界500强企业28家，青岛海尔、太平保险等中国500强企业20家，恒大集团、广州富力等境外上市公司19家，交通银行、邮储银行、兴业银行等金融机构25家，其中，金融机构总部及省级（一级）分支机构16家。

（一）总部基地等核心区基本建成，助推绿城品质升级

承载新区高端服务业发展的总部基地金融街及其周边的蟠龙片区、五象湖片区、自治区重大公益性项目片区等核心区的城市格局基本成形。其中，总部基地金融街高层建筑封顶率75.21%，竣工楼宇47栋，竣工启用项目20个；广西首个地下空间综合利用项目竣工并通车运行，该片区实施的综合改造提升工程全面完成。新区生态环境全面向好，国家级绿色生态示范区建设扎实推进，核心区绿色建筑比例保持100%；第十二届中国（南宁）国际园林博览会盛大开幕，"冬季到南宁看园博"成为现实；邕江南岸整治成

效显著，"江畅、水清、岸绿、景美"的新区沿江风貌全面展现；"五象蓝"常驻，新区全年空气质量优良率（AQI）达92.7%，连续四年逐年提高。核心区一大批项目陆续开工和建成使用，新区现代生态宜居的形象初现。

（二）基础设施建设及安置工作取得新进展，助推民生福祉升级

一是区域大交通基本成型。对内交通畅通，"九纵五横"主干路网全面建成，各片区路网基本完善，路网覆盖面积60平方公里，累计通车总里程突破150公里。五象新区总部基地地下空间项目投入使用，将区域内楼宇之间的地面交通、地下交通与人行系统有机连接，形成了科学的综合交通模式。良庆大桥等7座跨江桥梁无缝连接老城区；南宁机场第二高速公路直达机场航站楼，打造新区核心区直达南宁吴圩国际机场、南宁东站的20分钟交通圈；地铁2号线、快速公交（BRT）2号线开通运营，新区连接老城区的快速公共交通体系基本建立；五象高铁站前期工作加快推进，横跨新区的高铁、高速公路大动脉紧密连接八方。

二是公共服务配套日趋完善。学前教育至高等教育全覆盖，南宁学院和南宁市三中及其初中部、十四中、民主路小学、滨湖路小学等一批知名中小学的五象校区，以及新区第一实验小学等中小学校陆续建成招生，新区累计建成招生中小学校22所；近期布局的9家医院全面启动，首家公立三甲医院广西国际壮医医院以及邕宁区、良庆区人民医院门诊楼等建成启用，广西医科大学东盟国际口腔医学院等项目加快推进；南宁市民中心和4个派出所建成启用，8个邻里中心和一批给排水、燃气、电力、环卫等市政设施项目加快推进；一流文体设施全面集聚，广西体育中心、广西文化艺术中心、广西美术馆、广西规划馆和南宁博物馆、南宁图书馆等一大批标志性大型文化、体育设施相继落成，先后承办了第四十五届世界体操锦标赛等一系列国内外重大国际体育赛事及重大文化活动，为广大市民奉献一批文体饕餮盛宴。

三是安置工作稳步推进。2013～2018年，新区重点加大安置房项目供地，累计供地4453.286亩，相当于"十一五"时期供应量的50.63倍。其

中，2018 年安置工作取得重大突破，全年出让安置房项目用地 1124.29 亩，同比增长 186.73%，占新区全年住宅用地供应量的 73.09%；安置房项目完成投资 49.79 亿元，同比增长 89.17%，相当于"十一五"时期的 19.76 倍和"十二五"时期的 96.25%；年内完成安置房选房人数突破万人大关，达到 1.22 万人，相当于 2006 年以来完成选房安置对象总量的 70%，被征地拆迁群众的获得感和幸福感显著提升。

（三）产业发展初具规模，产业转型和"南宁渠道"同步升级

一是以总部基地金融街为代表的高端服务业培育发展初现成效，区域累计入驻世界 500 强和国内 500 强企业 32 家、金融机构 25 家，是广西目前唯一的自治区级金融商务服务业集聚区；中国人寿广西财险公司等 300 多家企业入驻办公，从业人员约 1.2 万人，五象商圈加速成型。目前金融街加快建设广西面向东盟金融开放门户的南宁核心区，打造"中国东盟金融城"。

二是以中国—东盟信息港南宁核心基地为核心的数字经济加快发展，入库项目近 60 个，广西东盟信息交流中心、中国—东盟新型智慧城市协同创新中心、中国移动广西公司五象信息交流中心等 10 多个创新载体陆续竣工启用，广西—东盟地理信息与卫星应用产业园（地理信息小镇）、中国电信东盟国际信息园等一批产业项目加快建设。

三是以新兴产业园为载体的战略性新兴产业全面推进，中国中车、源正新能源汽车、南南电子汽车新材料精深加工等一批重大项目建成投产，实现"南宁地铁南宁造""南宁公交南宁造"，南宁中铁广发公司生产的国内首台双模式盾构机顺利下线，中国—东盟检验检测认证高技术服务集聚区 6 个东盟中心项目进入装修阶段。

四是以中国—东盟国际物流基地为载体的现代物流业发展迅猛，中国（南宁）跨境电子商务综合试验区开区运营，南宁现代化建材加工及物流配送中心一期工程竣工启用，中新南宁国际物流园、五象粮油食品加工仓储基地等一批项目加快建设。

（四）营商环境不断优化，有力助推改革升级

以工程建设项目审批制度改革为突破口，重新梳理工程建设领域审批流程，全面压缩审批环节，在全市率先简化建设用地规划许可证审批流程，项目业主通过参与公开"招拍挂"取得国有建设用地使用权并签订土地出让合同后，"一次也不用跑"即可取得《建设用地规划许可证》，试点首批受益企业（项目）达22个；先行先试工程项目竣工联合验收，将"串联式验收"变为"集中一次性并联验收"，企业"最多跑一次"可实现项目验收。通过一系列审批制度改革，新区营商环境进一步优化，为企业节约了成本、减轻了负担，获得了企业的认可与好评。

二　当前制约五象新区高质量发展的主要问题

（一）市政基础设施和公共服务配套设施仍需完善

经过几年的努力，新区重点片区一批道路陆续建成，沿路给排水、燃气、电力等市政设施同步配套，一批中小学、医院、大型便民公共建筑项目陆续投入使用。但与新区快速开发建设的需要相比，部分片区市政基础设施和公共配套设施建设的步伐略显落后，尤其是随着大量住宅项目陆续建成交付使用，部分生活配套服务设施不够完善（如邻里中心建设缓慢）、公共交通不便等，使得入住居民生活出行还不够便利。

（二）产城融合度不够，发展仍需提速

新区经过多年的建设发展，当前新区核心区基本成型，现代城市形象已经显现，但新区产城融合程度不够高，支撑新区可持续发展的产业还相对薄弱。特别是总部基地金融街虽然已基本建成，但其作为金融街尚未名副其实，入驻金融机构特别是大型金融机构较少，入驻金融机构等级不高，境外金融机构还是一片空白，金融机构集聚度不高，离建设成为广西

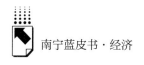

面向东盟的金融开放门户南宁核心区、打造"中国东盟金融城"的要求还有较大差距。

（三）资金及政策支撑力度仍需加强

目前新区招商引资方面的优惠政策不够完善，大数据等新产业、新业态发展优惠政策滞后。如中国—东盟信息港建设作为一项国家重大战略，南宁核心基地落户五象新区，为新区产业高质量发展带来重大的机遇，但国家、自治区和南宁市层面还没有出台针对中国—东盟信息港建设、打造面向东盟的金融开放门户等方面的相关支持政策，也未安排支持核心基地基础设施建设和相关产业发展的扶持资金，新区现有政策相比南宁市其他国家级开发区也未能突出政策招商的优势，对比其他城市差距更大，新区层面开展相关推进工作显得势单力薄，不利于引进大企业大项目。

三　推进新区高质量发展的思路与举措

站在新的历史起点上，五象新区将以习近平新时代中国特色社会主义思想为指导，深入贯彻落实党的十九大精神和十九届二中、三中全会精神，勇当广西构建"南向、北联、东融、西合"对外开放新格局的排头兵，紧紧围绕打造"形、实、魂"的高质量建设发展目标，全面谋划强首府战略的五象新篇章。新区将按照自治区党委、政府和市委、市政府的决策部署，继续加大重大项目建设推进力度，加快产城融合发展步伐，不断提升配套服务水平，全力拓展城市文化建设，建设现代、生态、便捷、特色的宜居宜业新区。

（一）坚持高水平规划，着力完善新区规划体系，做实城市之"形"

新区核心区基本建成，标志着新区之"形"基本确立，但拓展与完善还任重道远。做实新区城市之"形"，必须强化规划科学引领作用，立足新区发展新定位，对标雄安新区，围绕服务城市建立之"实"、之"魂"，坚持以系统化思维进行整体谋划，注重把握城市发展的规律性，以高水平规划打造高品质新区。充分利用新区规划建设管理信息系统，促进新区管理范围内土规、城规、林规融合，加快"多规合一"平台建设工作，强化城市总体规划与各类城市规划协调匹配，进一步提升规划协调性、整体性，提高新区设计品质和整体形象。抓好中国—东盟国际物流基地等一批重点项目、重点产业区域规划，加快完成重点区域控制性详细规划及城市设计的修编、调整和完善，进一步编制完善新区相关专项规划，强化规划对新区开发建设的引导。进一步完善新区亮化整体设计，提升亮化品质和效果。

（二）加快新区产业发展，推动高质量产城融合，筑牢城市之"实"

全面优化营商环境，提高改革开放水平，培育创新驱动引擎，增强招商引资成效，促进增量项目落地，加快存量项目建设，形成项目源源落地及竞相开工、建设热火朝天、竣工捷报频传的火热局面，全力推动以城聚产、以产兴城，深化产城联动，实现新区高质量建设发展。

一是全力实现重大项目攻坚突破，培育新区高质量建设发展新动能。深入实施"重大项目建设攻坚突破年"行动，按照南宁市委提出的"四定"工作要求，大力推进项目签约、落地开工、建成投产、早见成效，以重大项目高质量增长支撑新区高质量发展。认真落实领导联系重大项目、服务重点企业制度，进一步完善项目前期审批攻坚、项目建设协调推进、重点项目前期工作推进会等服务机制，在项目审批、征拆、施工、筹融资等项目建设重点难点问题上下大力气突破攻坚，落实项目建设实时跟踪、全程督查督办、进度通报问效、量化考评奖惩等制度，切实加快推进项目建设。着力推进总部基地金融街一批已封顶楼宇尽快完工、一批在建楼宇加快建设，为新区打造面向东盟金融开放门户核心区提供实体支撑；加快中国—东盟信息港南宁核心基地建设，重点推进广西—东盟地理信息与卫星应用产业园（地理信息小镇）、中国电信东盟国际信息园等一批重大项目加快建设，尽快形成产业聚集效应；加大力度支持新兴产业园发展，大力推进中国—东盟检验检测认证高技术服务集聚区、申龙新能源客车生产基地尽快投产；依托中新南宁国际物流园，加快推进南宁现代化建材加工及物流配送中心二期、五象粮油食品加工仓储基地等项目，建设国际陆海贸易新通道重要节点；以中国（南宁）跨境电子商务综合试验区为主要载体，加快民华电商科技园等项目建设，进一步发展电商经济。

二是大力开展产业招商攻坚突破，厚植产业高质量发展新优势。深化新区产业发展的研究探索，高水平编制新区产业高质量发展规划，围绕中国—东盟信息港南宁核心基地和广西建设面向东盟的金融开放门户认真研究制定项目用地、创新扶持、人才引进等优惠政策，为项目落地提供政策支持。以"产业大招商攻坚突破年"为驱动，强化资源整合，配齐配强招商队伍，以深入实施中国—东盟信息港南宁核心基地、广西建设面向东盟的金融开放门户、国际陆海贸易新通道、跨境电子商务综合试验区等国家战略为己任，高度聚焦数字产业、新一代信息技术、高端装备制造等战略性新兴产业以及金融等高端服务业实施产业大招商，协同市直部门和属地城区全力推进主动招商、精准招商和产业招商，进一步提升招商服务水平，努力实现招商引资大突破。以招商突破做大做强开放平台，以开放水平提升厚植产业发展优势，其中新区金融服务业发展方面，乘国家战略之东风，加快建设面向东盟金融开放门户南宁核心区、中国东盟金融城，全力吸引金融机构集聚，推动已入驻的保险金融机构在金融城设立面向东盟的保险区域总部；主动抢搭粤港澳大湾区发展快车，进一步深化与香港等地的金融合作，积极引进境外银行、券商、基金等金融机构注册落户金融城。

三是着力推动全面优化营商环境攻坚突破，提升新区高质量发展竞争能力。结合新区实际，以工程建设项目审批制度改革作为新区深入开展"优化营商环境攻坚突破年"的首要任务，全面推行全流程工程建设项目审批服务体系。着眼完善机制，按照"宽审、快办、严管、便民、公开"的改革思路，以"多规合一""多评合一""多方案合审""多图连审""告知承诺"等方面改革为重点，制定出台一系列配套制度，健全新区工程建设项目审批管理机制。着眼节点监管，将审批制度改革落实到审批全流程，在全市已有工作基础上，进一步清理前置条件，整合简化申报材料，严控审批工作流程，将前期工作涉及的技术文件编制（设计）单位、第三方审查单位等中介机构作为信用管理重点，编制清晰、简洁、易懂的"一次性告知"办事指南，努力做到申报材料全市最优、审批时限监管全市最严。着眼创新探索，积极推进"互联网＋政务"服务，主动对接协调市直有关部门，将新区电子政务服务纳入全市政务服务平台，为企业、群众提供在线办事服务渠道，便于部门间开展并联审批和业务协同工作，实现更多审批事项办理"最多跑一次"，甚至"一次也不用跑"。

（三）持续完善配套建设，打造生态宜居宜业新城，塑造城市之"魂"

不断完善市政基础设施配套，加密区域次干路、支路，疏通瓶颈路，畅通微循环，加快推进地铁3、4号线及2号线东延线等轨道交通建设，确保常规公交与轨道交通顺畅衔接；继续推进一批给排水、燃气、电力、通信、环卫等市政配套设施建设，打通连接市政配套项目之间的堵点和瓶颈，确保配套设施紧跟道路桥梁建设步伐和项目交付节奏同步建成启用。加快完善公共服务设施配套，加快南宁一中五象校区、新区第四实验小学及第一、第二实验幼儿园等一批学校建设，促进广西医科大学附属五象新区医院、南宁市第二社会福利院等医疗卫生项目尽快建成启用，加快邻里中心等社区便民设施建设，为群众日常生活提供便民服务。扎实推进国家级绿色生态示范城区建设，大力推广可再生能源利用及绿色节能建筑，全面提高绿色建筑质量；建设绿色生态廊道，进一步完善新区园林绿化及慢行系统，保障五象湖、八尺江、楞塘冲等新区主要景观水体水质，着力推进扬尘污染治理，全力守护"五象蓝"，推动新区绿色、循环、低碳发展。在新区开发建设过程中尽可能保护好原有山水格局及民俗文化，深入挖掘五象岭、园博园、顶蛳山、缸瓦窑等新区自然历史遗迹文化底蕴，留住"文化的根"，积极培育新区城市文化，塑造新区城市之"魂"。

专题研究报告

The Themed Research Reports

B.15

南宁市发展数字经济研究

南宁市社会科学院课题组*

摘　要：　近年来，南宁市数字经济发展势头良好，相关政策加快出台、基础设施建设加快推进、数据资源建设初显成效、"互联网＋"融合发展成效显著、产业自主创新体系逐步完善，但仍然存在数字经济总体水平偏低、数字技术产业基础薄弱、传统领域数字化应用水平不高、科技创新能力亟须增强等问题。因此，南宁市应当进一步夯实数字经济发展基础，强化政策措施支持，推动数字产业化、产业数字化发展进程，推进数据资源开发开放，持续加快南宁市数字经济发展。

* 课题组组长：王水莲，广西财经学院，博士，副研究员；课题组成员：王瑶，南宁市社会科学院经济所副所长，助理研究员；刘娴，南宁市社会科学院城市所副所长，助理研究员；苏静，南宁市社会科学院社会所，副研究员；庞嘉宜，南宁市社会科学院城市所，研究实习员；谢强强，南宁市社会科学院办公室，研究实习员；邓学龙，南宁师范大学，副研究员；梁洁，广西财经学院，助理研究员；陈代弟，南宁市社会科学院办公室，研究实习员。

关键词: 数字经济 数字技术产业 大数据 信息化 创新

2017 年 3 月 5 日,国务院总理李克强在十二届全国人大五次会议上所做的政府工作报告中,提出"将促进数字经济加快成长,让企业广泛受益、群众普遍受惠",明确了促进数字经济加快发展的基本要求。2018 年 8 月 20 日,广西壮族自治区人民政府办公厅印发了《广西数字经济发展三年行动计划(2018~2020 年)的通知》(桂政办发〔2018〕95 号),对南宁市发展数字经济具有重要的指导作用。发展数字经济是适应、把握和引领经济发展新常态的根本趋势和要求。

一 南宁市数字经济发展情况

(一)相关政策加快出台

近年来,南宁市在信息化发展、新型城市建设方面出台了《"智慧南宁"建设总体规划》《南宁市大数据建设发展规划(2016~2020)》等专项规划和《2017 年新型智慧城市建设实施方案》《南宁市电子政务工程实施方案》《南宁市加快推进"互联网+政务服务"开展信息惠民建设实施试点工作方案》等具体实施方案。五象新区按照中央实施国家大数据战略加快建设数字中国的决策部署,全力推进南宁核心基地建设,着力打造中国—东盟数字经济基地,制定印发实施《关于加快中国—东盟信息港南宁核心基地创新型产业发展的通知》,研究起草《关于支持中国—东盟信息港南宁核心基地建设的若干政策》等。

(二)基础设施加快推进

一是信息基础设施稳步推进。2017 年,南宁市加快推进信息基础设施建设,全面推进"三网融合",全年电信业务总量完成 135.46 亿元,同比增长43%。截至2017年12月，南宁市互联网出口总带宽5520G，同比增长94.37%；50M以上家庭宽带接入用户数占比提高到32.2%；移动互联网接入流量1.14亿G，户均流量13.21G，同比增长107%；IPTV用户数54.7万户，广电宽带用户数38.68万户，同比增长117.8%。二是网络安全体系建设进一步完善。推进大数据关键信息基础设施安全保障体系研究，完成南宁市政务信息安全管理平台建设，实现了对南宁市重要信息系统安全管理，加强对重要政府网站的监测与预警，强化了对全市电子政务网络平台及相关信息系统的漏洞检测等手段。同时，积极开展病毒防范工作，加强应急处置，积极防范wannacry病毒工作。

（三）数据资源建设初显成效

一是基础数据库建设取得初步成效。经初步分类，人口、法人、地理空间、宏观经济四大基础数据库数据集分别为260项、505项、5项、36项，主题数据集为828项，初步建立起南宁市政务数据资源目录体系。建成南宁市人口基本信息库、南宁市企业基础信息库、南宁市信用信息数据库等一批基础数据库。二是跨部门数据资源共享实现突破。打破各部门之间和各部门内部的信息孤岛，不断推进基础性、公共性的数据中心和信息平台的建设。建成了全市统一的电子政务网络平台、公安专网、社会治安监控网等公共信息与网络平台。构建了统一的政务地理信息共享平台、涉税信息交换平台。建设了南宁市信用信息系统、防汛应急指挥和决策系统等。三是各行业数据库建设初具规模。为加快推进农村基础信息资源整合建设，南宁市建立了农村基础信息数据库，建设了南宁市土地流转管理平台、广西农牧网、南宁农业信息网、南宁市中小企业公共服务平台、南宁文化产业信息网、南宁旅游信息网等行业信息网，有力加强了行业数据库的建设。

（四）"互联网＋"融合发展成效显著

1. 信息产业规模不断壮大

一是电信产业助力快速发展。2017年南宁市电信业务增长42.5%（见

图1）。2017年南宁移动主营业务收入达40亿元，客户市场份额约60%，信息化收入全年完成3.8亿元，同比增长22%。二是电子信息产品制造业持续推进。2017年底，南宁市电子信息制造业实现工业产值570.41亿，增长19.14%（见图2）。围绕电子信息制造业龙头企业，吸引配套企业落户发展电镀、包装、电子元器件等产业。三是软件和信息服务业不断革新。2017年，南宁市软件和信息技术服务业完成主营业务收入130亿元（不含三大运营商），同比增长8.1%（见图3），信息传输、软件和信息服务业完成固定资产投资152.60亿元，比上年增长42.5%（见图4）。四是产业园建设促进产业升级。中民低碳智慧产业园围绕智慧信息服务，定位发展重点为高端信息技术软件、信息服务业、技术性业务流程软件与外包服务、技术性知识流程软件与外包服务、移动互联等产业，进而有效助推南宁市产业转型升级。2017年底南宁北斗信息产业园顺利开园，重点开展产品质量、平台服务的检测与认证，基础导航信息公共服务平台等项目建设前期工作全面展开，力争通过园区载体将北斗产业培育成南宁市新一代信息技术产业的发展亮点。

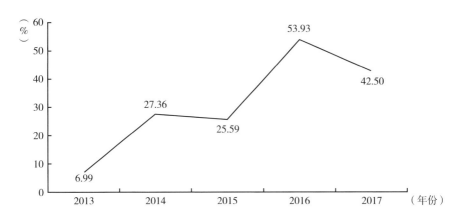

图1 2013～2017年南宁市电信业务总量增长率

资料来源：历年南宁市国民经济发展统计公报。

2. 服务业信息化进程加快

建成"中国—东盟贸易门户"、南宁（中国—东盟）大宗商品交易平

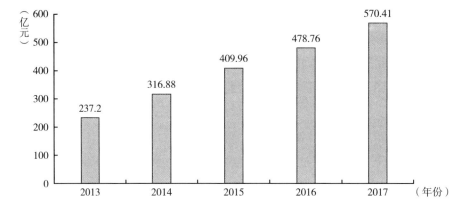

图2　2013～2017年南宁市计算机、通信、其他电子设备制造业工业产值

资料来源：历年南宁市国民经济发展统计公报。

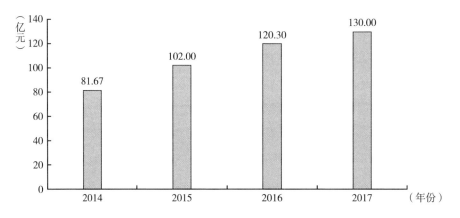

图3　2014～2017年南宁市软件和信息技术服务业主营业务收入

资料来源：历年南宁市国民经济发展统计公报。

台。一是完成了平台进口模块改造，并获海关总署同意接入海关跨境电商进口统一平台，开展跨境电商进口业务。二是完成南宁跨境电子商务综合服务平台二期项目建设。三是成功获批国家跨境贸易电子商务服务试点，跨境电子商务综合服务平台上线运行，电子商务服务业总量在全广西占比超过1/3，其中电子商务交易额占比超过50%，城市电子商务零售额超过469亿元，占全广西的70%左右。

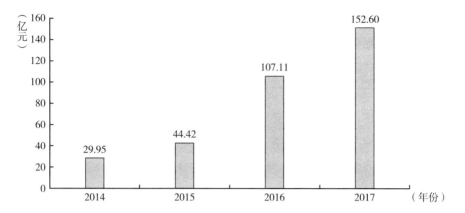

图4　2014~2017 年南宁市信息传输、软件和信息服务业固定资产投资额

资料来源：历年南宁市国民经济发展统计公报。

3.农业信息化发展稳步推进

一是南宁市进一步完善农业信息化基础平台建设，开展农业综合管理与服务平台项目设计，围绕生产、经营、监管、决策和服务等方面，构建生产管理、产品追溯、安全监管、市场流通、支撑决策和综合服务等多个层面的应用。二是开展南宁市休闲农业地图查询系统建设，将农业休闲区域设施等信息整合到地图平台，并对该地图平台进行查询、显示等操作。三是继续开展南宁市农业基础数据库系统建设，通过对全市部分农业基础数据进行梳理，整合数据并完善入库，实现同质数据统计分析，为农业部门领导决策提供数据支撑。四是大力发展农村电商。在 90 个贫困村设立电子商务进农村服务点，促进日用消费品、生产资料等工业品运往贫困农村以及农产品方便进城的"双向"流通。

（五）产业自主创新体系逐步完善

一是推进创新驱动。近年来，南宁市围绕创新驱动发展战略，连续出台一系列突破性强、含金量高的支持政策，对推进创新驱动发展战略做出顶层设计和重点部署。2017 年全市专利申请量 16320 件，同比增长 2.45%，占全区的 28.65%；发明专利授权量 1657 件，同比增长 0.42%，占全区的

36.40%；有效发明专利 5835 件，占全区的 31.93%；每万人口发明专利拥有量 8.35 件，比上年增长 24.32%。全市高新技术企业已达 451 家，占全区的 37.45%。二是搭建双创平台。2016 年 7 月 24 日，南宁·中关村创新示范基地在南宁高新区成功揭牌运营，这是中关村在国内设立的首个双创示范基地，截至 2018 年 5 月，南宁·中关村创新示范基地入驻创新示范基地重点企业已经达到 45 家，入驻孵化创新团队 66 家，服务广西院校 30 余所，入驻面积 4 万平方米，占全部可招商面积（5 万平方米）的 80%。

二 南宁市数字经济发展存在的主要问题

（一）数字经济总体水平偏低

南宁市数字经济总量不大，规模偏小。《中国城市数字经济指数白皮书（2018）》① 评估结果显示，南宁数字经济总分 54.9，未达到所评估城市的平均分（57.6）。在全国 31 个省会（首府、直辖市）城市排名中，南宁市排在第 25 位；在西部 12 个省会（首府、直辖市）城市比较中，南宁市排名第 8 位，与成都（86.7）、贵阳（73.8）、重庆（70.1）等城市存在较大差距（见表 1）。

（二）数字技术产业基础薄弱

目前，南宁市大数据产业发展水平不仅远不及北京、上海、广州等发达城市，与贵阳、成都等西部城市也存在很大差距，数字技术产业基础较为薄弱，电子信息制造业核心竞争力不强，软件和信息技术服务业总体规模偏小。2013～2017 年，南宁市计算机、通信和其他电子设备制造业工业产值呈增长态势，但增速却呈下降趋势，产业增长乏力，支撑作用有限（见图 5）。

---

① 《中国城市数字经济指数白皮书（2018）》主要针对中国城市发展中的数据及信息化基础设施、产业融合、城市治理和城市服务四大关键领域制定评估指标，对覆盖全国 80% 以上经济规模、60% 以上的人口规模的 100 个城市开展评估。

表1 全国31个省会（首府、直辖市）数字经济得分排名情况①

城市	评分	排名	城市	评分	排名
上海	89.0	1	石家庄	64.4	26
北京	87.9	3	沈阳	63.3	29
广州	87.4	4	昆明	60.0	33
成都	86.7	5	南昌	58.5	38
杭州	85.9	6	兰州	58.1	39
武汉	80.9	7	乌鲁木齐	58.1	40
贵阳	73.8	10	太原	57.3	45
南京	73.4	12	哈尔滨	55.9	51
长沙	71.9	13	南宁	54.9	56
福州	70.2	15	呼和浩特	54.8	57
重庆	70.1	16	银川	54.6	58
天津	69.6	18	长春	53.7	59
郑州	68.9	19	西宁	53.1	62
西安	67.2	22	海口	52.1	66
济南	65.4	24	拉萨	43.7	92
合肥	65.8	25			

资料来源：《中国城市数字经济指数白皮书（2018）》，新华三集团数字经济研究院。

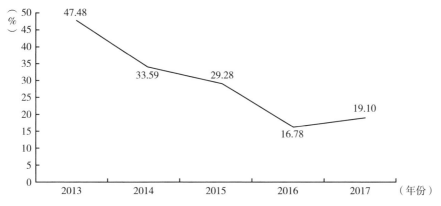

图5 2013～2017年南宁市计算机、通信、其他电子设备制造业工业产值增长率

资料来源：历年南宁市国民经济发展统计公报。

---

① 《中国城市数字经济指数白皮书（2018）》对覆盖全国80%以上经济规模、60%以上人口规模的100个城市开展评估，表中选取的是全国31省会城市（首府、直辖市）的得分和排名情况。

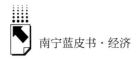
（三）传统领域数字化应用水平不高

数字经济发展呈现三二一产逆向渗透趋势，第三产业数字经济发展较快，第一、第二产业数字经济则相对滞后。农业数字化方面的问题表现在：尚未形成成熟的经验和模式，覆盖应用范围不大；农产品品牌经营不足，同质化严重，难以形成有效竞争力。工业数字化方面的问题表现在：对互联网在工业发展中的助推作用认识不够，规划不足；工业信息化基础设施落后，两化融合的整体进程缓慢。《中国两化融合发展数据地图（2017）》显示，2017年，南宁市两化融合发展水平为44.8分，低于全国平均水平的51.8分，在全国重点城市排名靠后。服务业数字化方面的问题表现在：没有形成完整的产业链，缺少上下游之间互相带动的效益；公共平台建设的标准化、差异化、国际化发展不足；针对服务业的政府管理和服务机制有待进一步完善。

（四）科技创新能力亟须增强

近年来，南宁市科技创新事业发展较快，创新能力进一步增强，但与数字经济快速发展要求相比，南宁市技术开发投入不足，对创新创业基础研究的投入有待加强，全社会R&D经费占GDP比重还较低。2017年，全国R&D经费投入强度为2.12%，南宁市比全国低0.96个百分点，比昆明市低0.72个百分点，比长沙市低1.19个百分点，比成都市2016年低1.22个百分点，R&D投入强度在全国省会城市排名较低。企业科技创新主体地位不明显，对技术研发的投入强度显然不足，导致产品缺乏核心技术和竞争力。在国外，一般的高新技术企业R&D经费投入强度占比为3%~5%，而南宁市的技术研发经费支出在产品销售收入中的占比仅为1%，R&D经费投入强度不足是南宁市信息产品制造业科技创新方面存在的突出问题。

（五）数据资源开发利用率偏低

南宁市已经建立了几十个电子政务系统，但由于各个委办局各自为政、分散建设、重复建设，产生了很多信息孤岛，使得跨部门的数据共享和系统集成难度非常大，跨部门数据资源共享仍面临很大困难。一是很多业务部门缺乏数据资源共享与开放的观念和意识，各个业务部门数据共享与开放的主观动力不足。二是已建系统数据标准不一致，接口不统一，技术整合难度大。三是一些部门的系统是国家部委自上而下建设的，在南宁市部署的仅仅是应用终端，这些系统中数据的共享协调难度很大。四是跨部门数据共享、开放和业务协同的法律法规体系不完善，流程不规范，责任主体不明确。同时，部分行业和企业之间对于数据共享的主观认识不足，也不具备相应的客观条件，从而对跨地区、跨层级、跨行业、跨业务的数据整合形成了不小的约束，导致大量数据资源分散闲置。

（六）数字安全保障有待夯实

当前，由于我国在信息化领域缺乏自主可控的核心技术，南宁市一些重要行业（如金融、电力、交通、通信等）的信息系统大多数使用的是国外的硬件和软件设备，在安全方面存在严重隐患。而在信息安全一些关键技术的研发层面上，南宁市同样也面临着自主创新、可控能力不强、在关键技术和产品上受制于人的窘境。同时，数据的高度集中也意味着风险集聚。南宁市现有的信息安全技术保障水平有限，传统的数据保护方法不能满足大数据安全保障的新要求，对异构数据源、分布式计算、非结构化数据存储、政府数据开放与共享等方面的安全缺乏技术保障手段，对在数据开放共享中的隐私保护也缺乏必要手段，可能产生数据泄密和隐私侵犯等重大安全隐患。

（七）治理能力水平亟待提升

南宁市数字经济发展存在多头管理问题，传统监管体制有着条块化与属地化分割的特性，因此难以适应数字经济发展去中心化、跨界融合的特点，数据整合和数据共享的能力有待加强。传统的事前审批、依靠人力检查的治理方式及手段也明显不能适应数字经济的快速发展需求。数字经济领域法律法规相对滞后，对南宁市的产业数字化进程来说也是极大的不确定性，传统企业数字化转型的主动性、积极性不高。与先进城市相比，南宁市在促进产学研结合方面的政策扶持力度不足，因此，无论是从人才引进和培养方面，还是从对国内外高新技术资源的吸引力方面来看，南宁市仍然缺乏应有的竞争力。尤其是人才供给不足，已经成为制约南宁市数字经济发展的关键问题。

三　南宁市促进数字经济发展的对策措施

（一）强化政策措施支持

1. 制定产业发展综合政策

制定出台支持中国—东盟信息港南宁核心基地产业发展的政策，着重对数字经济发展涉及的重要领域予以重点支持。制定加快数字经济发展的专项政策措施，在数字经济重点项目（企业）落地、产业集聚区建设等方面予以重点支持。

2. 制定用地支持专项政策

明确数字经济产业项目用地可采用招标、拍卖、挂牌方式公开出让，全市新增数字经济产业项目用地优先纳入年度国有建设用地供应计划，确保用地需求。积极争取全市数字经济重大产业项目纳入自治区层面统筹推进重大项目。

3. 资金支持专项政策

统筹整合全市专项资金，调整安排一定额度资金对数字产业关键领域、重点项目及数字经济集聚区给予财政扶持。每年安排一定额度的专项资金对数字产业项目或企业予以支持。综合运用政府参股投资、贴息贷款及事前立项事后补助拨款等方式，强化对数字产业的财政支持。积极支持中国—东盟信息港数字经济产业基金①做大规模并扩大影响力，发挥产业投资引导基金的作用。

4. 加强规划计划引导和管理

编制《南宁市数字经济中长期发展规划》和《南宁市数字经济发展三年行动计划》，明确全市数字产业发展的中长期及未来三年的发展目标、重点领域、主要任务、促进措施等。加强数字经济项目管理，建立全市规范统一的数字经济产业项目库，强化对项目库、新业态的动态化管理。建立全市数字经济重大产业项目跟踪评价机制，根据评价等级予以分类指导，并在申报国家、自治区相关资金方面予以重点支持。

（二）推动数字产业化发展

1. 云计算大数据

一是加快推进中国—东盟信息港大数据中心等重大项目建设，支持建立大数据产业园，搭建各类大数据平台。二是组织申报国家大数据（南宁）综合试验区②，争取国家支持建设面向东盟的离岸数据中心，加快建设区域性国际数据交易中心。三是培育壮大一批数据采集、挖掘、分析、安全等大数据服务本地企业（如中国东信），促进大数据在医疗健康、社

---

① 2018 年 9 月，中国—东盟信息港股份有限公司牵头成立了中国—东盟信息港数字经济产业联盟（以下简称"联盟"），旨在携手中国和东盟国家合作伙伴打造开放型合作平台，在联盟框架下设立中国—东盟信息港数字经济产业基金，基金规模 200 亿元，主要应用于数字丝路重大项目建设及数字经济产业的项目孵化、投资和并购业务。其中，数字经济基金采用母子基金的架构，母基金计划募资规模 30 亿元，基金围绕产业投资、产业并购、产业孵化领域分设子基金，计划募资总规模 200 亿元。产业投资领域，聚焦云计算、大数据、物联网、云通信、区块链、产业互联网、人工智能、金融科技、智慧城市等战略新兴产业；产业并购领域，围绕构建中国—东盟信息港生态圈进行上下游产业并购；产业孵化领域，着重关注中国—东盟信息港生态圈内具备市场潜力和核心技术能力的初创型信息企业，通过技术孵化、资源注入与产品重构，实现资本增值。

② 国家发改委会同工信部、中央网信办先后批复同意贵州省、京津冀、珠江三角洲、上海市、河南省、重庆市、沈阳市、内蒙古八大区域开展国家大数据综合试验区建设，这些试验区正围绕不同定位，开展系统性、整体性、协同性大数据综合试验探索。在 8 个国家大数据综合试验区中，包括 1 个（贵州）先导试验型综合试验区，2 个跨区域类综合试验区，4 个区域示范类综合试验区，1 个大数据基础设施统筹发展类综合试验区。

会保障、教育文化、交通旅游等领域的应用。四是积极培育引进云计算研发和服务企业，支持信息技术服务企业向云计算产品和服务提供商转型。五是促进跨领域、跨行业的数据融合和协同创新，大力提升产业大数据资源的采集获取和分析利用能力，探索形成协同发展的新业态、新模式。

2. 人工智能

一是推进园区建设，开展人工智能在工业、农业、交通、教育、医疗等领域的科技研发和应用示范。二是加大对科技创新企业支持力度，加大力度引进机器视觉等技术集成创新应用，大力培育智能产业。三是设立人工智能产业创新中心，鼓励建立人工智能企业与用户合作的"产学研用"联盟。四是创造优越的创新创业环境，制定人工智能研发创新的税收优惠政策和奖励补助政策，强化人工智能产业发展政策、金融支持。

3. 北斗卫星导航应用

一是积极推进北斗卫星导航在全市交通运输、现代农业、城市综合管理以及民生服务等重点行业领域的示范应用，加快形成导航、通信、地理信息系统配套应用服务体系以及完整的产业链。二是推动在中国—东盟信息港南宁核心基地建立北斗导航产业园，全面推进项目和企业集聚。三是积极向中国卫星导航系统管理办公室（国家北斗办）申报国家级北斗导航应用示范，全面推进南宁市与东盟卫星导航领域的合作。四是重点对接国内国家地理信息（北斗卫星导航）企业，促进其在南宁市开展面向东盟的北斗卫星导航应用服务。

4. 前沿信息产业

一是研究全市前沿信息产业发展方向，将量子通信、区块链、未来网络等作为重点领域，大力支持开展技术创新应用研发。二是积极支持探索量子通信技术在电子政务、金融服务等领域的开发应用。三是加快推进中国—东盟区块链产业园建设，积极建立区块链技术研发的公共服务平台，鼓励区块链和"互联网＋"深度融合。四是积极争取未来网络南宁分控节点尽快落地，着力推动未来网络 SDN（软件定义网络）、NFV（网络功能虚拟化）等技术在跨境电子商务、远程医疗等领域的应用。

（三）推进农业数字化发展

1. 积极发展智慧农业[①]

一是依托市级农业信息化项目，全面推进物联网、大数据、空间信息、智能装备等新一代信息技术与农机生产、经营、管理、服务作业等各环节各领域的深度融合和应用。二是加快建设智慧农机，积极推进智慧农机建设工程、建设智慧农机生产应用示范基地等项目建设。三是支持和鼓励全市现代特色农业示范区数字化建设，带动农业生产、经营、管理、服务等领域的数字化应用创新。四是强化农业实用数据库建设，培育一批网络化、智能化、精准化的现代农业生产新模式，大力发展智能农业、感知农业。

2. 大力发展农村电子商务

一是大力实施"电子商务进万村工程"，推进"互联网 + 农业"发展，积极推进"电商 + 产业 + 市场 + 冷链"的农村电商发展新模式。二是强化企业主体地位，鼓励发展电商直供、社区支持农业（CSA）等新型农业经营模式，积极开展鲜活农产品社区直配、放心农业生产资料下乡、休闲农业上网营销等电子商务试点。三是结合全市"万企千店"电子商务推广工程，积极搭建农村电子商务综合服务平台。四是积极扶持一批辐射带动能力强的新型农业经营主体，培育一批农村电子商务示范县、示范企业和示范合作社。

3. 推进农业智能化管理

一是建立农业决策系统、农业数据资源系统，不断完善数字农业平台的

---

① 智慧农业是农业生产的高级阶段，是集新兴的互联网、移动互联网、云计算和物联网技术为一体，依托部署在农业生产现场的各种传感节点（环境温湿度、土壤水分、二氧化碳、图像等）和无线通信网络实现农业生产环境的智能感知、智能预警、智能决策、智能分析、专家在线指导，为农业生产提供精准化种植、可视化管理、智能化决策。

服务功能，推进南宁市农业综合信息管理与服务平台①、南宁农产品质量安全追溯系统和农产品安全监管系统建设。二是基于南宁市农村土地确权地理信息数据、数字南宁市地理信息数据等基础，加快推进"农业一张图"建设。三是加强农业农村信息服务体系建设，打造现代农村综合信息服务平台，建立健全农业农村信息服务体系，做到服务延伸到村、信息精准到户，培育改造提升"三农"新动能。

（四）推进工业数字化发展

1. 大力发展智能制造业

一是重点推进中关村双创示范基地、富士康东盟硅谷科技园等建设，促进大数据、云计算等业态在基地（科技园）集聚。二是积极建立若干智能制造园区，打造面向东盟的现代化智能制造产业园。三是加大项目（企业）招商引资力度，积极引进联东U谷·五象生态科技谷等一批集智能制造、高端装备制造、电子信息、人工智能等于一体的项目，全力支持智能制造企业在南宁市设立分支机构并开展相关业务。

2. 积极发展电子信息产品制造业

一是积极支持富士康、研祥、斐讯等企业发展服务器、一体机、存储、内存计算等大数据装备产品，力争在大数据装备、智能终端和智能芯片制造等领域实现重点突破。二是加大重大项目跟踪协调工作力度，努力推动高性能集成电路、新型电子材料等高端制造业发展，做大做强网络和通信设备、数字视听设备、新型电子元器件、光电子、智能控制设备等重点制造产品。

3. 积极搭建工业数字化平台

一是建立面向电子信息、先进装备制造、生物医药等主导和优势产业的

---

① 典型案例有中国—东盟信息港股份有限责任公司在深入调研广西糖业现状的基础上，通过建设中国—东盟蔗糖通平台，打造贯穿蔗糖全产业链的三大平台：甘蔗生产服务大数据平台、蔗糖生产服务大数据平台、广西泛糖现货交易平台，在IT系统建设、平台运营服务、金融产品应用三方面为蔗糖产业提供高效、便捷的全流程互联网化平台服务，实现农工商一体化。通过对蔗糖产业链全流程互联网化升级，有效解决了蔗糖产业规模小、成本高、价格不稳定、附加值低的问题，保障了供需的有效平衡。

工业大数据资源聚合和分析应用平台，推动建设全行业工业大数据平台，面向企业生产经营的重点环节，提供支撑协同创新、柔性制造、精益管理、精准营销的大数据分析云服务。二是构建基于互联网的开放式"双创"平台，构建不同企业专业化分工协作的网络体系。三是建立中小企业公共服务平台，搭建企业间数据交换共享体系。四是积极搭建面向东盟国家的制造企业提供商业化工业云服务的数据平台。

（五）推进服务业数字化发展

1. 智慧物流

一是针对中国—东盟智能化物流服务的需求，建设现代物流大数据平台，推进物流政务服务和物流商务服务的一体化。二是依托空间地理信息平台，积极融合物联网、GPS、北斗导航定位等数据，实现城市物流动态行为数据的共享服务。三是大力支持物流企业发展智慧物流，优化物流供应链，促进物流企业智慧化发展。四是重点支持和引导中新（南宁）国际物流园智慧物流发展，积极建立服务陆海新通道、具备多式联运功能的智慧物流供应链平台。

2. 智慧旅游

一是组织编制《南宁智慧旅游发展规划（2020～2025）》，明确全市智慧旅游发展的目标、主要任务、推进策略、支撑体系、应用体系、保障体系等，为指导全市智慧旅游发展提供指导和依据。二是加大南宁市智能化综合旅游服务平台和智慧旅游数据中心建设，积极推进"云游南宁"智慧旅游云平台建设，打造"一体多端"的智慧旅游公共服务体系。三是以《南宁市全域旅游总体规划（2017年～2025年）》为指导，围绕青秀山、方特东盟神画、南宁万达茂、南宁园博园等重点景区，推进智慧旅游景区建设试点。四是加强旅游信息共享和服务交流合作，与越南、柬埔寨等东盟国家的旅游知名景点建立信息共享机制，建立全领域旅游信息发布平台。

3. 智慧健康

一是在数字医院、三医联动、远程医疗、健康监护、体育健身等领域提高智能化服务水平。二是探索建立"互联网＋居家""互联网＋社区""互联网＋机构""互联网＋医疗""互联网＋产业"等智慧养老模式。三是将全市现有各类医疗健康、养老信息等信息平台全面融入爱南宁 App 智慧健康板块，加紧搭建健康养老大数据服务子平台。四是以医院管理和电子病历为重点，建立全市居民电子健康档案；以实现医院服务网络化为重点，推进远程挂号、电子收费、数字远程医疗服务、图文体检诊断系统等智慧医疗系统建设。

4. 跨境电子商务

一是完善南宁跨境电子商务综合服务平台，推进跨境电商线上"单一窗口"、线下"综合园区"和"信息共享、金融服务、智能物流、电商信用、统计监测和风险防控"等综合服务体系建设。二是大力培育本土电子商务企业，支持国内知名电商企业在南宁综合保税区等区域设立面向东盟的电子商务总部。三是支持电子商务企业"走出去"，重点支持跨境电商企业建设覆盖重点国别、重点市场的海外仓，加快东盟大宗商品离岸交易中心项目建设。四是鼓励大型百货商场、连锁超市积极开展网络零售批发业务，发展新零售、全渠道、定制化营销模式。五是充分依托南宁国家跨境电商综合试验区建设，积极争取国家对面向东盟的跨境电商的政策支持，出台鼓励跨境电商发展的措施。

5. 数字金融①

一是推进传统金融机构基于大数据的互联网金融业务创新，支持银行、保险机构通过互联网、移动终端等渠道提供金融产品和服务。二是支持金融机构、大型电商企业等在南宁核心基地设立各类主要从事互联网金融业务的法人机构或功能性总部机构。三是依托区域性跨境人民币业务平台（南宁）等平台，强化中国—东盟自贸区金融信息发布平台建设。四是大力推进金融改革创新，积极推动人民币对东盟国家货币银行间市场区域交易，扩大人民

---

① 数字金融包括互联网支付、移动支付、网上银行、金融服务外包及网上贷款、网上保险、网上基金等金融服务。

币跨境支付系统（CIPS）使用。五是加强互联网金融监管合作，进一步完善南宁市地方金融监管信息平台，建设南宁市金融大数据服务平台，进一步加强区域金融市场的管理。

6. 网络文化产业

一是重点研究全市网络文化产业发展的方向，推进"互联网＋文化"不断深入开展，加快发展文化创意、数字出版、移动多媒体、动漫游戏等新兴文化产业。二是推动中国与东盟网络媒体交流合作，构建集研发设计、创意策划、内容生产、节目译制、版权交易、公共服务、展示推介、娱乐体验、人才培训等多功能于一体的现代传媒产业集群发展基地。三是挖掘本土优秀文化遗产，与东盟国家共同举办网上"丝绸之路"电视电影节等文化交流互动。四是着力引导和支持市内重点新闻网站和主要商业网站多渠道把我国歌曲、图书、报刊、影视剧、综艺文化节目、动漫、游戏等文化产品向东盟国家传播。

（六）推进数据资源开发开放

一是提高政务数据资源开发利用水平。制定全市政务数据资源开发应用技术指南，明确政务数据资源向社会开放重点领域。强力整合政务、经济、生活等信息资源，实现数据归集、集聚，推动开展数据综合开发利用。鼓励和支持知名社会企业（如浪潮集团）参与数据资源开发利用，面向重点行业和重点民生领域开展大数据重大应用示范。

二是推动数字经济开放共享。依托中国—东盟博览会，举办数字经济合作高峰论坛。鼓励和支持国内企业以项目投资、服务承包、并购等方式与东盟国家开展合作。积极支持中国—东盟信息港数字经济产业联盟和产业基金吸引东盟国家企业及其资金加入。采集汇聚东盟十国的政务数据、社会数据和互联网数据，扩大数据采集范围，拓展数据共享开放国际合作。搭建东盟舆情监测平台，建设东盟舆情信息数据库，重点监测东盟国家网络信息。

（七）夯实数字经济发展基础

一是加快新一代信息基础设施建设。加大传统基础设施网络化建设和数字化改造力度，支持电信运营商加快网络基础设施升级改造，加快建设超高速、大容量、智能化的通信骨干网络。新建一批互联网数据中心、超算中心和云计算平台等数字化基础设施，推动各行业、全领域数据向云端迁移，建设基于大数据的先进信息网络支撑体系。

二是强化数字经济安全保障。制定包括安全防护、供应链安全、信息安全保护等在内的数字经济安全制度。加强行业信息监管，构建行业统一的分级保护体系。推进全市政府数据资源目录的集中存储和统一管理，建立政府数据资源统筹管理和调度运行机制。支持数据加解密、数据审计、数据销毁、完整性验证等数据安全技术研发及产业化。

三是强化人才培养引进力度。建立校企联合培养人才模式，依托区内高校联合有关企业成立专门学院，在现有学科基础上增设数据科学、人工智能、大数据等专业。建立南宁数字经济人才库，将数字经济高层次人才纳入全市急需紧缺高层次人才引进计划，强化南宁市"1+6"人才政策①对数字经济领域高端人才、专业技术人才的支持倾斜。

参考文献

[1] 莫玮：《发展数字经济 推动经济融合发展》，《软件和集成电路》2018年第4期。

[2] 鲁春丛：《发展数字经济的思考》，《网络空间战略论坛》2018年第3期。

---

① "1+6"人才政策即《南宁市深化人才发展体制机制改革打造面向东盟的区域性国际人才高地行动计划》《提升自主创新能力促进产业优化升级发展若干政策措施》《关于支持青年人才留邕创业就业的若干措施》《关于强化人才创新创业金融支撑的若干措施》《关于南宁市建设海外人才离岸创新创业基地的实施办法》《南宁市引进海外人才工作实施办法》《加快南宁市人力资源服务业发展实施办法》。

［3］蓝庆新、窦凯：《共享时代数字经济发展趋势与对策》，《理论学科》2017 年第 6 期。

［4］杜庆昊：《关于建设数字经济强国的思考》，《行政管理改革》2018 年第 5 期。

［5］南磊：《江苏数字经济发展路径研究》，《中国信息化》2018 年第 5 期。

［6］张太平：《强化大数据产业基础 加快数字经济发展》，《北方经济》2018 年第 2 期。

［7］应瑛、邱靓：《勇立数字经济发展潮头》，《浙江经济》2018 年第 4 期。

［8］张鸿：《数字经济为引擎推动"三个经济"高质量发展》，《新西部》2018 年第 4 期。

［9］陈畴镛：《以数字经济驱动高质量发展》，《浙江经济》2018 年第 4 期。

［10］陈煜波、马晔风：《数字人才——中国经济数字化转型的核心驱动力》，《清华管理评论》2018 年第 2 期。

B.16
南宁市推进政府性融资
担保体系建设研究

南宁市社会科学院课题组 *

摘　要：　2017 年以来，南宁市加快完善政府性融资担保体系建设，在
核心平台、机构队伍、配套政策体系、运营机制等方面都有
突破性进展。但仍然存在政府性融资担保机构建设尚未健全、
整体运营机制尚未构建、资金补偿机制不够健全、风险分担
机制有待明确、考核机制尚未真正发挥作用等问题。因此，
应当从完善新型政银担合作模式、增强政府性担保机构服务
能力、鼓励融资担保机构积极创新发展、构建以财政资金为
主的多层次资金补充机制、完善政银担合作工作机制、建立
与政策性功能相适应的考核管理体制等方面出发推进南宁市
政府性融资担保体系建设。

关键词：　政府性融资担保体系　风险分担　资金补偿

党中央国务院多次强调，要为中小微企业融资提供便利，缓解其融资
难、融资贵困境。2017 年，国务院公布《融资担保公司监督管理条例》，重

---

* 课题组组长：钟柳红，南宁市社会科学院副调研员，正高级经济师；课题组成员：吴金艳，
南宁市社会科学院东盟研究所所长，副研究员；黄旭文，南宁市社会科学院东盟研究所副所
长，助理研究员；王许兵，南宁市社会科学院东盟研究所，研究实习员；韦灵桂，南宁学院，
讲师。

在支持普惠金融发展，促进资金融通。广西壮族自治区、南宁市也先后发布《广西壮族自治区人民政府关于加快政府性融资担保体系建设的意见》《南宁市加快政府性融资担保体系建设实施方案》，着力于解决小微企业所遇到的融资难、融资贵的问题。无论是从中央还是到地方，支持中小企业融资已在政策方面形成合力，南宁市推进政府性融资担保体系建设，对于改善中小微企业融资环境，破解其融资难融资贵等难题具有重要意义。

一 南宁市政府性融资担保体系发展现状

2017年以来，南宁市认真贯彻落实《广西壮族自治区人民政府关于加快政府性融资担保体系建设的意见》（桂政发〔2016〕62号）和《南宁市加快政府性融资担保体系建设实施方案》（南府办〔2016〕91号）精神，加快完善政府性融资担保体系建设，在核心平台、机构队伍、配套政策体系、运营机制等方面都有突破性进展。

（一）核心平台

为加强南宁市政府性融资担保体系发展过程中政府的统筹和指导作用，现已建立政府性融资担保体系建设工作联席会议，其主要工作职责、联席会议成员及其相关事项规定明确、运行有序，构建了南宁市政府性融资担保体系建设的核心平台。

1. 核心作用明显，全面统筹指导建设工作

从联席会议的主要工作职责来看，其主要负责统筹协调政府性融资担保体系建设的重要事项，并指导政府性融资担保体系建设工作加快推进，在整个建设发展过程中都是处于核心主导地位的。

2. 多方协调，联席会议成员配置合理

联席会议的召集人由市政府分管副市长担任，其他成员包括市金融办、市财政局、市国资委、市工商局、南宁金融投资集团以及各县（区）政府、开发区管委会等单位的主要负责人，在多方共同参与的情况下，加强了多部

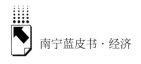

门的协调合作、共同推进。

3. 建立常设机构，确保日常工作有序开展

联席会议在市金融办设立办公室，由市政府分管副秘书长担任办公室主任，市金融办主任担任办公室副主任，办公室主要负责全市融资担保体系建设工作日常事务，为政府性融资担保体系建设有序推进保驾护航。

4. 有力推动，进程加快

联席会议统筹推进全市政府性融资担保体系建设。截至 2017 年，共召开联席会议 2 次，推进市政府与建设银行广西区分行等 12 家银行机构、广西再担保公司和市小微担保公司签署了《"4321"政银担合作框架协议》，审议出台《南宁市政府性融资担保机构资本金补充、风险分担和代偿补偿机制及实施细则》、《2017 年南宁市政府性融资担保机构绩效考核评价方案》和《南宁市银行业金融机构参与新型政银担合作考核暂行办法》等系列配套文件。此外，还以召开专题会、现场走访等形式，及时协调解决工作中存在的困难和问题。

（二）机构队伍

南宁市政府性融资担保体系建设的首要任务就是大力发展政府性融资担保机构，南宁市小微企业融资担保有限公司的成立，极大地加强了机构队伍建设。

1. 设立专职规范机构

根据南府办函〔2016〕373 号文要求，成立专注"4321"融资担保业务的政府性融资担保机构——南宁市小微企业融资担保有限公司，设置担保业务部、法务风控部、综合部、财务部共 4 个部门，提供低费率的公益融资担保服务，在保持独立性的基础上，公司纳入南宁金融集团管理，实行决策独立、业务独立、财务独立、人员独立、考核独立，确保公司公益性质定位。2017 年，市小微担保公司注册资本金达 4 亿元，股东共 17 人，现有员工 23 人（含公司领导 4 人），获得银行准入授信 32.89 亿元，为全区唯一一家2017 年度分类评级结果达到 A 级的政府性融资担保机构。

2. 有序推进业务发展

根据工作目标要求，平稳、较快地推进业务有序发展。第一，实现全覆盖。2017 年末，市小微担保公司"4321"融资担保业务已经在南宁市 15 个县域实现全覆盖。第二，任务完成度高。截至 2018 年 6 月 30 日，业务累计投放 20749.85 万元、回收 1500 万元，在保余额 19249.85 万元。市小微担保公司贷款担保余额比上年新增 11909.85 万元，增速为 162.26%，已完成自治区下达的年度担保余额任务目标的 24.74%，完成率暂列广西 14 个地市小微担保公司第五名，在保余额暂列第三名。第三，切实服务小微企业和"三农"。目前，市小微担保公司共为 40 户小微企业和"三农"提供融资担保服务，户均担保金额 481.25 万元，综合融资担保费率 1.32%，暂未发生担保代偿。

3. 有效拓展业务合作

积极主动与各家银行洽谈，签署合作协议，业务合作效果显著。截至 2017 年末，市小微担保公司共与 12 家银行签订四方、三方合作协议；2018 年新增 4 家合作银行，分别为华夏银行南宁分行、南宁兴宁长江村镇银行、南宁马山长江村镇银行、南宁隆安长江村镇银行，目前均已签订完成相关基础协议，并逐步有业务落地。截至 2018 年 6 月 30 日，共获得上述 14 家合作银行准入授信金额累计 33.89 亿元（马山、隆安长江村镇尚未完成准入授信）。

（三）配套政策体系

根据自治区政府印发的《广西壮族自治区人民政府关于加快政府性融资担保体系建设的意见》（桂政发〔2016〕62 号）精神，南宁市政府通过出台一系列配套政策的方式积极落实，推进了市政府性融资担保体系建设。

1. 与自治区政府文件相配套的引领性措施

南宁市政府积极落实自治区政府部署，出台引领性配套政策贯彻落实桂政发〔2016〕62 号文件精神，并于市十四届人民政府第 4 次常务会议审议通过《南宁市加快政府性融资担保体系建设实施方案》，并印发给各县、区

人民政府，市政府各部门，各开发区管委会，市级各双管单位，市直各事业、企业单位组织实施。该配套引领性措施指出：以坚持政府主导和政策扶持相结合、加快推进政府性融资担保体系建设、切实提升南宁市融资担保行业发展水平、更好地服务南宁市经济社会发展大局为总体要求和发展目标，建立政府性融资担保体系建设工作联席会议，加强组织领导、优化发展环境、加强风险防范，主要任务是大力发展政府性融资担保机构、发挥普惠金融服务职能、建立资本金持续补充机制、建立新型政银担风险分担机制、建立融资担保代偿补偿机制、建立考核评价机制、与广西再担保有限公司建立良好合作关系。

2. 配套出台市政府性融资担保机构组建方案

南宁市政府为了加快政府性融资担保体系的建设进程，加强了对政府性融资担保机构的建设，并于 2016 年 12 月 30 日将《南宁市小微企业融资担保有限公司组建方案》印发给各县、区人民政府，市政府各部门，各开发区管委会，市级各双管单位，市直各事业、企业单位组织实施。该方案根据国发〔2015〕43 号和桂政发〔2016〕62 号文件精神，坚持政府主导、政策扶持、市场化运作、专业化管理原则组建南宁市小微企业融资担保有限公司，对公司名称、性质、管辖、注册资本、运作方式、业务范围、公司治理结构、经营要求及考核机制做出明确规定，并且对组建领导小组及筹建工作安排都做了相关要求。

3. 相应出台确保市政府性融资担保机构有效运行的措施

南宁市小微企业融资担保有限公司属于南宁市政府性融资担保机构，致力于构建"4321"新型政银担合作关系，为确保其有效运转，市政府相继出台建设资金预算、考核评价、风险分担和代偿补偿机制等方面的政策措施。一是出台《关于落实政府性融资担保体系建设 2017 年预算资金安排的通知》（南金办函〔2017〕69 号），将融资担保体系建设各项资金纳入 2017 年财政预算。二是印发《南宁市政府性融资担保机构资本金补充、风险分担和代偿补偿机制及实施细则》（南政融资担保发〔2017〕27 号），明确责任主体、资本金补充机制及资金安排、代偿风险责任分担及申请程序、融资担保代偿补偿机制及申请程序等内容。三是印发《2017 年市政府性融资担保机构绩效考核评价方案》（南政融资担保发〔2017〕26 号），根据考核指标和评分细则，对加入自治区政府性融资担保体系的南宁市政府性融资担保机构进行绩效考核评价，评价的内容包括：政府性融资担保机构放大倍数、服务小微企业户数与贷款担保规模、风险控制和合规经营，以及代偿到位情况等。

（四）运营机制

目前，南宁市政府性融资担保体系已经形成资本金持续补充、新型政银担风险分担、融资担保代偿补偿、考核评价等四大运营机制，有力地保障了体系的稳定与发展。

1. 资本金持续补充机制

已建立政府性融资担保机构的资本金持续补充机制，所需资金纳入市、县（区）、开发区财政年度预算，各县（区）、开发区的增资比例原则上与辖区内政府性融资担保业务规模相匹配。2017 年隆安县、上林县、马山县财政需分别安排预算资金 800 万元，其余 12 个县（区）、开发区需分别安排预算资金 1600 万元增资南宁市小微企业融资担保有限公司。截至目前，南宁小微担保公司注册资本金从成立初期的 1 亿元增至现在的 4 亿元。

2. 新型政银担风险分担

推动"政银担"收益共享与代偿分担合作机制的建立，扩大小微企业和"三农"担保业务的规模，已建立"4321"风险分担机制，即对政府性融资担保机构开展的符合条件的小微企业融资担保业务，代偿责任由政府性融资担保机构、广西再担保有限公司、银行业金融机构、融资担保业务发生地设区市或县（区）、开发区财政按照 4∶3∶2∶1 的比例分担。市、县（区）、开发区财政所承担的 10% 的代偿责任要通过设立政府性融资担保风险分担资金，列入财政年度预算并确保及时足额到位。

3. 融资担保代偿补偿

已建立政府性融资担保代偿补偿机制，设立融资担保代偿补偿资金，纳入财政年度预算，及时足额对本级政府性融资担保机构（含非本级政府性融资担保机构在辖区内设立的分支机构）进行适当补偿。市、县（区）、开发区财政2017年和2018年分别共需安排600万~1000万元和1500万~1800万元预算资金对辖区内开展"4321"业务的政府性融资担保机构（含非本级政府性融资担保机构在辖区内设立的分支机构）进行代偿补偿。2017年，各级共安排政府性融资担保代偿补偿预算资金642万元。

4. 考核评价机制

已建立以融资担保功能发挥和风险防范为核心指标的政府性融资担保机构绩效考评体系，着重考核一些指标，如政府性融资担保机构放大倍数、服务小微企业户数与贷款担保规模、风险控制和合规经营与代偿到位情况、担保费率优惠等，取消盈利要求。南宁金融投资集团对南宁市小微企业融资担保有限公司进行年度综合绩效管理。2017年市政府印发了《2017年市政府性融资担保机构绩效考核评价方案》（南政融资担保发〔2017〕26号），更加明确了考核评价机制的内容。

二 南宁市政府性融资担保体系存在的问题

（一）政府性融资担保机构建设尚未健全

当前，南宁市的政府性融资担保体系仍未能形成以市、县为重点，布局科学，通过充实资本金实力和政府出资新设等方式的政府性融资担保机构。财政对于政府性融资担保机构的支持力度仍嫌不足，南宁市市政府性融资担保机构资本金实力相对于其他周边省会城市仍较弱，扶持政府性融资担保机构相关能力不足，无法在更广泛的领域更为深入地开展相关业务。同时，南宁市政府性融资体系存在政策性融资担保业务总量偏低的状况，2017年，全区"4321"业务总量为5.29亿元，南宁市占比为13.9%，低于柳州市5个百分点。截至2018年2月，仅新增政府性融资担保业务1笔100万元，储备的项目没能紧跟衔接，在审项目进展也十分缓慢。

（二）政府性融资担保体系的整体运营机制尚未构建

当前，南宁市政府性融资担保体系在运营方面最突出的问题还是难以调动合作银行的积极性，市本级分类考核对银行业金融机构触动作用不大，尚有农业银行未实现南宁市"4321"业务零突破。虽然南宁市将银行开展"4321"业务纳入市本级财政资金和预算单位资金竞争性存放特别加分项目，市小微担保公司出台了《合作银行担保业务存款激励方案》，但调动银行积极性收效甚微，银行对业务开展表现不积极。

导致银行积极性不高的原因主要有：一是银行难以执行体系优惠利率政策，受国家货币政策保持中性、金融监管趋紧、去杠杆力度加强等因素影响，资金价格持续走高，小微企业融资成本居高不下。目前银行对小微企业和"三农"贷款利率一般超过基准利率50%以上，难以达到"4321"业务利率不得超过基准利率30%的要求，这种情况在广西北部湾银行、桂林银行、柳州银行等资金成本较高的地方性商业银行尤为突出。二是银行未制定完善"4321"业务管理制度，对20%的风险敞口相对谨慎。除柳州银行、农信社等地方法人金融机构开辟了"4321"业务绿色通道外，大部分银行仍按总行的小微和"三农"贷款政策要求开展"4321"业务，业务审批权限没有下放，业务流程过长。大部分银行还未出台"4321"业务尽职免责办法，导致银行基层信贷经理对办理"4321"业务存在风险顾虑。

（三）融资担保体系的资金补偿机制不够健全

目前，南宁市在融资担保体系方面的资金补偿机制不够健全，主要表现为：一是南宁市政府财力有限，不能完全满足融资担保的资金需求；二是南宁市融资担保机构一般考虑到风险的集聚与突发，在资金投放业务上较于谨慎，不少资金需求大、发展前景好的企业不能有效取得担保资格；三是区县一级政府对信用担保的后续扶持很少，未能在税收、审批等方面形成长效支持；四是未能采取可持续性的资金投入形式，一次性的资金投入，并不能有效地对融资担保机构形成长期的资金支持，并使其增强内生发展能力。

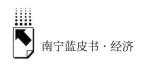

（四）融资担保体系的风险分担机制有待明确

安徽省在风险分担机制创新与执行方面，走在全国前列，经典的"4321"风险分担模式，在实践中得到具体贯彻与体现，使得政府性融资担保的功能得到较大发挥，在对中小微企业扶持方面成效明显。相比之下，南宁市尽管在政府性融资担保风险分担方面进行了较大尝试，但离形成具有南宁特色，体现南宁市情的风险分担机制还有一定距离，现在处于模仿磨合阶段。风险分担的主体，风险分担的比例，风险分担的补偿形式，都还需要进一步规范化、明晰化。

（五）政府性融资担保体系考核机制尚未真正发挥作用

政府性融资担保机构通过提供准公共产品服务的途径，来帮助小微企业在融资与降低融资成本方面提供最大程度的帮助。然而，由于当前政府部门对银行业金融机构考核以形式考核为主，对银行机构触动不大，考核的成果没有进一步调动参与各方的工作积极性，考核成果的运用也没有相应地与激励制度挂钩，故政府性融资担保体系考核机制未能有效发挥作用。

三 南宁市推动政府性融资担保体系建设对策建议

（一）完善新型政银担合作模式

1. 稳定新型政银担合作关系

构建新型政银担合作关系和"4321"风险分担机制，对政府性融资担保机构开展的符合条件的小微企业融资担保业务，由政府性融资担保机构、广西再担保有限公司、银行业金融机构、融资担保业务发生地设区市或县（区）、开发区财政按照4∶3∶2∶1的比例分担代偿责任。

2. 积极对接银行业金融机构

积极对接各类银行和金融机构，邀请其积极参与南宁市融资担保体系建设，共同做好制度建设、政策制定等顶层设计。对重点支持小微企业和"三农"的政府性担保机构，要提供适当的优惠条件，比如：分担风险、不收或少收保证金、提高放大倍数、控制贷款利率上浮幅度等。针对银行业金融机构不承担风险或只承担部分风险的小微企业和"三农"融资担保贷款，可以适度对风险权重进行下调。

3. 加强与再担保机构合作

发挥再担保机构作用，增强合作效果。加强与广西再担保有限公司合作，严格依照政府主导、专业管理、市场运作的原则，把再担保机构以股权投资、再担保业务、技术支持、增信支持作为纽带，使用统一的管理要求和服务标准。及时向广西再担保有限公司报送业务进度，实现信息共享，共同促进各方业务发展。

4. 加强融资担保机构监管服务和风险防控

坚决贯彻落实习近平总书记讲话精神和全国、全区金融工作会议精神，切实加强履行属地监管职责，按照《融资担保公司监督管理条例》及其四项配套制度的要求，压实监管责任，把提高监管能力放到更加重要的位置，把好风险防控的一道关，强化监管履职，提高防范化解金融风险能力，守住不发生系统性风险的底线，促进政府性融资担保机构依法合规经营和行业高质量发展。积极对接人民银行南宁中心支行，使得政府性融资担保机构尽快完成对金融信用信息基础数据库的接入。通过对金融信用信息基础数据库中信息资源的运用，达到增强其信用建设的目的，提高其担保风险识别和防范能力。

（二）不断增强政府性担保机构服务能力

1. 不断充实注册货币资本金

一方面应积极争取自治区以及南宁市政府性融资担保体系建设资金以参股、控股方式注资支持政府性融资担保公司；另一方面南宁市各级财政每年预算安排专项资金补充公司注册资本金，待公司发展到一定规模再停止预算安排，扶持融资担保公司成长为具有良好自我发展能力的公司，持续为中小

企业融资服务。

2. 积极加强融资担保人才队伍建设

在融资担保公司发展中，牢固树立"人才资源是第一资源"的发展理念，加强人才引进与培养，内强业务素质，外塑行业形象，使员工整体素质得到全面提升。着力引进一批金融专业或融资担保等相关专业的人才，加强入职员工专业知识培训，拓展员工知识面，学习国内外先进的行业案例、经验和模式，促进员工业务能力提升。不断加强公司员工风险防控意识，多角度甄别和防范业务风险，努力为政府性融资担保业务安全稳健运营提供有力保障。

3. 完善各类制度建设

建立完善全面风险控制体系，逐步构建牢固的风险控制体系和标准化制度，确保经营决策符合程序，经营管理有依可循，保证业务健康、可持续发展。完善尽职免责相关配套政策。

（三）鼓励融资担保机构积极创新发展

在聚焦主业、审慎经营的基础上，坚持为小微企业提供准公共产品和公益性服务的定位，同时鼓励融资担保机构按照市场规律积极创新发展。

1. 创新资金担保与来源方式

南宁市政府性融资担保体系可发挥信用优势和政府政策资源优势，积极扩展资金渠道。一是发债融资担保，为中小微企业发行集合债、集合票据、私募债等提供融资担保，综合利用广西区内区外的区域性股权交易市场，为中小微企业发行私募债提供便利渠道。二是引入权威互联网金融平台，政府性融资担保体系通过与互联网金融平台开展合法合规的业务合作，为中小微企业提供更加便利和低成本的融资渠道。三是融资租赁，通过设备融资租赁等方式为中小微企业融资。

2. 探索与民间金融组织合作

支持融资担保机构与小额贷款公司等民间金融组织开展融资担保业务合作，针对不同细分市场开发新产品、新业务，利用产业孵化器、众创空间等平台资源，着力在三农、"互联网＋"等特定业务领域提供差异化、综合化的担保服务。

3. 支持与财富管理公司等新型业态合作

支持融资担保机构加强与财富管理公司等新型业态合作，争取在企业债券等直接融资担保领域实现突破。鼓励融资担保机构积极与广西再担保有限公司加强合作，抱团发展，在股权、技术、管理等方面采取联保、分保、反担保等方式开展合作，实现信息共享、授信额度共享。

4. 不断探索新型融资担保产品

针对小微企业抵押物不足、创新型企业轻资产、专利技术质押需求大等特点，加大担保产品创新力度，切实针对小微企业和"三农"特点以及客户信用等级进行产品分类设计，加强与银行贷款产品的合作开发，推出分类精准、定位鲜明的差异化融资担保产品满足不同需求。探索科技型中小微企业专利权质押贷款、知识产权质押贷款等新模式。科技型中小微企业是加强扶持的重点对象，应加大与科技部门的合作，对专利质押融资项目的企业优先办理，促进专利商用化及产业化，拓宽企业融资渠道，引导支持全市中小企业运用质押融资方式实现专利权市场价值，同时引导企业按照《南宁市企业专利权质押融资项目贴息和补助资金管理办法》申请后续贴息和补助。引入专业知识产权评估、运营与交易机构，由该类第三方机构公平公正地评估和处置知识产权质押物，形成合理的利益—风险挂钩机制。同时，推进建立知识产权质押融资风险补偿资金池，引入保险、评估等机构，为银行贷款提供保险、增加企业贷款信用评级，形成多方机构相互合作、相互监督、相互制约的风险共担机制，加强贷前贷后监管，有效化解银行风险，促进对科技型中小微企业贷款的发放。

探索工业园区贷款、"担保＋保险"等新型融资担保业务模式，分散代偿风险。适应互联网金融等新型金融业态发展趋势，在风险可控的前提下，审慎探索开展互联网融资担保业务。

（四）构建以财政资金为主的多层次资金补充机制

现阶段制约融资担保行业发展的一个重要因素是资本金不足和后续补充

资金跟不上。为了通过发挥融资担保行业的杠杆作用使更多中小微企业融资，必须加大对融资担保行业的资金扶持和补充力度。

1. 以财政资金为主体

建议市政府制定完善政府性融资担保体系资本金持续补偿政策，所需资金纳入市、县（区）、开发区财政年度预算。南宁市小微企业融资担保有限公司的注册资本金达到一定规模后，在综合考虑在保余额、放大倍数、资本金使用效率、业务发展需要等因素的基础上，每年市、县（区）、开发区财政和广西再担保有限公司以增资幅度不低于上一年度全区小微企业贷款平均增速的原则对其进行增资，持续增强其资本金实力和业务发展能力。各县（区）、开发区的增资比例原则上与辖区内政府性融资担保业务规模相匹配。

2. 多渠道筹措资金

不断扩大融资担保资金筹集和补偿的渠道，积极引导社会投资资金流向融资担保行业，增加融资担保机构的注册资本金，壮大融资担保行业的实力。对融资担保行业的税费进行减免，降低融资担保机构的经营成本，助力其积累资本，逐步做大做强。大力推进以财政激励为基础的"银—担"合作关系，通过财政手段，充分调动银行参与融资担保行业建设的积极性，推动"银—担"合作，提高"银—担"合作的放大比例，更好地发挥融资担保机构的杠杆作用，增加融资担保机构的营业收入。

3. 建立完善代偿补偿机制

南宁市政府性融资担保体系的可持续运作，最主要的经营风险来自中小微企业融资担保业务导致的代偿损失。可考虑在现有政策基础上建立政府性融资担保体系代偿补偿机制。一是建立市财政对已设立的中小企业信用担保代偿补偿资金的持续补充机制，每年固定金额或按一定比例增加。二是部分县（区）级政府已经设立中小微企业信贷风险补偿资金，可在此基础上建立县（区）财政对风险补偿资金的持续补充机制，并重点建立对政府性融资担保机构的代偿补偿机制。

（五）完善政银担合作工作机制

政府性融资担保体系合作银行和融资担保机构要贯彻落实《融资担保

公司监督管理条例》（国务院令第683号）及其配套制度《银行业金融机构与融资担保公司业务合作指引》要求，不断规范和优化银担业务合作，提高业务办理效率和服务水平。

1. 优化银行工作机制

在具体授信管理工作中，政府性融资担保体系合作银行对"4321"业务应实行"单独流程、单独授信、单独考核、单独问责"的工作机制，应有具体制度、部门、人员与"4321"业务发展相适应，确保"4321"业务资源配置充足、业务开展高效、考核激励有效。

2. 建立尽职免责机制

各合作银行和政府性融资担保机构要贯彻落实银监会《关于进一步加强商业银行小微企业授信尽职免责工作的通知》（银监发〔2016〕56号）和自治区相关政策要求，针对"4321"业务特点，并结合自身实际调整或制定相应的尽职免责制度。对从业人员遵照运营制度和业务规程履职尽责且程序规范、手续完备的代偿损失业务，应予以相应免责；对政府性融资担保机构、合作银行在探索、创新过程中产生的失误、损失，应予以容错免责。

3. 建立统计通报机制

相关数据统报单位要切实加强数据的采集、汇总、审核和报送工作，确保报送数据的真实性、完整性和及时性。每月固定时间，市再担保公司向市级联席会议办公室报送上一月份政府性融资担保机构"4321"业务担保贷款累计发生额、期末余额、户数等指标数据；体系合作银行要向市级联席会议办公室报送《"4321"新型政银担代偿风险分担业务完成进度表》。市级联席会议办公室编制《南宁市"4321"业务进展通报》并及时向全市相关部门通报"4321"合作四方工作开展情况。

（六）建立与政策性功能相适应的考核管理体制

1. 建立科学考核评价机制

区分政府性融资担保机构与一般国有企业，明确政府性融资担保机构的准公共服务产品属性，取消机构经济效益、保值增值等不符合政府性融资担保机构政策性功能定位和准公共产品属性的考核指标，建立以服务小微企业和"三农"的户数、业务规模、融资担保放大倍数、担保费率优惠、风险控制和合规经营与代偿到位情况等为主要指标的经营业绩考核评价体系。

2. 强化担保机构考核结果的运用

考核评价采取政府性融资担保机构申报，市相关部门审核评价，市政府性融资担保体系建设工作联席会议办公室综合评定的评分办法。考核评价结果作为各级财政注资增资本级政府性融资担保机构的重要依据和作为政府性融资担保机构负责人业绩考核及人事任用的重要参考因素。对政府性融资担保机构年度考核结果为优秀和良好评价的，在资本金注入、代偿补偿资金、业务补贴及奖励、银行放大倍数等方面加大扶持力度；对政府性融资担保机构年度考核结果为不合格的，按照干部管理权限对政府性融资担保机构主要负责人进行干部约谈，按照属地管理原则对高级管理人员进行监管约谈。对严重违法违规经营的政府性融资担保机构负责人，不得继续在原机构和南宁市内担任融资担保机构高管人员，情节特别严重的，应依法追究责任。

3. 强化合作银行考核结果运用

从考核和激励两方面着手，不断增强银行参与政府性融资担保体系建设的积极性。优化银行监管考核机制，考核组的成员由市级联席会议成员单位构成，肩负起对政府性融资担保体系主要合作银行进行考核的责任，着重地方性银行考核结果的运用。国资部门将地方性银行考核结果与其负责人经营业绩考核评价挂钩。市人民政府和相关部门应将银行业金融机构参与政银担合作情况纳入金融机构支持地方经济社会发展考核评价体系，对考核结果优秀的合作银行，加大政策扶持力度，给予财政性资金存款等政策倾斜。

参考文献

［1］史建平等：《中国中小微企业金融服务发展报告2014》，中国金融出版社，2014。

［2］卢斌：《融资担保行业发展中政府职能研究》，郑州大学硕士学位论文，2017。

［3］李财旺：《融资性担保行业发展对策探析》，《财经界》2014年第4期。

［4］张娥：《融资性担保公司监管制度研究》，安徽大学硕士学位论文，2014。

［5］刘翼：《政府在融资担保行业中的行为研究》，重庆大学硕士学位论文，2015。

［6］武安华：《我国中小企业信用担保问题研究》，《金融经济》2011年第6期。

［7］谢日华：《广东省中小微企业政策性融资担保体系构建问题研究》，江西财经大学硕士学位论文，2017。

［8］马松、潘珊、姚长辉：《担保机构、信贷市场结构与中小企业融资——基于信息不对称框架的理论分析》，《经济科学》2014年第5期。

［9］李娇：《我国中小企业信用担保体系运行现状及模式选择研究》，吉林大学硕士学位论文，2014。

［10］马国建、樊娅：《农业融资担保机构决策机制研究》，《农村金融研究》2018年第5期。

［11］李军、李倩薇：《浮动抵押在农业小企业融资领域中的适用——以浮动抵押与其他担保方式的比较为视角》，《改革与战略》2018年第4期。

［12］马永祥：《融资担保公司非法集资活动规制研究——兼评国务院〈融资担保公司监督管理条例〉》，《学习论坛》2018年第3期。

［13］朱健齐、林泽兰、苏志伟：《关于中小企业"融资难"问题的对策研究——基于台湾经验和启示》，《中国海洋大学学报》（社会科学版）2018年第1期。

［14］刘骅、卢亚娟、王舒鸥：《转型期地方政府融资平台信贷博弈仿真研究》，《审计与经济研究》2018年第1期。

B.17
南宁市主要产品出口技术壁垒研究

南宁市社会科学院课题组*

摘　要：　2016 年以来，南宁市外贸进出口总额高速增长，出口产品结构不断优化，对外贸易市场日趋多元化，对外贸易总体成长趋势良好。但是，在对外贸易发展过程中，南宁市外贸企业，尤其是农副产品出口也不同程度地面临产品认证技术标准壁垒、环保标准壁垒以及企业获知国外技术性贸易措施渠道不畅等问题。基于南宁市实际，提出了建立健全快速反应机制、提升出口产品质量、开拓多元出口市场，规避技术壁垒、加强地区横向协作，组建优势产业出口联盟、积极参与出口技术标准制定等破解出口技术壁垒的对策建议。

关键词：　产品出口　技术壁垒　贸易规则　外贸转型

一　南宁市出口贸易总体情况

（一）南宁市外贸快速发展

据海关统计，2016 年、2017 年，南宁市外贸进出口总额连续突破400

* 课题组组长：胡建华，南宁市社会科学院院长、主任记者；李君安，南宁市社会科学院《创新》编辑部主任、副研究员；课题组成员：陈展图，南宁市社会科学院《创新》编辑部副主任、副研究员；吴寿平，南宁市社会科学院《创新》编辑部副主任、助理研究员；杨彧，南宁市社会科学院《创新》编辑部编辑、助理研究员；丁浩芮，南宁市社会科学院《创新》编辑部编辑、助理研究员；申鹏辉，南宁市社会科学院办公室工程师；冯畅，广西国际商务职业技术学院讲师；蓝梦芬，广西大学行健文理学院教师、硕士。

亿元、500 亿元、600 亿元人民币大关，2017 年南宁市货物贸易进出口总额达 607.09 亿元人民币，进出口总额比 2016 年净增 190.86 亿元，同比增长 48.8%，高于全国 34.6 个百分点，高于全区 26.2 个百分点。2017 年南宁市出口总额达 275.69 亿元，同比增长 35.8%，高于全国 25 个百分点，高于全区 13.5 个百分点（见表 1）①。2018 年 1～7 月持续保持高速增长态势，出口总额达 163.7 亿元，同比增长 12.5%。

表 1　全国、广西、南宁市出口额

地区	2016 年		2017 年		2018 年 1～7 月	
	出口额（亿元）	同比（%）	出口额（亿元）	同比（%）	出口额（亿元）	同比（%）
全　国	138408.7	−2.00	153318.3	10.8	88944.4	5
广　西	1523.83	−12.40	1855.2	22.3	1039.2	9.4
南宁市	210.91	4.20	275.69	35.8	163.7	12.5

（二）出口产品结构不断优化

2017 年，南宁市鼓励企业合理利用国家进口支持政策，扩大重要资源性产品、高新技术产品和加工贸易重要零部件进口，南宁市出口产品结构不断优化。2017 年南宁市出口主要产品种类有 106 种大类，出口额前十的产品种类为机电产品、高新技术产品、集成电路、自动数据处理设备及其部件、农产品、未锻轧的铝及铝材、未锻轧的锰、自动数据处理设备的零件、胶合板及类似多层板和鞋类。

近年来，机电产品、高新技术产品作为外贸出口主导产品，出口额增长明显，占南宁市出口额比重不断提高。2017 年机电产品出口额达 225.62 亿元（见表 2），同比增长 44.0%，占南宁市出口额比重的 81.84%，比 2015 年提高 4.35 个百分点；高新技术产品②出口额达

---

① 本课题所使用的数据如无特殊说明均由南宁市商务局提供。
② 与机电产品有交叉。

190.30 亿元，同比增长 58.7%，占南宁市出口额比重的 69.0%，比 2015 年提高 11.05 个百分点。胶合板及类似多层板出口金额占出口总额的比重由 2015 年的 0.97% 下降至 2017 年的 0.5%，下降了 0.47 个百分点；鞋类出口金额占出口总额的比重由 2015 年的 0.93% 下降至 2017 年的 0.59%，下降了 0.34 个百分点；农产品出口金额占出口总额的比重由 2015 年的 4.4% 下降至 2017 年的 3.56%，下降了 0.84 个百分点。机电产品等制造业，高新技术产品、自动数据处理设备及其部件等高附加值、高技术含量的产品出口金额呈快速增长趋势，所占比重亦呈增长趋势，而胶合板及类似多层板、鞋类、农产品、未锻轧的铝及铝材、未锻轧的锰等低附加值、低技术含量的产品出口金额增速放缓，所占比重有所下降，出口产品结构进一步优化。

表 2　南宁市主要产品出口金额（人民币值）

单位：亿元

项目	2015 年	2016 年	2017 年	2018 年 1~7 月
出口贸易总值	202.4820	202.9839	275.6897	163.6582
机电产品	156.8939	156.6486	225.6169	132.3760
高新技术产品	117.3391	119.8769	190.3002	115.7751
集成电路	31.3371	22.7596	30.4064	5.9346
自动数据处理设备及其部件	17.5408	7.0682	26.5703	29.1921
农产品	8.9119	10.1946	9.8067	5.5078
未锻轧的铝及铝材	4.8183	5.6864	6.8832	4.4692
未锻轧的锰	0.0000	0.1590	4.4002	1.9246
自动数据处理设备的零件	3.9316	3.3110	3.7344	1.8896
胶合板及类似多层板	1.9579	1.3229	1.3708	0.5179
鞋类	1.4650	1.4600	1.3246	0.6506

注：以 2017 年南宁市出口主要产品金额前十位为基础。

近年来，南宁市充分发挥"南宁渠道"优势，吸引外贸企业落户南宁，2017 年全市新增对外贸易经营者备案企业 483 家，共有进出口实绩企业达 723 家，新增进出口实绩企业 199 家（其中县域新增 8 家）；进出口总额超过 1 亿元人民币的企业 42 家，比 2016 年增加 5 家。南宁市出口额前 20 名企业出口合计金额为 236.49 亿元，占南宁市出口金额的 85.8%；进口前 20 名企业进口合计金额为 311.72 亿元，占南宁市进口金额的 94.1%。

（三）贸易市场多元化

近年来，南宁市大力实施市场多元化战略，积极开拓国际市场，2017年与全球 175 个国家和地区开展贸易往来，比 2016 年同期增加 11 个。南宁市与中国香港、美国、中国台湾、东盟和澳大利亚这前五大贸易伙伴的进出口均实现 30% 以上的大幅增长，进出口总值达 422.05 亿元，占全市进出口总额的 69.5%。香港是南宁市第一大出口地区，其次为美国（见表 3）。并且香港是南宁市进出口贸易的第一大市场，2017 年南宁市与香港的进出口总额达 126.53 亿元（见图 1），占南宁市进出口总额的比重为 20.8%。美国与中国台湾分别为南宁市进出口贸易的第二和第三大市场，2017 年的进出口总额分别达 89.52 亿元、89.12 亿元，占南宁市进出口总额的比重分别为 14.7%、14.7%。东盟是南宁市第三大出口市场和第二大进口来源地，2017 年南宁市与东盟十国进出口总额为 78.64 亿元，同比增长 35.7%，占南宁市进

表 3　2015～2017 年南宁市主要产品出口国别（地区）及贸易方式和主体

年份	重要出口国别（地区）	出口总额	主要贸易方式	主要贸易主体
2015	中国香港、中国台湾、美国、东盟、日本、澳大利亚、韩国、巴西	202.48 亿元	加工贸易占 67%	外资企业占 55.6%；民营企业占 30.3%；国有企业占 14.1%
2016	中国香港、美国、中国台湾、东盟、澳大利亚	202.98 亿元	加工贸易占 65%；一般贸易占 32%	外资企业占比 53%；民营企业占 29.57%；国有企业占比 17.39%
2017	中国香港、美国、中国台湾、东盟、澳大利亚、日本、南非、韩国、巴西、加拿大	275.69 亿元	加工贸易占 64%；一般贸易占 31.5%	外资企业比重为 60.0%；民营企业比重 21.6%；国有企业比重 18.4%

出口总额的比重为 13%。与大洋洲、非洲、拉丁美洲等新兴市场的进出口
贸易也取得了可喜的成绩，进出口总额分别达到 40.09 亿元、33.07 亿元和
18.91 亿元，同比分别增长 74.0%、101.9% 和 18.9%。"一带一路"倡议
为南宁市外贸创造了新的发展机遇，2017 年南宁市与"一带一路"沿线 62
个国家进出口总额达 92.07 亿元，同比增长 41.9%，占南宁市进出口比重
的 15.2%。

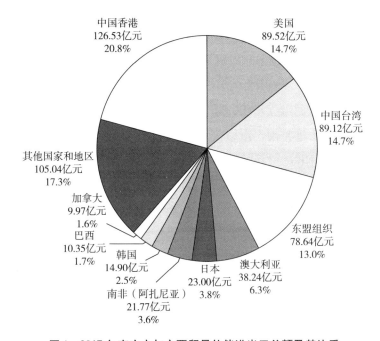

图1　2017 年南宁市与主要贸易伙伴进出口总额及其比重

二　南宁市出口企业遭遇技术壁垒的情况

　　近几年南宁市相关部门对部分企业的走访调查显示，2016 年、2017
年农食产品受技术性贸易壁垒的影响最大，2016 年调查的 3 家企业均受
到技术性贸易壁垒的影响，2017 年调查的 9 家企业中有 7 家企业受到技
术性贸易措施的影响（见表 4）；其次为木材纸张非金属、机电仪器、化

矿金属、纺织鞋帽等，主要受国外技术标准、技术认证等技术性贸易壁垒的影响。

表4　2016～2017年南宁辖区企业受技术性贸易壁垒影响情况

样本	农食产品		机电仪器		化矿金属		纺织鞋帽		木材纸张非金属	
	2016	2017	2016	2017	2016	2017	2016	2017	2016	2017
样本总数	3	9	2	6	3	3	1	3	2	2
受影响样本数	3	7	0	2	1	0	0	1	1	1
受影响样本的比重（%）	100.0	77.8	0.0	33.3	33.3	0.0	0.0	33.3	50.0	50.0

根据南宁市相关部门对出口企业壁垒调查情况，得出南宁市出口企业在对外贸易中受到国外技术贸易壁垒的影响主要有以下几个方面：

（一）产品认证、技术标准壁垒

目前，美国、欧盟、日本等国家和地区的产品认证、技术标准、有毒有害物质限量和产品人身安全等要求，极大影响了南宁市工业产品和农副食品的出口，导致频频发生工业产品和农副食品退运。例如，2015年1月以来，美国FDA加强了对我国罗非鱼产品的磺胺嘧啶及甲氧苄啶残留检测，这2种药物在中国为食用动物中允许使用的药物，而美国FDA将其列为禁用药物。同时，医疗器械缺少互认的国际标准及认证，需要重复认证，极大增加了企业的成本。

（二）环保标准壁垒

北美和欧美地区的环保标准苛刻，检测费用高昂，认证手续繁杂，这很大程度加大了出口企业的成本，降低了出口企业在海外市场的竞争力。

中国与各国的茶叶标准不一致，导致出口茶叶受限。中国对茶叶标准采取的是风险性评估，《食品中农药最大残留限量》（GB 2763 - 2014）规定了284种（类）食品的387种农药3650项限量指标，但尚未对茶叶类的农药残留作出详尽的规定。同样，日本对茶叶的标准也是采用风险性评估，在其

《食品中农业化学品残留肯定列表制度》中，明确规定了300多种茶叶检测项目，并且执行农药最大残留"一律标准"为0.01mg/kg。此外，欧盟对茶叶标准采取"零风险"原则，且茶叶农药残留限量标准多达453项。总体来看，日本和欧盟的茶叶标准都要高于我国的现行茶叶标准，由此带来的是我国茶叶企业出口产品的非生产成本提高，企业出口利润的下降。

（三）企业获知国外技术性贸易措施渠道不畅

调查中，发现部分企业存在着对WTO相关规则不了解，对国外制定的技术性贸易信息收集渠道不畅、相关措施认识不足等问题。比如横县某皮业有限责任公司对于相关认证机构、地点，怎样认证情况不太清楚，同时缺乏应对国外技术性贸易措施的解决方案。广西工业科技有限公司主要通过国家质量监督检验检疫机构和国外经销商提供的信息获取国外贸易措施信息，途径少，信息量少，导致其在遭遇国外技术措施或者新技术要求限制时，不知道如何寻求解决办法，只能选择不再出口或者另外寻求新的市场。

三 南宁市主要贸易伙伴技术壁垒分析

从近几年南宁市出口贸易的主要地区和产品来看，重点集中在中国香港、美国、中国台湾、东盟和澳大利亚等地区，出口的产品主要是农产品、机电产品和高科技产品等。根据2012~2018年对南宁市重点出口企业的跟踪调查，发现遭遇的技术壁垒包括技术标准与法规、合格评定程序、检验检疫制度等几类，集中反映在工业产品及农食产品认证、检测等要求的影响，尤以认证、技术标准、有毒有害物质限量和产品人身安全等要求居多。以下针对美国、东盟及澳大利亚进行分析。

（一）美国

美国是世界上头号经济强国和头号科技强国。美国表面上极力鼓吹贸易自由化，但实际上为了保持其贸易优势、维护其自身利益，无视他国诉求而制定了大量的技术法规、标准和合理评定程序，其中很多是与 WTO《技术性贸易壁垒协议》的要求相左的，甚至越过 WTO 在《技术性贸易壁垒协定》中"不得对其他国家歧视"的规定。有研究表明，美国官方制定的技术法规和标准有 5 万多个，各种非官方标准机构多达 400 多个、专业学会和行业协会制定的标准有 4 万多个①。且美国的技术性贸易措施体系非常分散，各州标准不一致。美国以其超级大国的地位特立独行，经常忽视国际权威机构设立的标准，很多符合国际标准的货物但不符合美国自主设立的技术性贸易壁垒，给各国货物进入美国造成了极大的障碍。例如，美国单独规定进口商品在必须满足 ISO9000 系列相关标准的基础上，还必须满足其他附加条例；美国在合格评定程序方面也明显有别于国际通行做法，而通常强制性地采用"第三方评定"②。此外，美国的合格评定体系也较为分散和复杂，某些独立实验室颁发的证书具有行业认证的效力③。

（二）东盟

东盟作为新兴市场，为加强对本国经济的保护，其技术性贸易措施紧跟发达国家，甚至逐渐呈现后来居上态势。2012～2016 年东盟各国普遍增加了通报的数量，通报的 TBT 措施达 381 件，SPS 措施 433 件。其中，泰国、印尼和越南是提交 TBT 通报最多的 3 个国家，SPS 通报数量最多的 3 个国家是菲律宾、印尼和越南。在 TBT 通报中，产品种类依次是机电仪器、化矿金属、农食产品、橡塑皮革、木材纸张、玩具家具、纺织鞋帽；在 SPS 通报中，涉及食品安全的最多，保护人类免受动/植物有害生物危害次之。总体来看，通报的 TBT 和 SPS 措施中涉及食品和农

---

① 详见《关注美国技术性贸易措施情况》，中国 TBT 研究中心，http：//tbt. testrust. com/library/detail/15626. html，2014 年 10 月 23 日。

② 国际上某些工业产品（如电气设备和家用电器）的合格评定程序通常由生产商根据有关标准以自我认证的方式进行，并由有关部门实施产品进入市场后的监督和检查。但美国并不接受这种通行做法，依然要求上述产品接受强制性的第三方评定。

③ 参见《技术性贸易壁垒》，载深圳市标准技术研究院网，http：//www. tbtmap. cn/mbsc_106/mgsc_108/jmgk/zymybl/200809/t20080916_172608. html，2008 年 9 月 16 日。

产品的措施达 223 件，占通报总数的 27%，涉及农药残留、营养成分、食品标签等；工业产品主要有家用电器、工程机械产品等，涉及有毒有害物质限量、节能环保等措施①。东盟各国通报的数量和领域为南宁市有选择性地出口有较好预警作用。

（三）澳大利亚

澳大利亚的技术性贸易措施体系由技术法规、标准和合格评定组成。其中，技术法规由政府制定，强制执行；标准是技术性贸易措施体系的基础，分为强制性和自愿性要求两类；合格评定是判断产品、过程、服务是否满足标准和/或符合法规的过程，由技术专家进行②。与美国类似，澳大利亚的政府结构也是由联邦政府和州政府组成，两者之间的法律和管理制度存在差异，这就给产品进入澳大利亚带来了不便。

澳大利亚每年都会颁布新的技术性贸易措施，出口企业必须及时跟踪更新。如，2011 年发布针对风险食品检测的进口食品通告 07/11，区分哪些食品属于风险食品，并按照该通告对风险食品进行检验与分析；2012 年发布各类产品的新进口条件；2013 年，澳大利亚 EESS（新电气设备安全系统）认证正式执行，计算机产品强制性能效要求正式生效；2014 年将温室和能源最低标准 2014 替代决定 2012；2015 年，修订食品原产地标签要求，国产和进口食品必须真实地声明反映产品生产、制作或种植的产地，以及何时"生产"和"包装"。2018 年 7 月 1 日生效的澳大利亚《产品排放标准法案 2017》规定了任何进口或提供没有认证的排放控制产品的行为被视为违法，虚假或错误的产品认证同样被视为违法，违法将处以民事处罚；《产品排放

---

① 参见唐梦奇、黄韶恩、李树庆、欧海英、董英《"一带一路"背景下东盟技术性贸易措施对中国重点产品出口影响分析及对策研究》，载《中国标准化》，2018 年第 11 期第 105 ~ 109 + 115 页。

② 参见张瀚文《技术性贸易措施体系概述》，载深圳市标准技术研究院网，2018 年 1 月 31 日，http://www.tbtmap.cn/mbsc_106/adlysc/adlyflfgtx/2018131/200810/t20081008_172729.html。

标准法规 2017》规定，除非获得认证，否则排放控制产品不能进口到在澳大利亚及在澳大利亚供应①。

四 南宁市破解出口技术壁垒的对策建议

（一）加强技术壁垒研究，建立健全快速反应机制

1. 强化技术壁垒研究

一是充分发挥中国—东盟博览会常办地和"南宁渠道"的优势，加强东盟国家技术性贸易措施与标准的研究，在全国形成"东盟技术性贸易措施研究看南宁"的影响，为企业出口东盟提供市场准入参考。

二是深入开展对外贸易环境、贸易摩擦等研究，对南宁市主要出口产品遭遇技术壁垒的案例、新国际形势下国际贸易的环境、政策、发展趋势进行研判，为应对可能出现的贸易摩擦提供智力支持和理论支撑。

三是搜集国内外类似地区、类似产品在破解技术壁垒方面的好做法、好经验，结合本地实际情况进行深入研究，形成有价值的借鉴建议，避免走弯路。

2. 注重国际贸易规则学习研究

一是加快普及国际贸易基础知识。针对不少企业特别是出口型企业对国际贸易规则基础知识了解较少、掌握不多的问题，社会各界要共同努力，充分运用学校培训、网络培训、企业宣传板报、企业内刊内网、"两微一端"、手机短信等多种平台和途径，开展有效的宣传普及活动，让企业员工尤其是管理层系统掌握国际贸易基础知识，分清楚关税壁垒、技术壁垒、绿色壁垒、蓝色壁垒等的区别及不同的应付方式，正确区分进口产品标准、产品包装标准、卫生检疫标准及产品认证标准的异同，

---

① 参见广东省 WTO/TBT 通报咨询研究中心《澳大利亚发布〈产品排放标准法案 2017〉》，载广东省应对技术性贸易壁垒信息平台，http://www.gdtbt.gov.cn/noteshow.aspx? noteid = 174631，2018 年 1 月 11 日。

增强运用贸易规则解决问题的意识和能力，强化对技术壁垒的敏感性、研判的正确性、决策的科学性。

二是重点研学世贸组织贸易规则。WTO 是当今世界最大的多边贸易组织。我国加入 WTO 之后，其贸易规则成为我国对外贸易的最主要、最常用规则。世贸组织制定了《贸易技术壁垒协议》，WTO 成员方就农业和工业产品使用贸易技术壁垒的约束纪律达成了一致，为此，在应付技术壁垒时，要做到熟练掌握这一协议，合理运用好这个协议，打破技术壁垒的限制，推动更加公平的贸易体系的建立。

三是积极研学其他有关经济体的贸易规则。每一个国家、每一个经济体，都有着与世贸组织不同的贸易规则。在了解掌握世贸组织贸易规则的同时，也要研学南宁市主要出口对象的贸易规则，弄清其贸易规则的特殊规定和特别要求，积极探讨应对办法。

3. 注重文化研究

有些技术壁垒并非简单的技术措施，而是与制定壁垒的国家的文化有紧密的关系。在应对技术壁垒时，也要注重对相关国家文化的研究，深入挖掘一些技术壁垒后面的文化背景因素，企业在产品规划、设计时，要充分考虑目标客户所在地区的文化背景、生活习俗，加深对因此衍生出来的法律、标准等的理解，从而提出更为有效、影响更为深远的破解技术壁垒措施。

4. 加强引导支持

一是宣传上引导支持。相关政府部门应发挥政策上的便利，继续加大宣传力度，利用各种方式特别是电子媒介通报最新技术贸易限制措施、类别、技术指标等，搭建信息平台，增强技术指南或宣讲和培训，让企业明确了解这些技术标准对于企业发展的重要性，从而提高企业主动提高产品质量的积极性。每个季度或者半年定期组织企业了解近期发生的案例及解决方法，并针对问题，出版专门的杂志供企业订阅。

二是技术上引导支持。检验检疫机构提供技术上的支持，联合有关行业协会和商会，加强信息交流和传递，为企业产品技术升级及创新提供必要的指导，帮助企业培训人员，提高企业人员的技术素质。推动建立国家级公共检测服务平台，为企业提供高效便捷的检验检测服务。

三是资金上引导支持。一些技术壁垒标准苛刻、认证手续繁杂，企业要交高昂的检测费用，这直接提高了产品出口成本，削弱了出口产品的国际竞争力，使企业失去许多贸易机会。对此，政府可以从做大出口经济角度出发，出台具体的财政补贴、研发补助等政策，帮助企业降低成本，稳定出口市场，保持市场竞争力。

（二）强化自主发展能力，提升出口产品质量

1. 加大技术创新和引进力度

一是大力推进自主创新。出口型企业应更加注重技术创新，在研发上投入更多的人力、物力和资金，积极研制含有高品质专利技术的产品，生产出符合或超越市场技术上要求的产品，通过提高产品档次或质量来跨越技术壁垒，冲破包围，提高国际竞争力。集中优势资源，重点扶持对全市出口增长有较强带动作用的进出口前20名企业，深挖龙头企业出口潜力，促进企业转型升级，夯实进出口稳增长基础。发挥各级外经贸专项资金的政策叠加效应支持外贸实体企业发展，积极组织企业申报资金项目，帮助企业进一步降低融资、物流成本；鼓励和支持外贸实体企业加快技术创新、培育自主品牌和国际营销网络，增强国际竞争力。

二是大力引进先进技术。在加大自主研发的同时，还要通过合作、合资、技术转让、企业并购等形式积极引进国外先进的生产技术，学习借鉴发达国家的先进技术和管理经验，提高生产水平并有效提高产品的质量标准，不断提升应对技术壁垒的技术基础。

2. 深入实施"外贸转型提质"工程

一是升级外贸出口重点开发区和基地。以南宁高新区、南宁经开区、广西—东盟经开区三个国家级开发区作为先导区和示范区，实施创新驱动发展，积极承接东部产业转移，重点培育一批出口额一千万美元以上的企业，形成稳定的外贸增长主体，促进外贸结构转型升级。在南宁已获评国家级出口罗非鱼质量安全示范区（西乡塘区）和自治区级电子信息科技兴贸创新

基地的基础上，升级转型广西农垦良圻良种猪场等一批富有南宁特色的出口产品基地。

二是推动县域外向型经济加快发展。加强对县域外贸企业调研和督导力度，支持创建县城外贸孵化基地，开展外贸企业培训帮扶，促进优势特色产品扩大出口。协助县城生产企业与外贸综合服务企业建立联系，使进双方合作，依托外贸综合服务平台带动县域企业开拓自营进出口业务，助力县域外向型经济发展。积极指导县区盘活存量，推动铝制品、农产品和编织及藤铁工艺品等本地特色产业加快内外贸一体化发展，充分发掘增长潜力。对重点外贸企业落实"一企一策"，在通关便利、市场开拓、出口信用保险等方面给予重点扶持。

三是鼓励发展外贸新产业、新模式、新业态。加快建设外贸综合服务平台。重点推进广西—东盟区域（南宁）外贸一体化综合体通关提速工程，加快"关、检、汇、税、商、物、融"一体化综合服务体系建设，逐步打造具备报关、融资、保险、结汇、退税等一站式外贸全流程服务功能的国际贸易"单一窗口"，有效降低企业贸易成本，提高中小微企业出口竞争力。

3. 深入实施"第二轮加工贸易倍增计划"

一是完善配套政策。认真贯彻落实《国务院关于促进加工贸易创新发展的若干意见》（2016年）精神，进一步完善《南宁市加快加工贸易产业发展的若干措施》等政策配套，继续对加工贸易梯度转移项目实行政策优惠。发挥高新、经开和东盟三个国家级开发区和南宁市其他重点工业园区的示范带动作用，依托南宁综合保税区的政策优势，进一步扩大加工贸易规模，鼓励加工贸易企业加速向技术密集型、资本密集型转变。重点发展电子信息、生物医药等高新技术产业、高增值环节和总部经济，提高加工贸易的质量和效益。

二是加大招商引资力度。强化由市领导带队赴东部地区开展加工贸易专题招商的工作机制，加大招商引资力度，主动承接珠三角地区产业转移，力争一批新企业落地发展。创新加工贸易招商引资模式，鼓励"以商招商"、实施"精准招商"，积极承接东部产业梯度转移，实现引资规模与质量并重提升。

三是抓好园区平台建设。推动加工贸易产业向产业园区集聚发展，重点打造以高新区、经开区为重点的加工贸易示范园区，争取经开区、江南工业园区列入自治区加工贸易重点园区。围绕富士康等加工贸易龙头企业，着重引导配套协作企业集聚发展，逐步形成产品配件和工艺配套的完整供应链，提高加工贸易出口产品的本地化程度，带动本地企业发展。深入推行加工贸易电子联网审批及联网监管，助力企业提高生产效率和通关效率。

4. 保持进出口扶持政策的稳定性和连续性

加大"南宁市涉外经济发展专项资金"扶持力度，鼓励企业巩固传统市场、拓展新兴市场、培育潜力市场，确保外贸进出口整体保持稳健增长。进一步强化外贸进出口目标责任制，继续将进出口指标纳入绩效考核体系，及时检查督促各县（区）、开发区围绕全年目标任务积极有效地开展外贸调结构、稳增长工作。

（三）开拓多元出口市场，规避技术壁垒

1. 大力开拓新兴市场

进一步优化贸易市场结构，支持企业深度开拓中国香港、中国台湾、美国、欧盟等传统市场，广泛开拓金砖国家、非洲、南美、中东等新兴市场，深耕"一带一路"重点国家和地区，积极发展以东盟为重点的"一带一路"沿线国家的进出口贸易，巩国和提高"一带一路"市场在南宁市外贸中的比重。

2. 善于用好进出口展会的平台功能

一是用好中国—东盟博览会的平台。自 2004 年举办第一届以来，中国—东盟博览会已经在南宁成功举办了 15 届。中国—东盟博览会推动了南宁对外经贸合作迈上了新台阶，使"南宁渠道"影响力日益增强。如，2018年 9 月举办的第 15 届中国—东盟博览会和中国—东盟商务与投资峰会，盛况空前，在 4 天的展会时间里，有 2780 家企业参展，开设了 6600 个展位，有 8 个东盟国家包馆，举办了 91 场经贸促进活动。南宁市应注意发挥作为中国—东盟博览会永久举办地的独特优势，更多地组织本地企业参展，积极向世界各国推介企业和产品，不断开拓新市场。

二是积极参加其他展会活动。根据南宁市产业特点和产业优势，继续组织企业参加中国进出口商品交易会（广交会）、中国—东盟博览会境外展、中国广西（德国）商品博览会等重点展会，加大力度为企业争取更宽广的外贸发展机遇，以新的市场增量带动进出口增长。引导企业借助中新互联互通项目南向通道建设、中欧班列常态化运营的契机打开进出口贸易新局面。

3. 提高贸易便利化水平

一是加强涉外经济各部门间配合协作。充分发挥南宁市对外贸易联检部门联席会议机制作用，指导督促全市对外贸易各项工作，全面巩固关检合作"三个一"的通关模式改革成果，深入推进口岸"信息互换、监管互认、执法互助"，巩固提升协同服务水平，共同研究协调解决全市外贸发展的重大问题。加快南宁口岸服务体系的建设，积极推进大通关及电子口岸建设，加快口岸服务设施的建设。

二是抓好外经贸政策落实。继续加大外经贸政策支持力度，重点用于改善外贸公共服务，促进优化对外贸易结构和布局，发展加工贸易；支持出口品牌培育、产品和服务质量提升及国际营销网络、境外服务机构建设；推动电子信息、机械、农产品、工艺品等本地优势产业加快内外贸一体化发展；努力引导企业开展自营进出口，支持外贸综合服务企业发展；吸引外埠企业落户开展进出口业务，重点培育一批进出口额 1000 万美元以上的企业，形成外贸增长的新动力；继续巩固外贸传统优势，加快培育竞争新优势，实现南宁市对外贸易持续健康发展。

（四）加强地区横向协作，组建优势产业出口联盟

1. 加强跨区域外贸行政协作

南宁市政府和各相关部门，要根据南宁市主要出口产品类型，加强与其他有同类产品出口城市的沟通与协作，在遇到技术壁垒时，及时共同协调应付措施，提高破解技术壁垒的能力。

2. 加强跨区域行业协作

当前由单个企业来搜集关于国际技术壁垒的信息难度极大，而行业协会

则可以较好地解决企业面临的这一难题。因此，应积极支持本市主要出口产品的行业组织与其他相关城市、城区的行业组织建立跨区域的行业组织，开展跨区域行业协作。跨区域行业组织着重搜集本行业的贸易资讯，当获得的国外技术壁垒信息时，应立即将信息发至下属的行业组织、企业，实现信息迅速传递和共享。跨区域行业组织还要发挥好行业组织协调职能。针对本行业的一系列情况进行研究和对外交流，建立良好的贸易预警机制，及时向企业和有关政府部门提供国内外市场的动态、策略研究数据和分析报告，为企业的生产经营提供决策依据，协助政府和企业在国际贸易规则范围内与其他成员协商解决各种贸易争端。

3. 加强专利技术成果的协作共享

在当代国际经济竞争中，没有核心专利技术的出口企业很难在竞争激烈的全球市场中存活，而即使是生产同一种产品，不同企业也都会有自己独特的专利技术。但专利的分别所有，也容易导致一些行业出现恶性竞争。因此，可以依托行业组织，推动不同地区的生产同类产品的企业成立专利池联盟，联盟内的企业之间互相授权使用专利，通过专利分享来达到打破其他国家对我国相关产品设置的专利壁垒，从而形成资源共享，共同推进产业的发展格局。

（五）积极参与出口技术标准制定，化被动为主动

1. 推动出台新的国家标准

国家标准的制定能够营造良性、规范的产业发展环境，促进技术研发的良性循环和行业的健康发展。对于一些尚未制定国家标准的南宁市主要出口产品，可以吁请国家有关部门加快制定国家标准，并为制定国家标准提供翔实的数据资料，让更多的南宁制造技术成为国家标准。

2. 推动建立国际化的技术标准

积极推动国家建立国际化的技术标准，在国际标准的制定过程中渗入中国元素甚至是南宁元素，把本国的标准推向世界并为各国所公认，从而使得出口产品能够突出技术壁垒的限制，实现可持续发展。

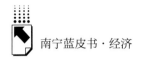

3. 推动建立与国外权威检测、认证机构的互认机制

出口企业普遍期盼我国尽快与国际社会达成检测报告或认证互相认可，以减少企业经营直接成本和时间成本。对此，南宁市相关政府部门和行业协会应积极作为，恳请国家相关部门加强与国外相应机构沟通协调，让国际社会能够认可中国有关机构的注册或认证，如国家食品药品监督管理总局（SFDA）出具的注册证、国家质量检总局出具的特种设备设计和制造许可证等，减少企业开拓国际市场所需要的各种重复性认证，以降低企业成本，使产品更加快捷地进入国外市场。

4. 加强标准化建设，掌握贸易主动权和话语权

大力实施标准化战略，发挥标准的技术基础作用，完善重点区域标准体系建设，掌握出口贸易的主动权和话语权。一是出台南宁市《关于进一步加强标准化工作的指导意见》《南宁市标准化资助奖励办法》，支持鼓励企事业单位参与制修订国际、国家、行业和地方标准，支持企业创新发展。二是引导企业实施以核心技术为支撑的标准战略，积极采用国际标准和国外先进标准，推动产业转型升级，增强企业发展的核心竞争力。三是出台《关于南宁市加快优化出口贸易工作的指导意见》《关于进一步优化南宁市出口贸易的资助与奖励办法》等政策，推动南宁市出口贸易及企业蓬勃发展。

参考文献

[1] 张帆、李佰城：《新贸易壁垒对我国贸易影响及应对途径》，《全国流通经济》2018 年第 28 期。
[2] 李芳：《农产品出口型技术性贸易壁垒的统计测算》，《统计与决策》2017 年第 7 期。
[3] 王亚星、李峰：《如何跨越贸易壁垒——基于出口技术复杂度视角的研究》，《国际商务研究》2018 年第 1 期。
[4] 魏炜：《甘肃省对外贸易发展面临的困境及对策》，《农村经济与科技》2018 年第 4 期。
[5] 杜运苏：《出口技术复杂度影响我国经济增长的实证研究——基于不同贸易方

式和企业性质》,《国际贸易问题》2014 年第 9 期。

［6］王孝松等:《贸易壁垒如何影响了中国的出口边际? ——以反倾销为例的经验研究》,《经济研究》2014 年第 11 期。

［7］许欣然:《"一带一路"区域经济带贸易合作问题研究》,《纳税》2017 年第 27期。

［8］易攀:《"一带一路"倡议下我国农产品对外贸易发展问题及对策探析》,《中国集体经济》2017 年第 26 期。

［9］孙斌:《科技创新视角下技术性贸易壁垒的对策选择》,《科学管理研究》2018年第 5 期。

［10］王婉如:《技术标准、贸易壁垒与国际经济效应研究——基于"一带一路"沿线国家的实证分析》,《国际贸易问题》2018 年第 9 期。

B.18
推进南宁市农产品电商发展对策研究

张瑞海　刘雁　潘德栋*

摘　要： 南宁市农产品资源丰富，香蕉、茉莉花、甜玉米产业规模居全国之首，粮食、蔬菜、乳制品、淡水产品产量多年稳居广西首位，是全国最大的火龙果生产基地，有绿水江牌香蕉、力拓牌大米等一批农产品知名品牌以及南宁香蕉、横县茉莉花茶、上林大米、上林八角等国家地理标志产品（农产品），具有发展农产品电商的先天优势。但是，就目前发展情况来看，南宁市农产品电商发展形势不容乐观，全市农产品电子商务交易额较小，农产品流通不畅问题较为突出。因此，要充分抓住新一轮信息化发展机遇，进一步加快农产品电商的发展，缓解"买难卖难"、农民"增产不增收"等问题，倒逼农业生产现代化，推动农业供给侧改革进一步深化，为脱贫攻坚和全面建成小康社会扫清障碍。

关键词： 农产品　电子商务　增收　电商品牌

一　南宁市农产品电商发展成效

（一）政府积极推动农产品电商发展

出台一系列支持农产品电商发展的文件。自2011年成为全国首批

---

　* 张瑞海，南宁市统计局总统计师；刘雁，南宁市统计局农村科；潘德栋，南宁市统计局农村科。

"国家电子商务示范城市"以来，南宁市陆续出台了《2012年南宁市国家电子商务示范城市创建工作目标任务》《南宁市电子交易管理办法》《南宁市电子商务发展规划》《南宁市进一步加快电子商务产业发展若干意见》《加快推进南宁市跨境电子商务产业发展的工作方案》《南宁市关于进一步促进跨境电子商务发展的若干意见》《南宁市跨境电子商务发展规划（2016～2020)》《南宁市促进电商精准扶贫工作方案》等政策文件，这些文件涉及农产品电商的网络和物流基础设施建设、金融政策扶持、电商人才培养、知名电子商务平台引进等多个方面，为全市农产品电商发展提供了基础条件。

积极创建全国电子商务进农村综合示范县。近年来，南宁市通过不断强化农村电商创业就业环境、物流配送体系、人员队伍等软硬环境建设，加快突破农业产业化、品牌化、产品标准化等电商发展制约瓶颈，不断加快电子商务进农村综合示范县创建工作。截至2017年底，全市5县中已有横县、宾阳、上林3个全国电子商务进农村综合示范县。

（二）农产品电商平台建设成效明显

南宁市农产品电商平台主要有自建（政府部门自建、企业自建）电商平台、应用第三方电商平台两种。据不完全统计，2017年全市共有7个自建（含政府部门和企业）电商平台，其中南宁市商务局与市两新组织党工委联合建设的"党旗领航 电商扶贫"网销平台，通过搭建网上店铺提供农产品网上销售服务，打通农特产品网销通道，帮助农户通过电子商务手段致富，是政府部门自建的比较成功的农产品电商平台。而"舌尖网""供销优品""八桂鲜""易菜篮"等是较为典型的企业自建平台，尤其是"易菜篮"，通过农产品直供的方式，实现了从田间地头到厨房的全过程冷链配送服务，入选了国家工信部"信息消费创新应用示范项目"。截至2017年12月底，南宁商家利用的第三方电子商务平台主要有微店（微信）、淘宝、京东、苏宁易购、天猫、阿里巴巴、供销e家（供销社）、邮乐网（邮政）等，共开设网店7000多个，占广西全区

的四分之三，主要销售茶叶、水果、乳业、畜禽、蛋类、水产等特色农产品。

（三）农产品电商基础设施环境不断向好

交通基础设施不断完善。截至 2017 年年底，"12310"高铁经济网、"一环六射一横一纵"高速公路网初步形成；公路总里程突破 1.28 万公里，实现了"县县通高速"、"村村通公路"；全市内河港口吞吐能力超过 1800万吨；南宁火车东站成为我国南方最大的归纳性交通枢纽之一；吴圩国际机场拥有 152 条航线，开通国内航线 124 条，国际及地区航线 28 条，实现对国内省会和东盟 10 国的全覆盖。

全市物流快递行业快速发展。物流业货运总量平稳发展（见表 1），到 2017 年全市 3A 级以上物流企业增加到 17 家，其中 4A 和 5A 级企业 11 家，占 3A 级以上企业的 64.7%，拥有了南宁国际综合物流园有限公司、广西海吉星农产品国际物流中心有限公司、广西超大运输集团有限责任公司等对广西、西南乃至东盟国家或地区区域性物流较强影响的知名物流企业。初步形成了以邮政速递、中铁快运、民航快递等为代表的国有快递企业，以顺丰、申通、宅急送等为代表的民营快递企业和以 DHL、FedEx 等为代表的外资快递企业多元共存的良好局面。2017 年南宁市亿元快递物流企业已超过 3 家，已有 39 个快递品牌进驻，全市获得快递业务经营许可证的企业有 178 家，快递从业人员约 19000 人，建成日均处理量 10 万件以上分拨中心 7 个（见表 2）。

表 1　2013~2017 年南宁市物流总量及构成

年份	2013	2014	2015	2016	2017
货运总量	33594.75	33146.17	36281.54	32429.47	35142.27
公路货运量	29851	30035	33064	28672	31212
水路货运量	3238.73	2713.5	2879.1	3486.5	3697.5
航空货邮发送量	4.9	5	5	5.46	6.31
铁路货运量	500.12	392.67	333.44	265.51	226.46

数据来源：南宁市统计局。

表 2 南宁市快递业发展基本情况

年份	2013	2014	2015	2016	2017
快递业务揽收量（万件）	4054	4702	6059	11400	16126.45
投递量（万件）	12162	14106	18177	28500	25475.83
业务收入（亿元）	5.69	7.63	10.69	17.1	23.03
企业数量（家）	39	54	155	172	178
网点数量（个）	153	219	254	613	694
从业人员数量（人）	9000	15000	22000	30000	19000
人均快件使用量（个）	6	6	8	16	21
快递网点乡镇覆盖率（%）	12.5	25.7	39.3	96	100
日均处理量10万件以上分拨中心数量（个）	3	5	8	10	7

*备注：由于行业收购兼并，"日均处理量10万件以上分拨中心数量"减少。

数据来源：南宁市统计局、南宁市商务局。

农村物流配送体系不断完善。截至 2017 年底，横县已建成 1 个农村淘宝县级物流仓储中心和 130 个村级物流驿站，宾阳县所有乡镇实现快递全覆盖。依托村邮乐购，邮政 EMS 村级覆盖率达 70%；菜鸟物流村级网点 51 个（农村淘宝），综合村级物流网点覆盖率达 80%。

互联网基础设施强势推进。截至 2017 年 12 月，全市互联网出口总带宽 5520G，同比增长 94.37%；移动互联网接入流量 1.14 亿 G，户均流量 13.21G，同比增长 107%；农村地区行政村光纤接入通达比率 98%，互联网宽带接入通达率 99.99%。移动 4G 高速宽带网络行政村覆盖率 97.8%。这些基础设施建设的强势推进，为全市农产品电商发展提供了强大的技术支撑。

（四）农村电商服务体系基本建成

通过用足用活国家、自治区推进电子商务进农村综合示范县工作的相关政策，规划建设县级电商服务中心、电商产业园、乡村电商服务站（点），不断完善县、乡、村三级服务体系。目前，已建成县级电商服务中心 6 个，分别为横县、宾阳县、上林县、兴宁区、西乡塘区、邕宁区；农村电商产业园 6 个, 分别为横县 3 个、宾阳 2 个、上林 1 个; 完成村级服务点 (体验店) 超 1600 个 (其中已覆盖行政村 561 个), 全市发展农村电商氛围深厚, 行政村农村电商覆盖率达 65%, 农村电子商务服务体系建设不断完善。横县以及宾阳县的县级农村电子商务公共服务中心集 O2O 中心、溯源中心、培训中心、企业孵化区、创空空间等功能区于一体, 可提供品牌注册培育、电商培训、创业孵化、网络营销策划、网站托管等多种服务功能。

(五) 培育出一批县域农副产品电商品牌

通过引进一亩田、乐村淘等大型农业电商企业, 与阿里巴巴集团达成合作协议, 实施"农村淘宝"项目等举措, 农产品电商得到快速发展, 培育出横县茉莉花茶、甜玉米、木瓜丝酱菜、富硒香米、粽子, 宾阳县古辣香米、洋桥芋头、新圩土制红糖、百桂米粉、胜哥沙糕、隆安龙眼、荞麦粉、雁江香米、霸王花、姜母红糖, 武鸣那羊香米、百香果, 上林县的维度泥鳅, 西乡塘坛洛土鸡等一批农副产品电商品牌。

(六) 农产品电商模式多样

目前, 南宁市农产品电子商务发展模式主要有 B2C、B2B、F2C、O2O、地方特色馆模式、农村服务站模式等①。例如, 采用 B2C 模式的主要是一些农户分散经营的大宗农产品例如江南区西瓜的销售; B2B 主要是香蕉、茉莉花等产业规模较大的农产品的龙头企业, 例如金穗农业集团有限公司、金花茶业等; 采用 F2C 模式的主要是一些在淘宝、京东、微信等网上平台上开

---

① B2C 模式即商家到消费者的模式, 由经纪人、批发商、零售商通过网上平台卖农产品给消费者或专业的垂直电商直接到农户采购, 然后卖给消费者; B2B 模式即商家到商家的模式, 由商家到农户或一级批发市集集中采购农产品然后分发配送给中小农产品经销商; F2C 模式即农场直供模式, 农产品直接由农户通过网上平台卖给消费者; O2O 模式即线上线下相融合的模式, 消费者线上买单, 线下自提; 地方特色馆模式即各地政府与阿里巴巴集团合作, 在淘宝网络平台上开设地方特色农产品馆用于推进农副产品在网上销售; 农村服务站模式即通过在农村建立服务站, 以合伙人制度, 组织某种形式的活动, 一方面把工业品送下乡, 另一方面把农产品直接销往城市。

店的农户，规模一般较小；采用O2O模式的典型有易菜篮、乐村淘和威宁公司主导投资的宁家鲜生；地方特色馆模式主要是南宁市政府与阿里巴巴集团合作，以淘宝网络平台为载体，开设的农产品特色馆——南宁馆网上平台，推动本市特色农副产品在网上进行销售；农村服务站模式目前主要是淘宝、苏宁易购、京东、邮政等电商农村建立的服务站，目前南宁主要有农村淘宝、村邮乐购等形式。

二 南宁市农产品电商发展面临的瓶颈与制约因素

（一）农产品电商规模较小

近年来，南宁市电子商务迅猛发展，电商交易额快速增长，但作为电子商务重要组成部分的农产品电子商务发展较慢，规模较小，在全市电子商务交易额中的比例比较低。2017年，南宁市重点企业电子商务交易额2500亿元，而2017年全市农产品电子商务交易额仅17.67亿元，占重点企业电子商务交易额的比重不足1%，交易规模相对较小。

（二）农产品电商区域发展不均衡

全市农产品电商可以分为三个梯队，第一梯队是横县、宾阳，是7区5县中农产品电商发展最好的两个县区。尤其是横县，其电商发展经验做法在广西被广泛推广，并作为南宁市唯一的产业扶贫典型材料上报国务院扶贫办。目前横县各类农村电商平台的村级服务站总数达700多个，占全市的60%以上。第二梯队是上林、马山、隆安，邕宁区和武鸣区，这一梯队的县区农产品电商发展相对横县、宾阳较为滞后，目前主要是通过引进电商平台，推进农村电商村级服务点（体验店）、县级电子商务公共服务中心等农产品电商硬件基础建设，其农产品电商处于起步阶段。第三梯队的是青秀区、西乡塘区、江南区、良庆区、兴宁区，这一梯队的对象主要是城区，第二、第三产业基础条件好，农业在经济发展中的比重较低，农产品电商发展相对较为落后。

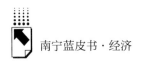
（三）农产品电子商务自建平台知名度低

尽管有全国性的电商平台如淘宝、京东等参与到南宁市的农产品电商发展中，但是大部分农产品电商自建平台普遍存在网站建设滞后、规模小、知名度较低的问题，目前基本没有全国知名的农产品电商自建平台。一些相对较大的电商平台例如南宁"党旗领航 电商扶贫"网销平台主要以提供农产品供求信息为主，平台上大部分农产品无法实现在线交易支付功能，从而限制了其进一步的发展空间。同时，自建平台还面临销售农产品雷同、同质化经营严重，在售多数农产品品牌知名度不高、竞争力不强或者没有形成产品品牌等诸多问题。现有的多数农产品交易市场信息设施建设较为落后，农产品市场信息无法及时、全部展示，虽然已有农业信息网络平台、物流网等相关网站，但针对农产品生产、加工、仓储等方面的专业化网站建设滞后，无法适应农产品电商快速发展的需求。

（四）农村电商基础设施薄弱

物流成本较高。尚未形成完善的县、乡、村三级物流体系，电子商务进农村最后一公里问题还没有完全破解；农产品在生产、加工、运输、销售等方面运营主体规模小、服务能力和市场竞争力不强，尚未形成完整的农产品产业链，导致农产品物流资源分散，难以形成规模效应，增加了物流成本。

农产品配送能力薄弱。农产品配送仍采用生产基地直接到批发市场前端物流渠道模式，而末端渠道即批发市场到零售店、零售店到客户则是建设滞后。鲜活农产品预处理加工设施、冷链物流、冷冻仓库建设落后。

村级电商服务站运营能力还需提升。目前，全市虽然建成了不少村级电商服务站，但网点业务内容单一，营销实绩较少，仅从事网上代购、充值等便民服务，网上代卖和网销农副土特产品、旅游产品还需提升。

（五）农村电商服务体系尚不完善

涉农网站少，且缺乏专业水准。多数网站信息以宣传和服务为主，真正从事农产品交易和为交易服务的较少；许多涉农网站信息更新慢、内容抽象、缺乏吸引力。

农产品网销标准化进程亟待加快。目前许多农业标准并没制定，现有的农业标准存在初加工和产后的标准较少、产中的标准较多等问题。许多农品还不符合网上营销的条件，没有进行质量认证，注册品牌商标等，农产品转化为商品，再转化为网销产品进程亟待加快发展。

社会信用体系建设有待加强。目前全市社会信用体系建设主要集中在机关企事业单位人员等相对容易监控的主体。在广大农村地区，与农产品电商相关的社会信用体系建设相对滞后，农户的交易信誉、生产能力、经济实力等关键信息都缺乏历史记录，难以在网上交易时进行监管。

（六）农产品电商自有品牌缺乏

南宁农副产品在全国处于优势地位，香蕉、茉莉花、甜玉米产业规模居全国之首，是全国"南菜北运"和"西菜东运"基地。但是尽管特色农业资源丰富，也有一些农产品在网上热销，例如横县茉莉花茶、力拓牌大米、横县甜玉米等，但大部分都是依托原有的土特产品牌进行的销售，而非电商自有品牌，目前电商销售的农产品基本没有形成有影响力和竞争优势的品牌，有的甚至根本没有品牌。

（七）专业人才紧缺

电商运营中心即使是发展较好的横县也普遍缺乏电商专业技术人员，不具备高水准的品牌及营销策划、设计、包装、宣传、运营服务能力，电商企业和网商创业者迫切需要提供电商销售技术指导和服务；大部分农民受到文化水平的限制，利用网络平台推广农产品的能力、采用电子商务技术降低与客户交易成本的能力都比较低；大部分农产品电商从业人员专业知识、文化水平也参差不齐，对市场行情分析和反馈、信息采集和发布、网络店铺管理等营销缺乏系统认识，而高等院校电子商务专业的优秀人才基本不愿为农村地区服务，这都极大制约了南宁市农产品电商的快速发展。

三　南宁市农产品电商发展的对策建议

（一）进一步加大组织引导

做好顶层设计。加快制定新一轮的南宁市电子商务发展规划，重点突出农产品电子商务建设内容，为今后一个时期农村电子商务发展提供政策指引和顶层设计。积极借鉴浙江、广东等发达地区农产品电商发展的先进经验，加快破解本市农产品电商发展难题，为农产品电商发展扫清制度障碍。

加大组织协调。建立由分管农业的副市长担任组长、由市发改委、农委、商务局等主要部门参与的农村电商协调发展领导小组，加大部门之间统筹协调，加大政策对接，合力推进农产品电商发展。

把农产品电商纳入扶贫开发工作体系。重点支持贫困村网店建设，提升贫困户创业增收能力。利用粤桂扶贫协作茂名、南宁两市对口帮扶的契机，推动上林、马山、隆安三个县与广州茂名市电商扶贫产业对接协作，进一步促进电商精准扶贫工作，助力全市脱贫攻坚。

加大宣传。积极利用网络、微博、电视等媒体媒介开展农产品电商宣传，引导社会各界积极参与到农村电子商务发展中来。不断梳理农村电商典型案例，将产业基地运营模式、企业发展经验、农村青年创业故事等进行宣传推广。进一步加大农村电子商务行业组织建设力度，加强与行业内部其他电商组织的相互沟通与学习，实现共赢发展。

（二）完善农产品网络销售体系

拓宽农产品网络零售渠道。引导农户通过淘宝、京东、苏宁等知名第三方电子商务交易平台开设网店；引导农民合作组织、农业龙头企业自建农产品电商网站，培育农产品网络销售品牌；积极探索跨境电商、微商、网红营销等新型电商业态，拓展网络零售业务，增加农产品的销售渠道。

构建多层次农产品网上批发渠道。依托"南菜北运"信息平台，积极推动我市茄子、苦瓜、冬瓜、南瓜、豆角等蔬菜产销对接，及时对市场供求进行消化和平衡。推动西瓜、香蕉、甜玉米等大宗农产品在知名涉农商品信息平台发布供求信息，促进网上批发、大宗交易等电商业务。推动横县茉莉花、力拓大米等特色农产品依托知名电商平台打造区域性电子商务专区，不断拓展农产品网上批发业务范围。引导海吉星水果批发市场、五里亭蔬菜批发市场、金桥农产品批发市场等农产品交易市场发展网络分销业务。

鼓励农产品网上直销。鼓励个体农户通过微信群、朋友圈及网红等方式开展农产品网上直销。引导和支持金穗香蕉产业示范区、十里花卉长廊示范区、中华茉莉花产业示范区等现代农业园区开展"时令农产品预订"、"网上农产品直销"等网络直销活动。支持生鲜农产品采用"网订店取、网订店送"电商模式，促进网上直销。

适时开展季节性农产品网上促销。依托第三方网络团购促销平台，或者通过举办广西"三月三"电商节、扶贫日促销以及其他网络购物节等网络促销活动，适时开展西瓜、火龙果、百香果、香蕉、龙眼等季节性特色农产品团购促销活动。

（三）提高自建平台的影响力和知名度

优化平台细节，提升顾客体验。优化平台网页设计，考虑如何增加亮点，吸引进入平台网页的用户的注意力，增强其下单可能性。增加平台支付方式的数量与种类，便捷用户支付。同步推进 PC 端与移动端，提升顾客购物便捷度。

完善平台服务体系。一是健全线上服务。一方面增加客服数量，及时解答顾客疑问；另一方面吸收借鉴知名平台如天猫、京东等的退换货审核机制，完善平台退换货审核体系，简化客户退换货流程。二是健全平台物流体系。对于较大的农产品电商平台，在增加冷链物流投入，扩大配送范围，继续完善自身配送体系的同时，也可加强社区门店建设，线上线下同步推进，提升配送效率。对于相对较小或实力较弱的平台，可通过与第三方物流公司开展深度合作的方式，依托其成熟的配送网络，实现平台农产品的优先配

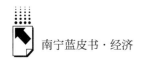
送，也可通过在多地逐步建立仓库的方式，渐进式扩大产品配送范围，提高配送效率。

与知名网站开展合作。一方面鼓励平台与知名度大的电商交易平台如淘宝、京东、天猫等开展合作，进行合作网站登录，即使用淘宝、京东等网站的账号便可登录到农产品电商平台进行购物，提高交易平台的访问量，满足短期性、波动性和随机性购买需求的消费群体，便捷此类其消费和购买行为，形成较大潜在流量和潜在销售订单。另一方面，可增加平台的反向链接数。通过在一些知名度高，流量大、有一定用户基础的网站上增加本平台的反向链接，提高本平台的影响力与知名度。

提高商品品质。增强品牌引进，销售国内部分特色农产品，扩大平台销售的商品范围。增强农产品品质，将本市的一些地标产品、无公害农产品、绿色食品如上林八角、南山白毛茶、横县茉莉花、上林大米等打造成为农产品爆款，凸显平台特色的同时，增加销售。不断完善在售产品信息，在提供商品全方位实物拍照图片以及基本介绍的同时，增加商品在田间地头的种植信息、视频信息、商品历史信息、供应商资质信息等。扩大商品供货渠道，农产品电商平台可积极与商业信誉等级高的专业农业生产合作社或农业开发公司开展深度合作，保证商品来源的可靠性，扩大平台直采规模，也便于后期进一步开展商品溯源机制的建设，更好的保证商品品质。

重点打造一批有一定基础的平台。对目前我市已经有一定影响力的电商平台，例如"舌尖网"、"供销优品"、"八桂鲜"等，要进一步加大政策支持力度，进一步提高其知名度和覆盖面，打造成为区域知名电商品牌。

（四）加强基础设施建设

加大物流及配送体系建设。建设县级快递仓储物流中心，加快村级电子商务服务点布局，完善县乡村三级物流体系。加快冷链物流建设，打造以五里亭蔬菜批发市场、南宁市农产品交易中心、广西海吉星农产品国际物流中心、南宁国际综合物流园（玉洞冷库）等为核心的农副产品冷链物流服务网。强化与邮政、"四通一达"等重点物流快递企业合作的同时，鼓励国际知名物流快递企业向农村延伸，完善农村电子商务配送和综合服务网络。

进一步提升村级电商服务站运营能力。以自治区电子商务进万村工程为抓手，加快全市村级电商服务点建设。增加村级电商服务点服务功能，不断完善农民网络购物服务，同时逐步延伸快递包裹存取、农产品网上代卖和网销、车票代购、水电费缴纳、手机充值、转账汇款、小额现金存取等服务功能，提高为农村居民提供"一站式"综合服务的能力。

（五）完善农产品电商服务体系

完善农产品质量安全体系。完善农产品检验检测和安全监控等设施建设，对农产品贮藏、运输、生产、加工、销售等环节进行严格的质量管控，报账农产品质量。加强农产品标准化建设，加快制定农产品网上销售标准，引导企业、农村合作社等经营主体扩大农产品标准化生产覆盖面，完善农产品二维码溯源体系，推广商品条码在农村电子商务的应用，实现生产设施、过程和产品标准化。

加快农村信用体系建设。探索为农产品生产、加工企业、农民合作社、农场、农户等农村社会成员建立相关农产品电商信用档案，夯实农村信用体系建设的基础。全面开展农村农产品网络销售信用信息征集工作，构建农村电商信用信息评级系统，加快建立全覆盖和动态调整的农村电商信用体系。开展农村电商信用乡（镇）、信用村、信用户创建活动，推进创建一批农村电商青年信用示范户。推进农产品生产、加工、流通企业信用建设。

（六）加强农产品品牌建设

积极实施"一品一策、品牌强农"战略。在继续壮大"横县茉莉花茶""力拓大米""'绿水江'牌香蕉"等品牌影响力的同时，鼓励农产品电商企业开展农产品深加工、深度挖掘农产品文化，在甜玉米、龙眼、茶叶、酱菜等目前电商发展较好产品领域培育形成一批具有文化内涵、高附加值的名特优农产品，提高本市特色农产品网络销售的竞争力。

强化电商品牌的宣传推广。深入推进"我为家乡代言"活动，结合网

络直播、网红、电视等资源，提高农产品品牌知名度。鼓励农产品商家、生产者通过口碑、电台、报刊、广播等传统渠道以及论坛、QQ 群、微博、微信等新兴网络平台大力宣传本地特色农产品。鼓励农产品销售商家效仿"褚橙"的做法，注册自己产品的商标，通过包装、品牌策划，将当地民俗文化与农产品相结合，塑造一批像横县茉莉花茶、力拓大米等知名度高的农产品品牌。

（七）壮大专业人才队伍

积极培育农产品电子商务创业带头人。整合农业新型经营主体资源，培养种养大户、家庭农场、专业合作社作为农产品电子商务的先锋部队，以他们为榜样不断激发农户开展农产品电子商务的主动性和积极性。充分发挥基层党组织带头模范的作用，鼓励基层党员尤其是乡镇干部、第一书记、大学生村官、返乡青年等积极开展农产品电子商务，为家乡产品代言，带动农民脱贫致富。

加大农产品电商培训力度。进一步强化和淘宝大学等专业电子商务服务机构合作，以网商孵化和人才培养为重点，加大农村电商技能提升型培训力度，定期成立精英班、专业班、初级班、扫盲班等农产品电商培训班，有目标有计划地培养一批有实践能力和理论水平的农产品电子商务人才。

加强物流业人才培养。在南职院等职业技术学校中开设相关专业，并积极鼓励其与华润万家、华联等大型连锁超市开展校企合作，建设物流人才的订单培养模式。充分利用供销社、邮政等现有物流系统，加快培养不同于普通快递的农产品专业物流人才队伍。

参考文献

［1］马玉花：《广西农产品电子商务发展影响因素研究》，广西大学，2017。

［2］韦俊良：《广西农产品电商发展现状及政策研究》，《区域金融研究》2015 年第

7 期。

[3] 南宁市商务局:《2017 年南宁市电子商务发展报告》。

[4] 国务院:《关于促进农村电子商务加快发展的指导意见》。

[5] 广西壮族自治区人民政府:《2015~2017 年全区农村电子商务工作实施方案》。

[6] 郑亚琴、许人:《"互联网 +"背景下农产品电商问题研究》,《吉林工商学院学报》2016 年第 3 期。

[7] 吴骏骞:《地方政府推进农产品电商的战略研究》,《公共行政》2018 年第 2 期。

[8] 刘静娴、沈文星:《农产品电商发展问题及模式改进对策》,《现代经济探讨》2016 年第 7 期。

[9] 黄刚:《农产品电商十大根源问题的分析与思考》,《新农业》2017 年第 5 期。

[10] 周鹏鹏、陈晓明:《青岛市农产品电商发展中的问题与对策》,《合作经济与科技》2017 年第 9 期。

B.19
南宁市拓展与东盟国家进出口
贸易发展对策研究

南宁市社会科学院课题组*

摘　要：　2016年，在经济下行的压力下，南宁市持续推进外经贸转型
升级，外经贸实现回稳向好的发展趋势。2017年南宁市贸易
进出口持续发力，货物贸易进出口总值首次突破600亿元人
民币大关，取得了前所未有的成绩，但仍然存在与东盟国家
贸易规模偏小、出口商品结构有待优化、与东盟国家间贸易
发展不均衡、贸易便利化水平有待进一步提高、外贸新业态
发展相对滞后等问题，因此，建议从发展高层次开放型经济、
积极培育南宁市出口优势产业和品牌、提升贸易便利化水平
等方面积极促进南宁市与东盟国家进出口贸易发展。

关键词：　东盟　进出口贸易　持续健康发展

一　南宁市拓展与东盟国家进出口贸易的
重要现实意义

（一）有助于推动南宁市经济实现更高质量发展

南宁市经济正处在转变发展方式、优化经济结构、转换增长动力的攻关

＊　课题组组长：吴金艳，南宁市社会科学院东盟研究所所长，副研究员；课题组成员：黄旭文，
南宁市社会科学院东盟研究所副所长，助理研究员；岑家峰，南宁职业技术学院科技处教师，
助理研究员；苏静，南宁市社会科学院社会发展研究所，副研究员；王许兵，南宁市社会科
学院东盟研究所，研究实习员；张伟，南宁市社会科学院社会发展研究所，研究实习员。

期。推动经济发展质量变革、效率变革、动力变革，提升经济创新力和竞争力，是实现经济高质量发展的关键。南宁市拓展与东盟国家的进出口贸易对于实现经济高质量发展具有重要意义，主要体现在：一是有助于南宁市充分利用比较优势，不断挖掘经济发展潜力，积极拓展第三方市场，增强经济发展的弹性与回旋空间；二是有助于南宁市倒逼产业转型升级，促进质量变革，提升产品品质，增强企业市场竞争力，拓宽企业盈利空间；三是有助于南宁市加快深入实施"放管服"改革的步伐，营造更加便利透明的营商环境，不断降低实体经济成本，增强南宁市企业对东盟国家的进出口优势。

（二）有助于建设面向东盟开放的合作高地

南宁市 2018 年《政府工作报告》明确提出要推动形成全面开放新格局，大力发展开放型经济。深化与东盟全方位的经济合作，拓展与东盟国家的进出口贸易，正是其生动体现。同时，这也有助于建设面向东盟开放的合作高地，主要表现在：一是东盟国家作为南宁对外开放合作的重点，拓展与其进出口贸易等经济合作是优先方向，有助于推动南宁建设面向东盟开放合作的区域性国际城市和"一带一路"有机衔接的重要门户城市，不断增强和巩固南宁在东盟开放合作中的先发优势；二是拓展与东盟国家的进出口贸易，一方面有助于提升南宁经济发展的内生动力；另一方面，也有助于激发南宁扩大面向东盟开放的步伐与政策力度。

（三）有助于打造"南宁渠道"升级版

南宁市 2018 年《政府工作报告》明确提出，要按照自治区"四维支撑、四沿联动"布局，大力实施全方位、宽领域、多层次的开放发展战略，加快打造"南宁渠道"升级版。在这一新形势下，拓展与东盟国家进出口贸易，对于打造"南宁渠道"升级版意义重大，主要体现在：一是有助于南宁市加快实施第二轮加工贸易倍增计划，更快推进广西—东盟区域（南宁）外贸一体化综合体通关提速工程，不断提升贸易便利化水平，打造外贸发展新引擎；二是有助于南宁市参与中新互联互通"南向通道"建设并发挥重要作用；三是有助于加快中国（南宁）跨境电子商务综合试验区和完善南宁市综合保税区配套设施建设，加快规模性电商企业和加工贸易企业聚集，进而提升南宁市对外贸易的广度与深度。

二 南宁市与东盟国家进出口贸易总体发展情况

（一）南宁市与东盟国家进出口贸易额发展情况

2016年，在经济下行的压力下，南宁市持续推进外经贸转型升级，外经贸实现回稳向好的发展趋势。2017年南宁市贸易进出口持续发力，货物贸易进出口总值达607.09亿元人民币，首次突破600亿元人民币大关，取得了前所未有的成绩。2017年南宁市与175个国家和地区有贸易往来，与东盟、美国、澳大利亚、中国香港和中国台湾的进出口增幅均超过30%，与东盟的进出口贸易额达11.63亿美元，同比增长32.87%。南宁市对东盟进出口贸易总额的增长率从2014年、2015年的负值发展到2016年达到13.57%，到2017年，增长率达32.87%。东盟继续保持南宁市第三大出口市场和第二大进口来源地的地位，"南宁渠道"的影响力进一步提升（见表1）。

表1 2013~2017年南宁市对东盟进出口贸易情况

年度	出口额（亿美元）	进口额（亿美元）	进出口额（亿美元）	进出口额累计同比（%）
2013	4.07	7.99	12.07	54.10
2014	3.99	5.40	9.39	-22.20
2015	4.60	3.10	7.70	-18.00
2016	4.37	4.39	8.75	13.57
2017	3.66	7.97	11.63	32.87

数据来源：南宁海关。

（二）南宁市对东盟整体进出口贸易增速变动情况

2013年以前，南宁市与东盟国家进出口贸易基本保持较为平稳的增长态势；到 2013 年，南宁市对东盟的进出口贸易额达到高速增长，与上一年相比增加 54.10%。2013～2016 年，受经济下行压力及国际市场低迷等因素的影响，南宁市整体进出口额增长率除 2015 年为 21.91%，其他年份增长率均未超过 10%。南宁市对东盟进出口额增长率在 2014 年、2015 年出现负增长，尤其是 2014 年南宁市对东盟国家的进口、出口、进出口总额均出现了负增长。2016 年南宁市对东盟国家进出口额增速回升。2017 年整体进出口额增长率和与东盟进出口额增长率均实现较快增长，南宁市整体进出口额增长率为 45.54%，与东盟进出口额增长率达 32.87%（见表 2）。

表 2 2013～2017 年南宁市对东盟进出口贸易额（美元）增速情况对比

年份	与东盟进出口额累计同比(%)	南宁市整体进出口额累计同比(%)
2013	54.10	6.48
2014	-22.20	9.01
2015	-18.00	21.91
2016	13.57	4.98
2017	32.87	45.54

数据来源：南宁海关。

（三）南宁市对东盟主要贸易方式发展情况

近年来，南宁市对东盟各国的贸易方式有一般贸易、加工贸易、对外承包工程出口货物，国家间、国际组织无偿援助和赠送的物资及海关特殊监管方式进出口货物等。受经济波动影响，2014 年和 2015 年一般贸易进出口额下降，2016 年一般贸易进口额 36.7 亿元，同比增长 15.0%。2017 年一般贸易进口额 41.6 亿元，同比增长 13.6%，增长相对缓慢而稳定；加工贸易包括来料加工装配贸易和进料加工贸易。2013～2017 年的增长率分别是 7.1%、5.6%、23.2%、43.0%、121.7%，贸易进出口的占比和增长率都呈逐年增长的趋势；对外承包工程出口货物和海关特殊监管方式进出口货物进出口额在 2016 年短暂增长后，仍处于下滑趋势（见表 3）。

表3 2013～2017年南宁市与东盟主要贸易方式情况

单位：亿元人民币

年度	一般贸易		加工贸易	
	进出口额	增长率（%）	进出口额	增长率（%）
2013	65.6	58.5	7.9	7.1
2014	48.0	−23.0	8.2	5.6
2015	31.9	−33.5	10.1	23.2
2016	36.7	15.0	14.5	43.0
2017	41.6	13.6	32.1	121.7

数据来源：南宁海关。

（四）南宁市与东盟国家进出口贸易发展情况

2016年南宁市在东盟国家中最大的合作伙伴是越南，居于所有与南宁市贸易合作国家（地区）的第六位，进出口总额为21.77亿元，较上年增长10.33%；泰国在东盟合作伙伴中位居第二，进出口总额10.98亿元，增长26.02%；马来西亚第三，进出口总额10.55亿元，增长65.49%。2017年马来西亚进出口总额20.87亿元，跃居南宁在东盟国家中最大合作伙伴，增长率高达97.84%，约为2016年进出口总额的两倍；越南进出口总额19.82亿元，与上一年相比减少8.97%，跌落到第二位；泰国为第三位，进出口总额15.57亿元，增长率41.79%（见表4）。

表4 南宁市2016～2017年在东盟中进出口额排名前三位国家及进出口贸易情况

年度	东盟排名	国家	进出口额（亿元）	增长率（%）	总排名
2016	1	越南	21.77	10.33	6
	2	泰国	10.98	26.02	9
	3	马来西亚	10.55	65.49	10
2017	1	马来西亚	20.87	97.84	8
	2	越南	19.82	−8.97	9
	3	泰国	15.57	41.79	10

数据来源：南宁海关。

三 南宁市与东盟国家进出口贸易存在的问题

（一）与东盟国家贸易规模偏小

南宁市与东盟国家虽然互为重要贸易伙伴，但双边的贸易额仍然偏小，2017年与东盟国家进出口贸易总额为78.6亿元，占全市外贸进出口总额的比例仅为12.95%。从全区来看，2017年广西对东盟国家进出口总额1893.85亿元，南宁市仅占全区的4.15%，在全区14个地级市与东盟国家进出口贸易额中排名第5位。与周边城市相比较，2017年广州市、长沙市、昆明市对东盟进出口贸易额分别达到1239.6亿元、139.12亿元和94.05亿元，南宁市与之相比差距非常明显（见表5）。由此可见，虽然近年来南宁市与东盟国家贸易实现较快发展，但贸易规模较小，对拉动全市贸易经济增长作用有限。此外，南宁市县域外贸进出口总量仍然较小，占全市的比重很低，2017年南宁市五县进出口总值2.75亿元，仅占外贸进出口总值的0.45%，县域外贸进出口中与东盟国家贸易往来的更少。

表5　2017年南宁市与周边省会城市外贸进出口情况对比

城市	进出口总值（亿元）	占GDP比重（%）	较上年增长（%）	与东盟国家贸易额（亿元）	占全市进出口总值比例（%）
广州	9714.4	45.18	13.7	1239.6	12.76
长沙	938	8.9	26.9	139.12	14.83
昆明	505.8	10.41	18.2	94.05	18.59
南宁	607.09	14.74	48.8	78.6	12.95

注：数据分别来源于各市商务局官网公布数据，为方便比较已将美元统一转换成人民币。

（二）出口商品结构有待优化

分析南宁市外贸进出口商品结构发现，2017年南宁市对东盟贸易出口产品仍然是以机电产品为主，其中机械设备、小家电及电子产品是机电产品

出口额前三名。这些都属于劳动密集型产品，随着原材料和劳动力成本的逐步上升，产品国际竞争力不断下降。出口方式以使用国外品牌的加工贸易和以贴牌为主的订单贸易为主，其中比较典型的是富士康企业，该企业2017年完成进出口总额45.03亿美元，同比增长65%，占南宁市加工贸易进出口的76%，对南宁市出口创汇贡献较大。出口产品中附加值高的自主品牌特别是自主名牌产品数量少，而附加值低的贴牌、无牌出口产品占比较大，这对南宁市提高出口创汇能力，提升外贸出口质量是一个巨大的阻碍。

（三）与东盟国家间贸易发展不均衡

目前南宁市在东盟国家的前三位贸易伙伴是马来西亚、越南和泰国。据海关部门统计，2017年南宁市对马来西亚的进出口贸易额为20.87亿元，对越南进出口贸易额为19.82亿元，对泰国的进出口贸易额为15.57亿元，三者贸易额总和占对东盟国家贸易的71.58%；而对其他7个东盟国家进出口额占比比重较低，贸易额非常小，说明目前南宁市外贸企业对其他东盟国家市场开拓力度仍然不够，合作潜力尚未充分挖掘。而且，相对于加工贸易和一般贸易来说，南宁市与东盟国家对外承包工程出口货物贸易发展滞后，贸易额占进出口总额比重非常小，大型企业在东盟国家的工程承包和劳务合作业务有待拓展。

（四）贸易便利化水平有待进一步提高

2016年，邕州海关辖区全年无纸化方式报关比例达99.22%，主要税源企业平均通关时间由35.54小时缩短至16.81小时，原产地签证便利化水平进一步提升，检验检疫全年签署原产地证9818份，金额5.7亿美元。同时出口退税服务进一步优化，效率不断提升，全年出口退（免）税额达7.88亿元人民币。然而，外贸企业反映的退税时间长、进出口货物通关时间长、报关手续烦琐、报关成本高等问题仍然存在，极大地影响着企业的库存和资金周转。一部分南宁市本地外贸企业在开展对外贸易活动中宁可选择到广西沿海城市、边境城市通关，甚至到湛江、深圳、广州通关，也不愿意从本地通关，从而影响到南宁外贸进出口业绩。

（五）外贸进出口企业竞争力较弱

2017 年广西公布第五批重点培育和发展的出口名牌企业名单，共认定了 15 家出口企业品牌，其中南宁市仅有 3 家企业入选，而桂林市、北海市分别为 4 家。南宁市出口品牌偏少，与南宁首府地位不相称。另外，民营企业发展迅速，已经成为南宁市与东盟国家贸易合作的主力军，但不少民营企业只注重产品出口创外汇，对企业品牌重视程度不够，导致外贸产品在东盟市场缺乏竞争力。2017 年南宁市拥有进出口业绩的企业共有 723 家，其中年进出口额超过 1 亿元人民币的企业只有 42 家，大部分外贸企业进出口规模较小，由此可见南宁市外贸企业整体实力不强，对拉动外贸增长作用不突出。

（六）外贸新业态发展相对滞后

南宁市外贸新业态发展相对滞后，在转型过程中，传统业态企业与新业态企业融合度不足。南宁市跨境电商体量仍然偏小，据海关部门统计，2017 年南宁市进出境邮包数量 147 万件，跨境电商入境包裹 11 万件，货值近 2000 万元人民币，但其中跨境电商包裹多数为入境包裹，跨境电子商务出口市场开拓难度大。同时，从事跨境电商业务的企业数量少、规模小，且大部分企业需要依靠第三方平台打开国际市场大门。南宁市市场采购贸易也处于起步阶段，市内各流通市场主要以内贸为主，贸易外向度较低，基础条件薄弱，培育难度较大。

四　南宁市与东盟国家进出口贸易发展面临的形势分析

（一）有利因素

1. 平台支撑

南宁作为面向东盟开放合作的区域性国际城市，在与东盟合作平台构建方面进展较快，主要表现在：一是中国—东盟博览会和商务与投资峰会每年定期在南宁举办。作为层次高、规模大、影响力广泛的重大盛会，对于推动南宁与东盟，包括经贸投资在内的综合性合作，其重要性不言而喻；二是中新互联互通南向通道及中新南宁国际物流园正加快建设，中欧班列（南宁—河内）集装箱班列开通；三是第十二届中国（南宁）国际园林博览会于2018年12月在南宁盛大开幕，已成功邀请19个东盟及"一带一路"沿线国家、城市参展。上述平台的构建对拓展与东盟国家进出口贸易形成重要支撑。

2. 政策支撑

政策支撑主要表现在：一是进一步深化"放管服"改革，不断做好简政放权的"减法"，做好优化服务的"乘法"，全面落实"三十九证合一"登记制度、企业简易注销、商标注册便利化等改革，让营商环境不断改善，市场活力不断激发；二是保税区政策加速落地，中国（南宁）跨境电子商务综合试验区获国务院批准，南宁综合保税区配套设施加快推进；三是深入实施第二轮加工贸易倍增计划，加快建设内陆开放型经济战略高地，促进南宁对东盟国家贸易便利化；四是中国–东盟自贸区升级版深入实施。

3. 产业支撑

南宁市拓展与东盟国家进出口贸易，需要以产业做支撑，只有做大做强实体经济，才能增强贸易竞争力。南宁市2018年《政府工作报告》明确提出要做大做强实体经济，持续推进产业转型升级。力争在2018年，电子信息产业产值突破600亿元，先进装备制造产业产值突破900亿元，生物医药产业完成产值180亿元，食品加工产业产值率先突破1000亿元，高新区、经开区规模以上工业增加值增长超过15%，东盟经开区规模以上工业增加值增长超过18%。

4. 人文支撑

南宁市拓展与东盟国家进出口贸易，离不开双方在人文上的交流。这有利于拉近人们的内心距离、增强相互间的信任，使得双方在经贸方面更易达成合作。党的十八大以来，南宁市加快与东盟国家科教文卫交流的步伐，为拓展与东盟国家的经贸合作提供了较强人文支撑，表现在：一是中国—东盟科技产业合作委员会落户南宁市，促进了南宁市与东盟国家的科技文化交流合作；二是中国与东盟的文化交流取得了丰硕的成果，双方相继签署了《南宁宣言》《中国—东盟文化合作谅解备忘录》《中国—东盟文化产业互动计划》等；三是在"十二五"期间，东盟国家到广西学习的留学生有 3.7 万人，其中大部分在南宁市的高校学习，包括广西大学、广西民族大学等。

（二）不利因素

1. 贸易保护主义抬头

2018 年以来，贸易保护主义、单边主义势头持续上升，民粹主义、逆全球化浪潮此起彼伏，尤其在部分欧美发达国家，民粹主义势力与日俱增，对国内外政策的偏保守化走向产生了重大推力。尤其是以美国为代表，在"美国优先""让美国再次伟大"等口号的宣扬下，特朗普政府加快了贸易保护主义、单边主义步伐，表现在向全球加征钢铝关税、退出多边贸易协议、以极限施压的方式与多国进行双边贸易谈判等。特别是中美贸易战轮番升级，给全球经济蒙上了阴影。多份研究报告显示，2019 年全球经济增长将会放缓。在这样的背景下，南宁市拓展与东盟国家进出口贸易的内外部条件将会受到牵制。尤其是中美贸易谈判存在不确定性、我国经济下行趋势明显以及全球经济放缓等。所以要为最坏的情况做好准备，尽早谋划，转危为机。

2. 地缘政治风险隐患犹存

在经济全球化的背景下，国际间利益裂变的压力也加速了合作方经济风险的累积。纵观来看，东盟国家的问题，一是政局不稳，内阁变换与政权更迭频繁；二是各国制度、文化、经济、宗教差异较大，导致国家利益分歧较大，一些国家在宗教、领土等方面争端与冲突不断；三是南海主权争端成为与我国经贸合作的严重障碍，事关维护我国国家核心利益；四是宗教极端主义和恐怖主义对所在国的安全仍构成较大威胁；五是"中国威胁论"在一些国家仍然存在。

3.周边省市的竞争压力

在周边省会中，云南省与三个东盟国家接壤，使得昆明同南宁具有相似的区位优势。澜沧江—湄公河商船的通航，昆曼高速、昆河高速、昆河铁路的开通，昆明至新加坡泛亚铁路的计划建设，让昆明比南宁更加具备交通上的优势；广州的经济实力、产业发展和人才吸纳方面较南宁有优势，以及作为经贸交流平台的广交会，周边邻近重要港口——湛江港，综合实力较强；福建省与东盟双边贸易额近年来持续上涨，很多地市与南宁同样处于丝绸之路的核心建设区，与东盟有更深厚的合作基础；海南、贵州省份的地市在不同程度上也具有一定的优势。

4.贸易环境吸引力有待加强

要吸引投资，首先需要创建和谐的投资环境。从基础建设来说，一方面，辐射东盟范围的传统设施建设还没完全铺开，铁路干线和公路网、航空港、船运港建设还需要加强；另一方面，中国—东盟信息港建设尚在起步阶段，信息数据方面还需建设。从政策吸引力来说，南宁市金融服务体系、优化科技创新体系还有待完善，外贸政策落实存在配套不够完善、进出口环节收费不合理、通关效率低下、退税及货物通关时间长、报关手续烦琐等问题，难以吸引知名加工贸易企业投资。

五 南宁市拓展与东盟国家进出口贸易对策建议

（一）发展高层次开放型经济

1.推动"南宁渠道"升级

一是充分利用现有平台优势，推动城市功能不断升级。在打造中国—东盟博览会升级版的同时，积极整合中国—东盟（南宁）国际汽车展、南宁国际学生用品交易会、南宁市国际茶业茶文化博览会、南宁市节水灌溉博览会等会展资源，发展综合性、国际化、高收益的会展经济。二是强化会展品牌战略，发挥会展品牌对城市经济发展的带动作用。积极打造会展文化品牌，凸显东盟各国文化、习俗、民族、地域特色。三是引进和培养专业会展人才，为提升会展服务水平提供人才支撑。加强高等院校的会展专业建设，引导行业协会组织相关人才培训，加大对高层次会展专业人才的引进力度，以适应会展经济发展的要求。

2. 积极融入"一带一路"建设

随着我国与东盟国家合作领域的不断拓展，南宁市应当持续关注"一带一路"建设新动态，利用中国—东盟自由贸易区升级版建设机遇，与自身经济发展进行有机衔接，从而促进南宁市与东盟进出口贸易的稳定可持续增长。加快建设中国（南宁）—新加坡经济走廊，积极促成南宁市与经济走廊重要节点城市及边境口岸城市的交流合作，大力推进互联互通的基础设施建设，提高基本公共服务水平和自主创新能力。南宁市应将重点放在陆路通道的建设上，提高南宁市在国家湄公河次区域经贸合作中的参与程度，在其中积极谋求南宁市自身的区域功能定位。

3. 发展县域外向型经济

南宁市县域外向型经济发展基础较为薄弱，要提高县域经济外向度，需要进行深入调研，确定县乡外贸企业的发展优势。其次针对南宁市县乡地区对外贸易人才、资金、技术紧缺的状况，根据当地经济发展实际状况，制定相关政策措施，引导资源要素的流动和集聚，依托县域产业园区建设，创建县域外贸孵化基地。再次是促进县乡生产企业与外贸综合服务企业的合作，加强外贸综合服务平台建设，带动县乡外贸企业进出口业务的拓展。最后是增强自主创新能力，通过技术创新提高县乡外贸企业在国际市场的竞争优势，有效避免在国际分工中的增值局限和可替代性，获得比较优势。

（二）积极培育南宁市出口优势产业和品牌

1. 逐步扩大出口优势

一是促进龙头企业和支柱企业的转型升级和产业链延伸，进一步扩大南宁市出口优势，实现出口贸易的稳定增长，逐步形成规模较大、在国际市场具发展潜力和竞争优势的出口主导企业。二是加快开发区和产业园区建设，促进出口优势产业发展壮大，形成规模效应和辐射作用。三是深化"放管服"改革，服务外贸企业可持续发展，组织企业申报各类资金项目，逐步降低企业融资和物流成本，提高企业核心竞争力。

2. 培育外贸竞争新优势

着力通过品牌建设提升外贸企业竞争力，培育产业竞争新优势。一方面鼓励外向型企业加大自主研发力度，培育自主品牌，构建营销网络。提高外贸企业装备技术水平，引导企业从低级阶段的贴牌生产、简单加工向研发设计、品牌建设的中高端阶段发展，增加自有品牌产品在整体出口结构中的比重；另一方面做大做强"南宁制造"，适应出口贸易的新形势新变化，采取措施积极应对出口国的贸易保护壁垒，不仅要做好生产和销售方面的国际标准认证工作，还要加强企业在生态环境保护和社会责任履行等方面的建设。

（三）提升各类外贸经营主体竞争力

1. 为外商投资外贸企业创造公平竞争环境

一是促进外商投资外贸企业与内资企业同等适用各类政策措施。特别是同等享受国家、自治区、南宁市出台的鼓励外贸发展的系列优惠政策措施。二是鼓励外商投资外贸企业积极参与南宁市产业转型升级。利用外商投资企业的自身优势，投资高端制造、绿色制造、智能制造等产业，改造提升传统产业，优化出口产品结构，增强出口产品竞争力。

2. 激发民营外贸企业投资发展活力

大力优化营商环境，激发民营外贸企业投资活力。营造良好环境鼓励民营外贸企业创新创业，大力发展实体经济。定期或者不定期邀请商务、海关、检验检疫、外汇等相关部门工作人员，主动上门为外贸企业做好外贸政策宣传和相关业务知识培训。鼓励民营企业在南宁市优势产业领域加大外贸进出口力度，推进高质量进口和出口。依托外贸进出口的溢出效应，促进南宁市产业转型升级和经济高质量发展。

3. 增强国有外贸企业改革创新能力

充分发挥国有企业的优势和担当，在国际物流体系、检验检测公共服务平台等外贸公共服务平台方面加大投入力度，构建南宁市较为完善的国际物流体系和外贸公共服务平台，为南宁市进出口贸易发展奠定良好的基础，发挥支撑骨干作用。从供给侧结构性改革发力，鼓励国有外贸企业不断探索创新，增加产品供给品种，提高产品供给质量，提升产品供给科技含量。

（四）积极培育发展外贸新业态

1. 培育发展南宁—东盟跨境产业链

重点支持南宁市新能源汽车、铝加工为代表的智能装备制造业、食品加工等重点产业与东盟国家产业的对接与合作，构建跨境产业链，不断延伸产业链条，提高"走出去""引进来"对南宁市外贸进出口的带动能力。

2. 加快推进跨境产业园区建设

以中新南宁国际物流园建设为示范带动，积极探索南宁市与东盟国家友好城市的深入产业合作，促进产业链条延伸，形成若干产能合作示范基地。有序引导国内及周边地区各类出口基地与南宁市与东盟国家的境外经贸合作区开展项目对接，不断创造产业内和产业间贸易机会。

3. 大力推进跨境电子商务发展

积极与东盟国家合作建立跨境电商园区，与国内外知名的跨境电商平台建立战略合作关系，吸引跨境电商企业和跨境电商服务企业聚集发展，实现资源共享，提高市场竞争力，带动南宁市外贸企业发展。支持大型外贸企业运用电子商务改造供应链流程，支持中小外贸企业利用第三方跨境电商平台拓展业务。鼓励南宁市物流企业加快建设跨境电子商务海外物流体系，为跨境电子商务提供高效的配套服务。

（五）着力提升贸易便利化水平

1. 加强涉外经济各部门间配合协作

充分发挥南宁市对外贸易联检部门联席会议机制作用，指导督促全市对外贸易各项工作，全面巩固关检合作"三个一"（一次申报、一次查验、一次放行）的通关模式改革成果。加快南宁口岸服务体系的建设，加快推进

南宁保税物流中心向综合保税区过渡，积极推进大通关及电子口岸建设，加快口岸服务设施的建设。

2. 大力提升跨境物流发展水平

推进"大物流"建设，将其与"港口""路网""航空""水运"共同作为南宁市现代交通的重要组成部分。在全市乃至广西区内构建物流节点网络，形成以物流园区为核心、物流中心为骨干、配送中心为基础的网络布局。积极培育发展骨干物流企业，对现有物流企业，通过政策引导，形成倒逼机制，培育大而优的龙头企业。加大物流基础设施规划建设，对现有资源进行有效整合，提升其自动化和智能化水平。

3. 构建"海陆空"国际大通道

以南宁吴圩国际机场、火车站、黄金水道等为依托，搭建面向东盟的国际物流合作新平台，打通往来东盟地区和中南、西南地区进出口双向铁路货运通道，真正发挥"南宁渠道"作用。利用国内外知名航运企业资源，迅速打通与沿线国家港口直航通道，探索参与沿线港口城市联盟建设，推进互联互通。在吴圩国际机场已有的东盟直航线路基础上，力争开设更多"空陆联运"直通模式的机场货站，铺设通达东盟国家乃至"一带一路"沿线国际的"空中丝路"。

参考文献

[1] 周红波：《南宁市 2018 年〈政府工作报告〉》，《南宁日报》2018 年 1 月 19 日。

[2] 张磊、黄志勇：《"南宁渠道"的性质、功能作用与成功经验》，《东南亚纵横》2014 年第 12 期。

[3] 李东升：《"一带一路"背景下中国与东盟贸易水平提升策略研究》，《商业经济研究》2018 年第 4 期。

[4] 黄宗海：《中国—东盟经贸往来中的广西：现状、问题、对策研究》，《学术论坛》2016 年第 9 期。

[5] 任亮：《区域战略格局下南宁的城市定位与路径》，《开发研究》2018 年第 2期。

［6］张梅、李俊强：《中国—东盟自由贸易区框架下南宁与越南农业互补互促问题研究》，《南宁职业技术学院学报》2015 年第 6 期。

［7］左伟：《高新区创建国家电子商务示范基地的路径探析——以南宁高新区为例》，《改革与战略》2013 年第 3 期。

［8］朱从兵、庞广仪：《近代北海、龙州、梧州、南宁开埠及其对区域贸易的影响》，《广西社会科学》2008 年第 6 期。

［9］黄庆：《南宁作为区域性国际会展旅游中心的定位及塑造》，《市场论坛》2006 年第 1 期。

［10］阮文历、李碧华：《越南—广西贸易关系现状、前景和发展措施》，《东南亚纵横》2004 年第 11 期。

［11］古小松：《建立南宁—曼谷经济走廊发展华南与中南半岛的合作》，《东南亚纵横》2004 年第 1 期。

［12］古小松：《中国—东盟自由贸易区与广西的地位和作用》，《东南亚纵横》2002 年第 12 期。

［13］李东升：《"一带一路"倡议下广西南宁加工贸易转型升级路径探析》，《南宁职业技术学院学报》2018 年第 3 期。

［14］李树娟：《开放环境下的区域性国际金融中心建设研究——以广西南宁为例》，《区域金融研究》2017 年第 10 期。

［15］颜艳：《"一带一路"倡议下广西参与大湄公河次区域（GMS）经济走廊建设的思考》，《市场论坛》2015 年第 6 期。

［16］陈荣业：《南宁建设综合保税区政策突破问题探讨》，《中共南宁市委党校学报》2012 年第 5 期。

［17］柯颖、于玲玲：《CAFTA 框架下广西北部湾经济区物流产业发展战略研究》，《经济问题探索》2012 年第 3 期。

［18］卫自光、杨德辉、覃洁贞等：《提升南宁在中国—东盟自由贸易区中的地位和作用对策研究》，《经济研究参考》2009 年第 6 期。

［19］钟颖：《中国—东盟自贸区建设与南宁会展业发展关系模型》，《广西财经学院学报》2008 年第 2 期。

［20］朱莹、龙桂先：《基于广西港口发展的中国－东盟自由贸易区物流园区建设的可行性研究与建议》，《特区经济》2008 年第 2 期。

［21］李世泽：《中国—东盟博览会在南宁举办的条件分析及其启示》，《东南亚纵横》2003 年第 12 期。

B.20
南宁市健康产业发展研究

赖承略 毕 雯 黄宝凤*

摘 要： 发展健康产业，既符合党的十九大提出的"健康中国"战略，又紧扣中央赋予广西的"三大定位"。南宁市应抓住大健康产业的发展机遇，培育新经济增长点，促进服务消费提质扩容，提升人民群众健康水平。本文深入分析南宁市发展健康产业的基础条件、发展现状及存在问题，提出了做好产业布局，推动重点产业形成特色，加快推动健康产业融合发展，通过大生态建设、大扶贫战场、大招商举措、大数据应用助推大健康产业发展等对策措施。

关键词： 大健康产业 特色产业 融合发展

党的十八大以来，习近平总书记把"推进健康中国建设"提升为国家战略，提出"没有全民健康，就没有全面小康"的重要论断，要求把以治病为中心转变为以人民健康为中心，树立"大健康"理念，努力保障人民健康等一系列新思想、新要求。党的十九大进一步明确实施"健康中国"战略，提出为人民群众提供全方位全周期健康服务，并在国家宏观层面对发展健康产业提出了新的要求和目标。为贯彻落实《"健康中国 2030"规划纲要》，自治区印发了《广西健康产业三年专项行动计划（2017～2019 年）》，

---

* 赖承略，南宁市发展改革委副主任；毕雯，南宁市发展改革委社会科科长；黄宝凤，南宁市发展改革委社会科科员。

明确要牢固树立和贯彻落实创新、协调、绿色、开放、共享的发展理念，主动适应经济发展新常态，紧扣中央赋予广西的"三大定位"，推动健康产业发展壮大。根据目前国际社会对健康产业的主流定义，大健康产业可概括为以人的健康为核心，以提高人民群众的生命生活质量与幸福指数为目标的产业集群。基于这一定义，本报告深入分析研判南宁市健康产业发展的现状和问题，为加快推进南宁市大健康产业发展提出工作建议。

一 南宁市发展大健康产业的基础条件

（一）气候及资源优势得天独厚

南宁市位于北回归线南侧，属亚热带季风气候，阳光充足，雨量充沛，霜少无雪，气候温和，夏长冬短，年平均气温在21.9℃左右；全市森林覆盖率47.68%、建成区绿化覆盖率43.52%，人均公园绿地面积13.21平方米。环境空气质量保持在全国省会城市前列，2018年，南宁市区环境空气质量优良率为93.4%；市辖区水资源总量充沛，流域集水面积在200平方公里以上的河流有39条，野生动植物资源及旅游资源丰富，拥有大明山国家级自然保护区、龙山自治区级自然保护区、龙虎山自治区级自然保护区等多个自然保护区；拥有"中国绿城"、联合国人居奖、全国文明城市、"国家生态园林城市"、"中国最具投资潜力城市"、"中国十大幸福城市"等城市名片。南宁市坐拥绿水青山、蓝天白云，优良的自然资源、气候条件及空气质量等优势，具备发展大健康产业的良好潜力。

（二）区位优势显著

根据党中央对广西的三大定位，即加快构建面向东盟的国际大通道、打造西南中南地区开放发展新的战略支点、形成21世纪海上丝绸之路和丝绸之路经济带有机衔接的重要门户，南宁市利用自身面向东南亚，背靠大西南，东邻粤港澳，南临北部湾，西接中南半岛，处于华南经济圈、西南经济圈和东盟经济圈的结合部，同时也具有是泛北部湾经济合作、大湄公河次区域合作、泛珠江三角洲合作等多区域合作的交汇点的区位优势，正在积极发挥作为大西南出海通道的枢纽城市、中国与东盟合作的前沿城市，国家"一带一路"有机衔接的重要门户城市等作用。在大健康产业整体布局上，南宁市作为广西首府，北部湾城市群核心，可利用自身区位优势吸引人才、科技、资金、信息等产业发展要素集聚，实现汇集、整合区内及大西南丰富的大健康产业资源，提升大健康产业附加值，形成具有自身特色的大健康产业、产品、服务等品牌。借助各个区域合作平台，促进大健康产业发展壮大。

（三）政策优势叠加

南宁市享有民族区域自治、西部大开发、沿海沿边沿江开放、珠江—西江经济带、革命老区振兴、北部湾经济区、北部湾城市群以及"一带一路"建设、打造中国—东盟自贸区"升级版"等多重政策叠加优势。同时，随着"健康中国"上升为国家战略，各级对健康产业发展的政策向好，2017年12月18日，南宁市召开卫生与健康大会，印发《中共南宁市委、南宁市人民政府关于推进健康南宁建设的决定》《南宁市健康产业三年行动实施方案（2017～2019年）》等1+13配套政策，为南宁市的大健康产业发展提供了强大的政策保障。同时，自2013年以来，南宁市先后获批为社会办医（国家）联系点、全国养老服务业综合改革试点城市、体育产业（国家）联系点、国家市级医养结合试点城市，四个改革试点的获批为南宁市探索改革、先行先试，发展大健康产业创出新经验、走出新路子提供了良好的政策环境支持。

（四）科教创新氛围良好

南宁市作为广西首府，汇集了区内各类优质科研、教育资源，2013年，中国外交部和国家中医药管理局批复在南宁成立了中国—东盟传统医药交流合作中心（广西）；南宁市多次承办中国—东盟传统医药高峰论坛、中医药大健康产业国际创新合作发展研讨会等具有世界影响力的国际会议。目前南宁市已研发涵盖了常见、多发及传染性疾病预防诊疗技术、中医药民族医药新产品等关键技术，建设了多个医学重点学科或特色专科创新平台、环保等民生科技创新平台，全市科教创新总体氛围正逐步浓厚。

二 南宁市大健康产业发展现状分析

根据国家《健康服务业分类（试行）》《"健康中国2030"规划》等文件对产业组成进行梳理，针对所提供健康产品或服务类别的不同，参考先进地区经验，可将大健康产业细分为健康医药医疗、健康养老、健康运动、健康管理、健康休闲旅游产业、健康药食材、健康教育七个子产业，各个子产业间有机融合发展。近年来，为促进大健康产业加快发展，南宁市积极申报健康产业相关试点，2013年获批成为社会办医（国家）联系点，2014年获批成为国家养老服务业综合改革试点，2015年获批成为国家体育产业联系点，2016年获批成为国家医养结合试点、第二批全域旅游示范区创建单位，2017年被列入全国首批中医药健康旅游示范区创建单位，成为广西唯一入选的全国首批15个创建单位之一。经过几年的努力，南宁市大健康产业发展取得一定成效。

健康医疗产业逐步壮大。2018年，南宁市每千常住人口社会办医床位数为0.64张，预计到2020年将达到0.86张。南宁市积极落实国家社会办医相关政策，统一标准、简政放权、优化流程、加强服务，抓好一批有引领示范作用的重大项目，目前全市已落实的项目拥有社会办医床位数共4296张，在建重点项目总投资约71亿元，其中广西医大开元埌东医院已建成投入使用，明安医院、南宁凤岭医院、广西前海人寿医院（综合）、南宁前海人寿医院（专科）正在抓紧建设，凤岭南医院已完成征地工作。这些重大项目的实施，将带动提升南宁市社会办医整体水平。医疗研发领域逐步壮大，南宁灵康赛诺科、凯普医学检验、金域检测、维尔凯生物科技等一批医疗研发企业成为医疗研发产业的技术支撑。

养老服务业向多元化发展。2018 年底，南宁市共有各类福利养老机构763 个，其中，公办福利机构 15 个、民办养老院 53 个，集体办敬老院 102个，农村五保村（农村幸福院）559 个，光荣院 20 个，城市养老服务中心14 个。全市共有养老服务床位 29211 张，其中，公办福利院老年床位 5027张，乡镇敬老院、五保村和农村幸福院床位 11072 张（其中乡镇敬老院5071 张，五保村和农村幸福院 6001 张）、光荣院 310 张、民办养老院床位12314 张，城市养老服务中心床位 588 张。《2018 年南宁市养老服务业综合改革试点建设工作要点》《南宁市居家和社区养老服务改革试点工作实施方案》等一系列政策的出台，全面放开养老服务市场，先后引进了中民投、泰康、三胞集团、华润集团、普天集团、华邦控股等大型企业在南宁市发展养老产业，建成广西太和自在城、合众优年社区等重大示范项目，市本级及各县区储备了一批养老服务用地，市属国有平台公司威宁集团积极打造南宁市威宁邻家广场养老产业群，目前已经落实了 9 个项目的建设用地，建成 1个。在居家和社区养老方面，截至 2018 年底，南宁市已建设 115 个社区日间照料中心和 23 个城市养老服务中心项目。

生物医药产业集聚发展。近年来，南宁市医药工业产业规模持续扩大。2018 年实现规模以上工业产值 83.10 亿元（其中中药工业在产业中的比重占 60% 左右），约占全区的 1/3；实现工业增加值 26.55 亿元；全市规模以上医药工业企业 57 家。南宁市目前已形成高新区、经开区、隆安宝塔医药产业园三个生物医药产业密集区，呈现产业集聚化发展态势，涌现出培力（南宁）药业有限公司、广西万寿堂药业有限公司等一批龙头企业，打造出全国独家品种健骨注射液、壮瑶医药特色全国独家药品金莲胃舒片等拳头产品。

全民健身亮点纷呈。2018 年，南宁市体育行业固定资产投资额达到19.95 亿元，体育彩票全年销售累计 16.29 亿元，累计产生公益金约 1.8 亿元，创历史新高。出台《关于印发南宁市体育产业发展引导资金使用管理暂行办法的通知》，促进体育产业又好又快发展。成功举办"中国杯"国际足球锦标比赛、环广西公路自行车世界巡回赛（南宁站）、中国围棋大会、全国女子手球冠军杯赛等重大体育赛事。全市体育行业规模以上企业达到 7 家，全市共有 3 个国家体育产业示范单位及项目，4 个国家体育旅游精品品牌，19 个广西体育产业示范基地、单位、项目创建单位。成功打造广西南宁跑马场运动文化街区、李宁体育园等体育产业示范综合体，马山攀岩特色小镇"休闲运动＋旅游＋扶贫"发展模式获得国家体育总局肯定，并作为推广示范案例宣传。

健康旅游产业快速发展。2018 年，南宁市接待旅游总人数 13159.03 万人次，同比增长 18.98%，旅游总消费 1387.54 亿元，同比增长 23.08%。2018 年制定出台《南宁市全域旅游总体规划》《南宁创建中医药健康旅游示范区规划》，南宁市中医药旅游资源丰富，地处广西长寿带中心，拥有上林、马山、隆安等三个"中国长寿之乡"。现有国家 3A 级以上景区 62 家，其中国家 5A 级旅游景区青秀山，国家 4A 级旅游景区大明山（被中华中医药学会授予"中华特色养生名山"称号），生态健康旅游资源丰富。九曲湾温泉成为中华养生协会唯一指定的养生保健温泉，广西药用植物园荣获英国吉尼斯总部颁发的"世界最大药园"称号。全市现已开辟环绿城马（马山）—上（上林）—大（大明山）等 6 条康养旅游线路和环首府的中医药健康旅游圈。

健康农产品争创品牌。南宁市通过实施农业品牌化战略，大力培育提升优质大米、香蕉、茉莉花、火龙果等区域公用品牌，建成 1 个国家地理标志保护示范区，南宁香蕉、那楼淮山、刘圩香芋等 11 个产品获国家地理标志产品（农产品）登记保护，全市种植业有效期内"三品一标"产品 120 个，养殖业有效期内无公害农产品 21 个。横县茉莉花茶 2017 年被授予首届中国国际茶业博览会"中国茶业区域优秀品牌"称号，南宁香蕉被授予 2016 年全国名优果品区域公用品牌，横县白毛茶文化系统 2016 年入选全国农业文化遗产。

健康管理信息化服务平台初步建立。南宁市积极推动以"一朵云、五平台、多维应用"为技术架构的新型智慧城市建设，加快建设"智慧医疗"、"智慧养老"和"智慧健身"综合服务平台。目前已建成南宁市智慧健康信息工程（一期）、"互联网＋全民健身"服务平台，智慧养老服务监

管平台、智慧健康工程（二期）、三医联动信息平台、紧密型医联体信息化建设试点等项目正在开展前期工作。

三 南宁市大健康产业发展存在问题分析

（一）规划布局不合理，政策体系不完善

南宁市尚未编制大健康产业发展规划，行业、企业缺乏发展和投资导向，项目布局、定位具有一定的盲目性，各县区在大健康产业方面同质化发展、各自为政的现象仍然存在。政策上，国家、自治区、南宁市层面虽都已出台鼓励发展健康产业的政策，但大健康产业和环节仍缺乏有针对性的配套政策，影响健康产业有序发展。

（二）健康产业基础薄弱，市场化程度低

截至 2018 年底，南宁市养老机构总床位数为 29211 张（其中公办养老福利机构床位数 16897 张，占 57.84%；民办养老机构床位数 12314 张，占 42.16%）；非公立医疗机构每千人床位数 0.64 张，仅占全市医疗机构每千人床位数的 9.1%，非公立医疗机构年门诊急诊人次 1004.25 万，仅占全市医疗机构门诊急诊人次的 21.33%。2018 年，平均每千名老年人拥有养老床位 25 张，低于全国、高于全区平均水平，与原定"到 2020 年，南宁市每千名老年人拥有床位数 40 张以上"的规划目标仍存在较大差距。

（三）产业融合不足，技术创新能力不强

健康产业是高度复合的新兴产业，涵盖多个行业，只有各组成行业有机融合，创新发展模式，才能实现健康产业的整体盘活。但目前南宁市健康产业发展还存在业态组合模式较少、产业融合度低的问题，未能突破单体产业的壁垒。同时，健康产业的发展离不开互联网、人工智能、前沿生命科学等

先进技术的应用，南宁健康产业相关企业整体技术创新能力不强，比较优势与市场竞争力较弱，产学研用一体化建设较为缓慢。

（四）一些产业的健康特色不够凸显

南宁市原生态农产品丰富，但原产地保护及绿色食品认证较少，打造"绿色、有机、无公害农产品大市"任务艰巨。南宁市中医药民族医药资源非常丰富，但中医药产业仍以传统医药、医疗业态为主，与旅游业结合不够，"中医药＋养老＋旅游"的新型融合业态尚未充分发展。横跨武鸣、上林、马山、宾阳4县（区）的大明山负氧离子平均含量高达70000个/cm^3，最高含量高达190000个/cm^3，动植物资源丰富，文化底蕴深厚，有"中华特色养生名山"称号，但得天独厚的生态环境尚未得到合理开发，环大明山养生旅游带尚未发展成形。

（五）健康产业人才储备不足，健康教育滞后

大健康产业中的医疗、养老等产业发展都需要大量的科研人才、技术人才和技能人才支撑。而目前全市20多所职业学校仅有市卫生学校开设有护理专业，南宁职业技术学院依托社区管理与服务专业与太和自在城股份有限公司合作开设"太和订单班"。广西区内开设健康服务、养老服务等相关专业的院校也很少，全市健康产业发展的人力资源保障不足。

四 加快南宁市大健康产业发展的建议

大力发展大健康产业是"绿水青山就是金山银山"发展理念的具体体现，有利于促进相关产业优化产业结构、提升发展质量，加快产业转型升级。南宁市大力发展健康产业的基本条件已具备，发展时机已成熟。建议要抓住时机，从"医、养、健、管、游、食、教"等方面大力推进健康产业发展。为实现促进健康产业健康快速发展的目标，建议做好以下几个方面工作。

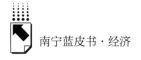

（一）做好产业布局

要进一步摸清南宁市医疗、养老、体育等大健康产业发展的现状，结合南宁市的资源条件、区位优势、政策优势等，研究提出南宁市大健康产业发展布局和定位，统筹布局健康产业。东部地区重点依托西津湿地，发展"湿地农业＋养老＋旅游"产业；南部地区重点围绕大王滩，发展"健康食品＋科普教育＋旅游"产业；西部地区重点沿右江河谷，发展"现代农业＋生物医药＋养老"产业；北部地区重点环大明山，发展"健康养生＋旅游＋体育"产业；城市建成区重点发展融汇高端医疗、养生养老、科技服务等产业的健康服务业集群，并在三大开发区发展以健康食品及生物医药为核心的健康制造业，打造国际化、智慧化的健康产业高地。不同县（区）之间大健康产业定位要结合自身基础条件往差异化方向考虑，每个县（区）确定2～3个主要发展的大健康产业或1～2种融合发展的模式，围绕大健康主导产业策划、储备一批大健康产业项目。

（二）推动重点产业形成特色

南宁市在农产品生产、生物医药等产业具有扎实的产业基础和坚实的核心竞争力。要进一步调整优化健康食品种养殖产业结构和区域布局，加快"三品一标"品牌打造，推动健康食品产业向特色化、品牌化、规模化发展。依托南宁市国家高技术生物产业基地、经开区生物医药产业园等平台，加大力度引进先进的生物医药企业、科研院所入驻南宁市，以技术创新为带动，加强品牌培育，重点发展一批中医药壮瑶医药优势企业，加强建设集种植、萃取、研究、生产为一体的生物药原材料培育基地。医疗、养老产业是关系千家万户的民生产业，必须围绕人民群众日益多元化的美好生活需要，积极发展社会办医，构建多元化的医疗服务供给体系，发展智慧健康服务体系与远程医疗服务，发展"医养结合"等创新医疗服务业态。推动建设一批综合型养老特色小镇及养老综合体。加强信息化技术在养老领域的应用，大力发展先进养老消费品制造业。旅游、体育产业是集聚价值提升效应、品牌效应、生态效应、幸福价值效应的产业，是呈现南宁大健康产业品牌的窗口和平台。要紧扣"养生之都"旅游品牌，集中力量打造中医药健康旅游示范区，凸显健康旅游特色。利用自然、人文资源优势和浓厚的全民健身氛围进一步谋划多层次多样化的体育赛事、休闲运动基地、体育健康服务等，打好体育产业"东盟牌""民族牌""山水牌"。

（三）加快推动健康产业融合发展

大健康产业涉及面广、产业链长、覆盖产业多，打破产业界限、跨行业发展将是大健康产业发展的常态。加强不同产业间有机融合有利于发挥产业集聚效应，形成良性循环。打造"一个特色核心产业＋一个主打产业＋一个体验式产业"的"健康南宁"若干特色产业模式。加强培育壮大大健康产业科研机构和跨产业发展的龙头企业，充分利用新技术、借鉴新思路、研究新方法，不断打破产业间壁垒，完善产业链条，打造产业集群，打造产品品牌，不断形成具有较强竞争力的大健康产业生态圈。

（四）以大生态建设引领大健康发展

健康旅游、休闲运动、健康养老等大健康产业发展都以生态建设为基础。给生态建设赋予健康的理念，将进一步丰富生态建设的内涵，同时也使市民群众更好地体验和享受到大生态建设成果。建议结合城市生态建设相关工程，融入健康旅游、休闲运动、健康养老等内容，重点保护及开发利用大明山自然保护区、横县西津湿地等独特的山地和水体资源优势，高标准统筹规划环大明山大健康产业带及横县西津湿地大健康产业带，围绕产业定位策划储备一批示范带动项目及上下游产业项目，在科学保护的基础上合理开发优质生态资源。

（五）以大扶贫战场促进大健康发展

按照"产业＋扶贫"的总体思路，发展农旅结合的健康休闲养生产业，发挥大健康产业对扶贫的带动作用，建设一批融合生态农产品种植养殖、旅

游观光、食疗、中医民族医疗保健等滋补养生基地，因地制宜加快发展健康休闲娱乐、旅游观光、农业观光的健康休闲养生业态，大力推进一批各具特色的大健康小镇建设。出台相应政策引导和鼓励企业在项目建设和运营时考虑当地农村居民的脱贫需要，与贫困地区农村居民开展合作共建，解决贫困群众就业问题，改善贫困地区群众生活条件，带动农民增收脱贫。

（六）以大招商举措聚焦大健康发展

大健康产业的发展需要有大项目、好项目作为支撑，南宁市未来几年的招商工作应当聚焦大健康领域项目，一要利用东盟博览会举办地优势，通过举办各类大健康展会、国际高端论坛等，进一步提升南宁市在大健康领域的国际影响力，通过举办"南宁国际全程马拉松赛"等大型国际国内赛事进一步加强营造良好的健康产业消费氛围。二要储备一批符合相关规划及当地实际需求的大健康领域招商项目，主动向社会推出，掌握产业布局的主动性。国家相关政策鼓励利用闲置工业用地等发展养老、医疗等大健康产业。调查表明，南宁市工业用地出让规模不小，但闲置土地仍然较多，建议依法收回部分长期闲置的工业用地，为大健康产业布局发展腾出新的空间，促使大项目、好项目快速落地，从而带动上下游产业发展，逐步形成产业链。三要着力加强大健康领域人才、技术、资金等方面基础要素的支撑。建立与健康产业发展相适应的资格认证培训、岗位培训、人才培养与考核评估等配套工作机制，不断营造良好的营商环境，不仅将大健康领域企业招进来，更要让企业不断发展壮大，推动大健康产业加速发展。

（七）以大数据应用助推大健康发展

围绕"智慧南宁"建设，以公共服务更加便捷为目标，进一步提升养老、医疗、休闲运动、健康旅游等大健康产业领域的智慧应用水平。推进健康大数据汇集与应用，整合全市健康大数据资源，积极推动各类医疗卫生机构、健康养老机构之间的信息共享。建设"南宁市三医联动信息平台"，打通医疗、医保、医药、健康四大体系下所有资源的信息联通渠道，促进全市医疗、医保、医药共享协同发展，提升市民享受智慧健康医疗服务的获得感。发展智慧健康设备制造业，依托富士康等企业的制造和研发优势，加快智慧健康设备研发成果转化，积极打造健康设备"南宁制造"。同时，整合广播、电视、报刊、网络等媒体资源和平台，加强对南宁市健康文化以及相关健康资源的宣传教育，大力普及健康生活理念，倡导健康生活方式和健康消费方式。

B.21
困境企业救助和僵尸企业清理中府院联动机制研究

民建南宁市委会课题组*

摘　要：　加快建立企业破产府院联动机制对于健全优胜劣汰市场化退出机制，完善企业破产制度具有重大意义。但当前南宁市在企业破产过程中仍存在政府部门对企业破产制度构建的认知和重视程度不够、政府尚未出台企业破产程序的配套机制、缺乏资金保障等问题，因此，应当从加快建立府院联动机制，构建明晰权责工作机制，强化企业破产的司法保障，构建企业风险监测预警机制，建立健全企业破产处置的税务协作机制等方面，加快建立企业破产府院联动机制。

关键词：　企业救助　企业破产　府院联动

一　加快建立企业破产府院联动机制的重要意义

2017年12月，全国法院破产审判工作会议指出，做好企业破产审判工作，是深化供给侧结构性改革的重要举措，是完善社会主义市场经济体制的

---

* 课题组组长：卢秋凌，民建南宁市委会主委；课题组副组长：王少华，民建广西财政金融专业委员会副主任；梁满红，南宁市中级人民法院副院长；课题组成员：甘善泽，南宁职业技术学院国际交流中心主任；黄蔚，南宁市中级人民法院第五审判庭副庭长；王庆波，广西诚上金律师事务所合伙人律师；庞跃华，广西财经学院副教授；梁勇，民建南宁市委会秘书长兼社会服务科科长；张丽明，民建南宁市委会组织科副科长；余鲜敏，广西白武士破产清算有限公司董事长助理。

客观要求，是坚决打好防范化解重大风险攻坚战的必然要求，是解决执行难问题的有效手段。加强破产审判工作，依法清理"僵尸企业"，对于推动高质量发展、深化供给侧结构性改革、防范化解重大风险，具有十分重要的意义。

2018 年 8 月，发改委等五部委发布的《2018 年降低企业杠杆率工作要点》提出，要破除依法破产实施障碍，推动各地建立政府与法院之间关于企业破产工作的沟通协调机制，研究解决破产启动费用问题，协调解决破产程序启动难、实施难、人员安置难等问题。

破产业务与营商环境之间有着必然关系。破产办理是世界银行营商环境评价指标体系的第一级指标，国务院在全面推行营商环境改革中明确规定：铲除破产法实施障碍，完善依法破产体制机制，破产办理已成为各省市营商环境考核评价指标之一。

推行破产制度是必然之路，是市场经济的必备组成部分，我们要遵循市场规律，要重视和善用破产制度，使之帮助经济和社会高质量发展。破产程序涉及的配套制度需要依托地方党委和政府，需要法律的保驾护航，因此，最有效的途径就是建立府院联动机制。

二 南宁市在企业破产工作中府院联动的现状

评价一个省市破产制度运转质量的主要指标是破产案件受理数和结案数，浙江省温州市每年受理的破产案件为 600～800 件，绍兴市每年受理的破产案件数为 60～90 件，而南宁市受理的破产案件目前总数较少。南宁市与全国以及部分省市情况对比见附表。

附表　全国及部分地市破产案件数量对比

序号	2017 年立案数	2017 年审结数	2016 年立案数	2016 年审结数	2015 年立案数	2015 年审结数
全国	9542 件	6257 件	5666 件	3602 件	3684 件	4363 件
浙江	1626 件	722 件	849 件	427 件	618 件	316 件
温州	618 件	356 件	360 件	240 件	225 件	160 件

续表

序号	2017年立案数	2017年审结数	2016年立案数	2016年审结数	2015年立案数	2015年审结数
绍兴	91件	47件	78件	46件	60件	20件
深圳	2016~2017年受理565件		2016~2017年审结376件		131件	83件
南宁	31件	2件	7件	0件	0件	0件

在课题调研会上，破产管理人（破产管理人是指破产案件中，在法院的指挥和监督之下全面接管破产财产并负责对其进行保管、清理、估价、处理和分配的专门机构）普遍反映两大问题：一是法院不愿意立案，所以目前办理的案件总体数量比较少；二是立案之后，破产管理人开展工作困难重重，政府部门现行的工作程序都是为正常企业而设立的，没有为企业破产设立专门工作规程，导致破产管理人步履维艰。与会的破产管理人提到的问题清单很多，涉及多个政府部门，如工商局、税务局、人社局、房产局、规划局、住建局、海关、国资委等。

在与法院和政府部门的调研会上，各与会的政府部门普遍反映，破产管理人提到的问题他们多半没有经历过，确实很少配合法院办理破产案件，提到的问题在目前的常规工作中确实很难协调，基层工作人员需要得到具体政策才能配合处理这些棘手问题；法院方面反映，目前受理案件少的原因是破产案件成功率不高，工作难度和压力大，每个法官都有个人绩效目标任务，而对付出时间多迟迟不能结案的破产案件，法官们普遍不愿意承办。破产案件成功率取决于地方党委和政府对破产制度重视程度，法院能否立案，依赖于地方党委和政府的支持，法院每受理一个破产案件，就如没有防护装备就去捅一个马蜂窝，这也是法院不愿意受理破产案件的核心原因。在走访法院和多家破产管理单位时，发展这个问题也是大家的共识。多家破产管理人单位认为，政府部门不重视破产制度的主要原因是意识不到位，没有算好大账，没有充分认识到破产程序对于服务南宁市供给侧结构性改革、促进经济转型升级、提升再就业、释放占用土地和创造税收的巨大帮助。有的部门和领导认为将困境企业列入僵尸企业清理会给社会稳定造成不良影响，但却未能看到南宁市这些危困企业如不及时处理，将在数年时间后先变成困境企业再沦落为僵尸企业最后演变成骷髅企业，给地方经济带来的巨大损失。

办理破产是世界银行营商环境评价指标体系的一级指标，党的十九大以来全面推行营商环境改革，2018 年 8 月底，国家发改委等五部委印发《2018 年降低企业杠杆率工作要点》中第十四、十五条明确规定：铲除破产法实施障碍，完善依法破产体制机制，办理破产也已经成为全国各省市营商环境考核的核心指标之一。

在调研中我们欣喜地看到，南宁市委、市政府非常重视营商环境的改善和提升，意识到了企业破产中府院联动的重要性，在 2018 年 8 月中共南宁市委、南宁市人民政府印发的《关于南宁市进一步优化营商环境的实施意见》及中共南宁市委办公厅、南宁市人民政府办公厅印发的《南宁市关于进一步优化营商环境三年行动计划（2018~2020 年）的通知》两份文件中均提到了推进破产体系建设，并从建立健全府院联动机制、简化破产案件审理流程管理、完善破产管理人管理等五个方面提出了具体的计划任务和完成时限。

三　南宁市在处置企业破产过程中存在的问题及原因分析

（一）政府部门对企业破产制度构建的认知和重视程度不够

与发达城市认知差别主要体现在以下三个方面。

1. 企业破产到底是好事还是坏事？

有的政府部门或领导对企业破产制度认识不到位，往往忌讳谈破产。在实地调研座谈中，浙江省绍兴市和温州市的几位副市长以他们的实际工作经验告诉我们，开始他们也以为企业破产是坏事，谈破产色变，但后来发现破产是好事，是救助困境企业，清理僵尸企业，化解社会矛盾，释放闲置资源，助力经济转型升级的法宝，是一种非常好的手段和机制。

2. 企业破产程序到底是政府的事还是法院的事？

有的政府部门和领导认为破产程序是法院的事。而浙江省的政府官员们则认为救助困境企业和清理僵尸企业是政府的事，破产程序是个工具，而法院是在帮助政府做事，政府与法院应该携手共进退、合作促共赢。因此，府院联动是开展破产程序的有效路径。

3. 处置企业破产是个麻烦事，是能推就推还是勇于担当？

如果没有良好机制保障，相信政府部门是能推就推，不愿意去惹麻烦事。但在浙江省设立有创新免责和鼓励担当的机制，将勇于担当的优秀干部提拔到领导岗位，宽容失败，允许试错，在加快推进企业破产处置过程中，对改革创新未能实现预期目标，但属于严格依照上级有关文件精神决策、实施，且勤勉尽责、未谋私利的，按照有关规定免除相关责任。

（二）法院在受理破产案件方面有畏难情绪

由于未建立起完善的企业破产府院联动机制，且破产案件涉及众多利益相关者，容易出现集体上访以及其他群体性事件，法院不愿意捅马蜂窝，直接影响破产案件的立案。

（三）政府尚未出台企业破产程序的配套机制

政府各部门现有服务企业的配套制度大多是为正常企业成立、发展壮大、注销而服务的，目前南宁市尚未建立有为困境企业救助、僵尸企业清理的配套服务机制，使得相关部门及破产管理人在开展具体工作中往往无章可循，而想申请破产的民企也不知道该如何办理。

（四）破产审判庭的办案法官少，法官量化考核制度有待完善

与全国情况大致相同，目前尚未普遍建立破产案件单独考核的机制。法院对破产审判法官在年终评先、评优等绩效考核中，一件破产案件只按一件普通民事案件计算，但往往破产案件都存在难度大、繁杂、周期长等特点，严重挫伤了破产审判法官的办案积极性。

（五）缺乏资金保障，破产管理人业务能力和工作积极性有待提高

从目前法院受理的破产案件看，虽然确有少数案件破产财产价值较高，但大多数的案件破产财产数额并不大或者根本无产可破，破产管理人需要自己垫付相关费用才能开展工作，并且破产管理人垫付的资金最终还有无法收回的风险。加上破产业务责任大、风险大、事务多、报酬低、业务能力要求高、周期长、资金投入大，如果这样的状况长期不能得到解决，必将严重影响破产管理人行业的持续健康发展，导致破产管理人整体工作积极性受挫，进而影响破产案件的办理质量。

（六）南宁市破产管理人协会尚未成立，破产管理人专业能力普遍不高

破产事业最近两年才刚刚起步，目前南宁市有丰富经验的专业破产管理人屈指可数。破产管理人职业化程度不高、缺乏专业工作技能、破产管理人队伍人员不稳定等问题影响了破产案件的审理质量和进程，南宁市破产管理人协会还在筹划成立当中，未能起到对该行业的引领指导作用。

四　外地先进经验与做法

他山之石，可以攻玉。破产事业在浙江、山东、江苏、深圳、广州、佛山等发达地区开展得如火如荼，而且府院联动机制已成常态化。全国破产案件一半分布在浙江省，尤其是温州，为此，课题组赴浙江省杭州市、绍兴市、温州市三地进行实地考察调研学习，并从业内行业协会中了解到其他省市府院联动的开展情况，外地的一些成功经验值得南宁市学习和借鉴。

（一）温州经验

2012～2013 年的浙江省温州市和绍兴市曾经面临如下难题：法院不愿意受理破产案件，企业主选择跑路，就业＋税收＋GDP 快速下滑，诉讼爆

发但得不到有效执行,危困企业从困境企业再变僵尸企业。而在这个背景下,温州市委和市政府选择了直面现实,以问题为导向,主动担当,迅速成立了温州市风险企业帮扶和银行不良贷款处置工作领导小组,下设办公室;绍兴市政府成立了化解两链风险困境企业处置领导小组,下设办公室,这两个领导小组均由市长或分管副市长牵头,各职能部门一把手参加,并从各职能部门抽调精干人员到下设办公室合署办公。

如果企业不进入破产程序,单靠政府、法院、银行、企业四方协调,无法真正挽救危困企业。温州市由市委书记亲自主持,启动了通过破产程序挽救困境企业和清理僵尸企业的尝试。由法院主导破产程序,破产管理人负责执行,政府风险企业帮扶办公室提供配套政策支持,银行给予积极配合,四方协同形成合力,试点效果良好。依法办事各方心服口服,社会矛盾有效缓解,困境企业得到救助,僵尸企业得到清理,土地、厂房、设备等生产要素被释放出来重新投入市场。试点成功后,政府决定全面推广该模式,因此,温州各地出现"与其逃债跑路,不如申请破产保护"的宣传标语。

破产程序是个新生事物,破产法又是特别法。在全面铺开过程中,破产企业遇到的问题各不相同,因此,需要大量的配套制度支持。市政府领导迎难而上勇于担当,市风险企业帮扶领导小组对特定案件采取一案一议,为企业开设绿色通道,虽然如此,但这个机制仍不足以应对。于是,政府又研究探索出来一个全新的机制:企业破产处置联席会议。

2014年7月,温州市人民政府办公厅正式印发《企业破产处置工作联席会议纪要》,解决了破产配套制度中的九大问题(涉税问题、信用调整、违法建筑市场化处置、债权人抢控破产企业财产处置、工商注销、重整企业参与招投标、车辆违法记录消除等)。2016年3月,中共温州市委办公厅又印发《中共温州市委专题会议纪要》,解决了破产配套制度的十大问题(信用修复、重整前基本户撤立、税务登记证变更、营业执照吊销恢复、破产财产办理过户、抵押登记注销、刑民交叉、打击逃废债等)。2017年11月,温州市人民政府办公室再次印发《企业金融风险处置工作府院联席会议纪要》,解决了五大类十四小类问题。

（二）绍兴经验

由于温州市府院联动模式在浙江省各市全面推开，2016 年 1 月，绍兴市人民政府办公室正式印发《绍兴市企业破产处置协调工作机制（试行）》，明确四大内容。一是工作机构：成立绍兴市企业破产处置协调工作领导小组；二是处置措施：明确了八大类问题及主管单位；三是工作程序；四是领导小组成员名单及职责分工。此文件将府院联动机制的制度化落实提到了一个新的高度。

浙江省在总结温州模式及各地市经验后，于 2016 年 11 月由浙江省并购办、省高院、省经信委联合印发《关于成立省级"僵尸企业"处置府院联动机制的通知》，建立了全国首个实质运作的破产审判省级府院联动机制，此后，又于 2017 年 12 月，由浙江省人民政府办公厅印发《关于加快处置"僵尸企业"的若干意见》，22 条精准措施直指"僵尸企业"处置过程中的"瓶颈"。

（三）对南宁市的启示

1. 理念是首位——不回避问题和困难

企业发展遇到问题，政府需要及时介入帮助，主动担当，成立专门的领导小组，协调相关部门成立工作组主动参与企业解困。如成立由市委书记或市长或分管副市长担任组长的解困领导机构，高位推动、积极协调解决相关问题。

2. 机制是关键——对帮扶困境企业精准实策

设立责任制考核，每个主管领导对口帮助某个或某几个困境企业。温州的政府官员不是躲着不见困境企业老板，而是主动上门服务，就像精准扶贫帮扶一样。温州市政府主动为企业精准脱困，形成一企一策，一事一议的协同处理机制。

3. 制度是保障——政府工作高效务实，边干边总结

温州关于府院联动的联席会议纪要出了两次，分别为政府和党委印发，

每个文件均务实地解决工作中遇到的具体问题，有些问题看起来很小（如破产企业车辆过户违法记录消除），却清晰地写在文件中，便于各部门再根据府院联动处置措施或者会议纪要分别出台落实的具体操作流程。

4. 创新有担当——大胆使用干部，容错纠错

选对人用好人，把想干事有创新精神勇于担当的干部提拔重用，同时鼓励创新、宽容失败，在相关文件中明确规定创新免责和容错机制。

5. 协同共发展——政府、法院、银行、企业四方协同共进退

不仅政府官员积极主动，勇于担当，而且法官和破产管理人也都非常积极主动且专业，企业和银行机构积极配合，处处体现出勇于担当、敢为人先的精神风貌。

五　南宁市加快建立府院联动机制的对策建议

为了让困境企业和僵尸企业都能通过破产程序顺利得到重整或者出清，服务南宁供给侧结构性改革，优化营商环境，实现南宁经济高质量发展，课题组提出如下对策建议。

（一）加快建立府院联动机制，有章可循开展破产工作

1. 加强统一领导，转变工作理念，完善工作机制

成立南宁市企业破产处置工作领导小组，按照"该破则破、该整则整"的处置原则，常态化开展企业破产的前期工作，对企业破产处置工作进行总体指导，制定出台有关政策，支持和协调部门开展相关工作。建议由市长或者常务副市长挂帅，领导小组成员可由市政法委、财政局、发改委、工信委、国资委、商务局、金融办、公安局、工商局、税务局、人社局、住建局、自然资源局、不动产登记中心、投促局、海关等相关部门组成，并在南宁市中级人民法院设立该工作办公室（简称处置办）。各有关部门强化责任担当，创新工作思路，结合实际探索企业破产处置新举措，切实提高企业破产司法处置效率。

2. 加快制定出台"府院联动"机制相关政策文件

根据南宁市破产困境企业救助和僵尸企业清理的实际情况研究制定出台相关政策文件，如《关于成立破产案件府院联动机制的通知》《推进企业破产审判重点工作及任务分工方案》《企业破产综合处置工作方案》《破产审判处置措施》等。

3. 构建府院联动内部运行工作机制

一是根据实际情况确定领导小组组成人员，明确具体工作职责及府院联动机制内部运作工作办法；二是根据政府已出台相关处置措施的文件，破产管理人在破产处置中遇到对应的问题向法院报备后，破产管理人可直接向相关政府部门提交办理即可；三是破产审判中遇到的其他问题，而政府又未出台相关处置措施文件的，则由受理法院出具裁定书，破产管理人向相关部门提交办理，如相关部门办理有困难，则由法院提交处置领导小组材料接收处，由处置办牵头组织召开联席会议明确处置措施，并出具会议纪要，协调各相关部门办理。

（二）构建明晰权责工作机制，部门协同形成合力推动破产清理

优化破产管理人履职环境。协助做好破产企业以下问题的处理。一是欠缴各类规费及水、电、燃气等费用；二是工商登记；三是房地产等资产市场化处置；四是公安部门需要负责涉案责任人员查控、流失资产（包括债权）核查；五是社保部门需要处理相关劳资社保；六是相关部门协助招商引资等事宜。

（三）以法院为主导，能破则破，强化企业破产的司法保障

1. 敢于立案，加强破产案件立审工作

对申请破产的当事人，开通绿色通道，立案部门做好破产案件申请材料的形式审查和立案工作，审理部门加快破产案件受理前的实质审查、加大受理后的审判力度、缩短审理周期、提高破产案件审判效率。对于资产大、负债高、职工多、小额债权人多、股东多的企业，特别是涉及房地产的企业，

立案前应提前报处置领导小组，做好破产预案，防止出现维稳事件。

2. 落实破产案件简易审工作

借鉴《浙江省高级人民法院关于企业破产案件简易审若干问题的纪要》的工作方式，结合各级法院实际，通过设立企业破产案件内控审限、实行企业破产申请预登记、引导适用"预重整"和"破产和解"程序处置小微企业债务风险、及时制定适用的《企业破产案件简易审工作方案》等方式，积极探索实行破产案件简易审理方式，缩短破产案件审理期限，提高破产案件审判效率。

3. 划分破产案件的等级，推进破产审判法官绩效考评奖励制度改革

根据破产企业的资产、债务、债权人人数、行业、对社会的影响力等因素，对破产受理案件进行等级分类，破产重整案、破产和解案、破产清算案分别分成一级、二级、三级。其次，确定标准精折算。比如办 1 件一级的破产重整案折算本部门普通民事诉讼 80 件案件；办 1 件二级的破产重整案折算本部门普通民事诉讼 50 件案件；办 1 件三级的破产重整案折算本部门普通民事诉讼 30 件案件（以上数值仅供参考，案件数可根据各法院的情形而定）。

4. 尽快成立破产管理人行业协会，培育专业化破产管理人队伍，完善破产管理人管理模式

加快成立南宁市破产管理人协会，坚持破产管理人选任的市场化导向，加强破产管理人履职的考核、评价和监督，通过行业协会规范破产管理人队伍，有计划地开展专业培训，提升南宁市破产管理人水平，为南宁市破产事业提供有力支持。

5. 加快推进设立破产专项基金

为解决企业无产可破，改变破产管理人垫付破产费用难问题，政府应设立南宁市破产专项基金。基金可以通过以下渠道筹措：第一，政府出首批启动资金或者由财政拨款补贴，基金每年不少于 300 万元；第二，从破产管理人在其破产案件的收入中提取一定的比例；第三，从有产可破的案件中提取一定的比例；第四，向社会公开募捐。

（四）构建企业风险监测预警机制，加强风险防控

1. 构建企业风险监测预警机制

争取工作主动性，搭建"困境企业、僵尸企业"和破产审判大数据共享研判机制。政府牵头定期监测分析企业欠税、欠薪、欠息、涉诉、对外担保等风险情况，及时提出预警信息。根据企业实际情况，建立分类保护机制，确定实施帮扶对象或督促企业申请破产。在救助困境企业和清理僵尸企业的各个环节，法院应积极主动与党委、政府沟通，发挥法院主体作用，特别是在破产审判中，及时传递破产审判工作信息，寻求支持协调破解障碍，通过府院联动机制，突破破产中遇到的融资、职工、税收、信用修复等方面的瓶颈，打好法律政策"组合拳"。由政府牵头，定期对政府职能部门和法院掌握的大数据进行梳理分析，从中提炼出引发企业债务危机的关键数据和节点，如企业投资规模、治理模式、资产负债等，创建动态的危困企业名册，及时发布预警信息，主动防御风险。通过"困境企业、僵尸企业"和破产审判工作，剖析南宁市本地经济整体发展中存在的不足，将大数据反映的问题反馈到实体经济领域，向各社会组织、经济组织、行业协会提出意见建议，为党委政府制定当地经济发展战略提供信息支持和决策依据。

2. 构建困难企业差异化处置机制，分类施策开展帮扶

按照产业政策、企业前景、危机原因等，政府的处置办法按有挽救和无挽救可能的编制企业名册分类目录，按照企业自救、和解、破产重整、破产和解、破产清算，分类施策进行解困帮扶。

3. 构建恶意逃废债行为的联合惩戒机制

在府院联动机制中形成法院、政府、银行多方参与的联合惩戒机制，积极防范和打击破产案件中的逃废债行为。

4. 建立健全创新免责机制

在坚持合法合规的前提下，鼓励担当、宽容失败、允许试错，加快推进南宁市企业破产处置工作。

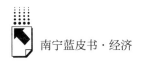

（五）建立健全企业破产处置的税务协作机制

企业破产处置过程涉及的税务问题非常突出，如何破解破产审判中的涉税难题，建议税务部门以问题为导向，创新工作方法，建立以下机制。

（1）建立破产重整纳税评价机制。

（2）改变破产财产处置税费承担模式。明确财产处置后交易双方按照税法规定，明确税费负担，履行各自的纳税义务。

（3）帮助解决税收滞纳金核销难题。

（4）明确不得预征企业所得税的情形。明确法院裁定受理破产即表明该企业已经具备资不抵债的情形，其财产处置不应当预缴企业所得税（包括财产在执行程序中处置，但处置所得由破产程序分配的情形）。

（5）协助解决破产企业非正常户状态下和进入破产程序后继续营业的开票难题。

（6）加快办理破产企业注销，凭法院相关文书、企业破产管理人申请和根据税务部门要求提供的相关材料，由税务部门加快办理税务注销手续。

（7）及时办理破产企业法人出口退（免）税、财产折旧等应予退还、扣除的事项，落实相关税收政策。

（六）研究制定解决重整企业信用修复难题方案

1. 解决重整企业无法正常使用基本户的难题

由破产管理人通过开户行提出撤销及重新开立基本户申请，人民银行予以核准后，将原基本户撤销，重新在没有债权债务关系的银行开立基本户，使重整企业可以正常使用基本户。

2. 解决人民银行征信系统信用修复难题

企业破产重整、和解成功后，法院应及时将企业信息通报银行债权人，供银行判定、调整企业信贷五级分类。破产管理人可以分别向当地人民银行或者各商业银行提出信用修复申请或者申请开户；当地人民银行和各商业银行在收到申请后，凭破产管理人申请和法院出具的函件予以办理（包括大事记在内的信用记录修复手续）。

3. 解决税务登记证信用修复难题

税务部门凭法院出具办理变更手续的函件，在有明确法律依据情况下，依法予以办理。

4. 解决工商系统信用修复难题

企业破产重整、和解成功后，法院应及时将企业信息通报给当地市场监督管理部门，市场监督管理部门删除关于企业破产重整、和解成功前的信息。

社会科学文献出版社

皮书系列

❖ 皮书起源 ❖

"皮书"起源于十七、十八世纪的英国，主要指官方或社会组织正式发表的重要文件或报告，多以"白皮书"命名。在中国，"皮书"这一概念被社会广泛接受，并被成功运作、发展成为一种全新的出版形态，则源于中国社会科学院社会科学文献出版社。

❖ 皮书定义 ❖

皮书是对中国与世界发展状况和热点问题进行年度监测，以专业的角度、专家的视野和实证研究方法，针对某一领域或区域现状与发展态势展开分析和预测，具备原创性、实证性、专业性、连续性、前沿性、时效性等特点的公开出版物，由一系列权威研究报告组成。

❖ 皮书作者 ❖

皮书系列的作者以中国社会科学院、著名高校、地方社会科学院的研究人员为主，多为国内一流研究机构的权威专家学者，他们的看法和观点代表了学界对中国与世界的现实和未来最高水平的解读与分析。

❖ 皮书荣誉 ❖

皮书系列已成为社会科学文献出版社的著名图书品牌和中国社会科学院的知名学术品牌。2016年，皮书系列正式列入"十三五"国家重点出版规划项目；2013~2019年，重点皮书列入中国社会科学院承担的国家哲学社会科学创新工程项目；2019年，64种院外皮书使用"中国社会科学院创新工程学术出版项目"标识。

权威报告·一手数据·特色资源

皮书数据库
ANNUAL REPORT(YEARBOOK)
DATABASE

当代中国经济与社会发展高端智库平台

所获荣誉

- 2016年，入选"'十三五'国家重点电子出版物出版规划骨干工程"
- 2015年，荣获"搜索中国正能量 点赞2015""创新中国科技创新奖"
- 2013年，荣获"中国出版政府奖·网络出版物奖"提名奖
- 连续多年荣获中国数字出版博览会"数字出版·优秀品牌"奖

成为会员

通过网址www.pishu.com.cn访问皮书数据库网站或下载皮书数据库APP，进行手机号码验证或邮箱验证即可成为皮书数据库会员。

会员福利

- 已注册用户购书后可免费获赠100元皮书数据库充值卡。刮开充值卡涂层获取充值密码，登录并进入"会员中心"—"在线充值"—"充值卡充值"，充值成功即可购买和查看数据库内容。
- 会员福利最终解释权归社会科学文献出版社所有。

数据库服务热线：400-008-6695
数据库服务QQ：2475522410
数据库服务邮箱：database@ssap.cn
图书销售热线：010-59367070/7028
图书服务QQ：1265056568
图书服务邮箱：duzhe@ssap.cn

S 基本子库
UB DATABASE

中国社会发展数据库（下设 12 个子库）

全面整合国内外中国社会发展研究成果，汇聚独家统计数据、深度分析报告，涉及社会、人口、政治、教育、法律等 12 个领域，为了解中国社会发展动态、跟踪社会核心热点、分析社会发展趋势提供一站式资源搜索和数据分析与挖掘服务。

中国经济发展数据库（下设 12 个子库）

基于"皮书系列"中涉及中国经济发展的研究资料构建，内容涵盖宏观经济、农业经济、工业经济、产业经济等 12 个重点经济领域，为实时掌控经济运行态势、把握经济发展规律、洞察经济形势、进行经济决策提供参考和依据。

中国行业发展数据库（下设 17 个子库）

以中国国民经济行业分类为依据，覆盖金融业、旅游、医疗卫生、交通运输、能源矿产等 100 多个行业，跟踪分析国民经济相关行业市场运行状况和政策导向，汇集行业发展前沿资讯，为投资、从业及各种经济决策提供理论基础和实践指导。

中国区域发展数据库（下设 6 个子库）

对中国特定区域内的经济、社会、文化等领域现状与发展情况进行深度分析和预测，研究层级至县及县以下行政区，涉及地区、区域经济体、城市、农村等不同维度。为地方经济社会宏观态势研究、发展经验研究、案例分析提供数据服务。

中国文化传媒数据库（下设 18 个子库）

汇聚文化传媒领域专家观点、热点资讯，梳理国内外中国文化发展相关学术研究成果、一手统计数据，涵盖文化产业、新闻传播、电影娱乐、文学艺术、群众文化等 18 个重点研究领域。为文化传媒研究提供相关数据、研究报告和综合分析服务。

世界经济与国际关系数据库（下设 6 个子库）

立足"皮书系列"世界经济、国际关系相关学术资源，整合世界经济、国际政治、世界文化与科技、全球性问题、国际组织与国际法、区域研究 6 大领域研究成果，为世界经济与国际关系研究提供全方位数据分析，为决策和形势研判提供参考。

法律声明

"皮书系列"（含蓝皮书、绿皮书、黄皮书）之品牌由社会科学文献出版社最早使用并持续至今，现已被中国图书市场所熟知。"皮书系列"的相关商标已在中华人民共和国国家工商行政管理总局商标局注册，如 LOGO（ ）、皮书、Pishu、经济蓝皮书、社会蓝皮书等。"皮书系列"图书的注册商标专用权及封面设计、版式设计的著作权均为社会科学文献出版社所有。未经社会科学文献出版社书面授权许可，任何使用与"皮书系列"图书注册商标、封面设计、版式设计相同或者近似的文字、图形或其组合的行为均系侵权行为。

经作者授权，本书的专有出版权及信息网络传播权等为社会科学文献出版社享有。未经社会科学文献出版社书面授权许可，任何就本书内容的复制、发行或以数字形式进行网络传播的行为均系侵权行为。

社会科学文献出版社将通过法律途径追究上述侵权行为的法律责任，维护自身合法权益。

欢迎社会各界人士对侵犯社会科学文献出版社上述权利的侵权行为进行举报。电话：010-59367121，电子邮箱：fawubu@ssap.cn。

社会科学文献出版社